21世纪全国高等院校旅游专业现代应用型系列教材

总 主 编　　叶骁军

副总主编　　丁乙欣

旅行社经营管理实务

主　编　于德珍

副主编　丁乙欣

编　者　张文敏　耿庆汇　钱益春

　　　　黄　宇　李　轲　李　晓

南开大学出版社

天　津

图书在版编目(CIP)数据

旅行社经营管理实务 / 于德珍主编. —天津：南开大学出版社，2015.10
21 世纪全国高等院校旅游专业现代应用型系列教材
ISBN 978-7-310-04940-0

Ⅰ. ①旅… Ⅱ. ①于… Ⅲ. ①旅行社—企业经营管理—高等学校—教材 Ⅳ. ①F590.63

中国版本图书馆 CIP 数据核字(2015)第 216614 号

南开大学出版社出版发行
出版人:孙克强
地址:天津市南开区卫津路 94 号 邮政编码:300071
营销部电话:(022)23508339 23500755
营销部传真:(022)23508542 邮购部电话:(022)23502200
*
唐山新苑印务有限公司印刷
全国各地新华书店经销
*
2015 年 10 月第 1 版 2015 年 10 月第 1 次印刷
230×170 毫米 16 开本 18.25 印张 332 千字
定价:38.00 元

如遇图书印装质量问题，请与本社营销部联系调换，电话:(022)23507125

21世纪全国高等院校
旅游专业现代应用型系列教材
编撰指导委员会

（按姓氏笔画排列）

21世纪全国高等院校
旅游专业现代应用型系列教材
编写组

总 主 编　叶晓军

副总主编　丁乙欣

叶晓军　刘晓航　王建平　马洪元　单鹏飞　于德珍
邢夫敏　柯　英　李　晓　黎宏宝　谢　佳　李雪冬
陈建军　吴　捷　吴新宇　曹灿明　王雅红　刘　华
许云华　蔡军伟　王辉晖　杨传明　范轶琳　黄　玮
丁乙欣　顾秀玲　高雯雯　秦　璐　韩　燕　马　敏

总前言

旅游，最时尚的活动。

旅游，最让人钟情的积极休闲方式。

当旅游成为一种产业，而且是世界最大的产业的时候，关于她的研究，关于她的人才培养——专业教育，便纷至沓来……

中国的旅游业离不开世界的土壤，中国的旅游教育是世界旅游教育的有机组成部分。中国最初的旅游教材主要是在借鉴国外教材的基础上编撰的。最初的教材，她们，是中国旅游教材的弹词开篇；她们，是中国旅游教育的奠基石；她们，是国产旅游教材的阶梯……

其后，旅游教材如雨后春笋，茁壮成长。

旅游科学是理论与实践密切结合的科学。中国高等教育已进入大众化时代，它要求每一个大学毕业生必须既具有高度的理论基础，也必须具备实际的工作能力。旅游教材应跟上现代社会的发展，告别一支粉笔一本书的时代，告别仅给教师一本书让教师自己制作 PPT 的时代，告别学生纸上写作业的时代，进入电脑网络教学的时代，通过现代教学手段实现理论与实践教学密切结合。

我们这套教材是为适应高等教育大众化时代，要求本科教育培养现代化应用型人才的大趋势而产生的。它是由国内多所高等院校旅游类专业的资深教师联合编撰的最新旅游类专业新概念系列教材。

本教材适合旅游类专业（包括旅游管理、饭店管理、导游、餐饮与烹饪等专业）本科使用，同时也适合广大的旅游爱好者及相关培训使用。

教材具有以下特点：

1．系统性。全套教材每本约25万字，包括旅游理论、旅游资源、旅行社管理、酒店管理、财会管理等模块。

2．时效性。它采用了21世纪最新的体系、理论、观点、数据、资料和案例。

3．统一性。全套教材体例统一，教学要素完整，章节层次脉络清楚。各章节有内容提要和练习。其他教学要素如教学大纲、重要概念、图片、表格、阅读材料、资料卡片等编制在光盘中。

4．实践性。重视实践活动，有书面及电子实训和练习，可用电脑与网络进行作业和实训。

5．方便性。为了方便教师课堂教学和学生课后学习的需要，随书附有与教材相配套的网页式虚拟辅教光盘。虚拟光盘采用 Frontpage 软件制作（部分教材增加 PPT 课件），版面活泼，色彩丰富，使用方便。内容包括课程教学大纲、全书各级目录、主要内容、重要概念、图片和表格、练习和思考，以及超级链接：扩展知识面的阅读材料、资料卡片等，生动、形象、直观，可与纸质教材相互配合使用。此材料用智能手机从书末南开教育云网站二维码扫描即可。辅教光盘大幅度减轻教师负担，特别是基本免除教师板书之劳。

"21 世纪全国高等院校旅游类专业现代应用型系列教材"一套十余本，自2008 年 6 月出版以来，受到较好的评价，这也是对我们的一种鼓励和鞭策。

为了更好地适应新的形势，在南开大学出版社的提议和支持下，我们开始陆续对第一版教材进行修改。这次修改，总的框架和体例保持不变，主要是根据旅游界最新的研究成果和变化的现状更新数据和材料，抽换部分章节，内容上进行了部分增删，并更加强调了教材的现代教学手段，一些教材增加了电子作业。部分教材虚拟光盘中增加了 PPT 课件，以方便教师应用。这些修改，目的是使教材能与时俱进。

由于我们水平和学识所限，本套教材一定存在不少缺陷和疏漏。我们衷心希望，使用本教材的院校和师生提出宝贵建议与意见。

总主编邮箱：yxjsz2012@163.com

编者

2014 年 12 月

内容提要

本书是国内多所高校旅游管理专业联合编写的旅游专业现代应用型系列教材之一。旅行社是旅游业重要的产业部门，在应对全球化时代旅行社面临着各种新挑战，需要更新管理理念和管理方式，全面提高竞争力。旅行社管理是旅游管理专业的主干专业课之一。本书在编写过程中注重理论环节与实际运用相结合，并有意识地体现应用性和创新性的特点。内容编排时在确保教材所需的理论深度的前提下，力求体现旅行社的工作流程，注重培养和拓展学生的操作技能。在体例的设计上安排了案例分析和阅读材料供读者思考与借鉴。

本书系统论述旅行社经营管理的基本概念，着重介绍旅行社的经营活动，注重内容全面并兼顾专业深化。第一章介绍旅行社产生与发展的历程，简述旅行社的业务类型和行业特征。第二章介绍旅行社设立的条件和相应的程序，并对其组织结构进行探讨。第三章至第七章系统阐述旅行社的基本业务，特别是对产品的设计开发、营销管理和接待管理三大核心业务进行深入浅出的剖析。优秀的人力资源是可能形成旅行社独特能力的重要条件，因此在第八章对于人力资源的开发与管理进行着重阐述。第九章与第十章分析信息技术对旅行社的影响和旅行社在信息技术时代的经营对策，对旅行社未来发展的趋势进行选择性的介绍。

本书适宜作为旅游专业本专科学生的教材，也可以作为广大旅游爱好者的阅读书籍。

目　录

第一章　旅行社与管理概述

本章提要

本章首先分析旅行社产生的背景，回顾国内外旅行社产生和发展的历程，对旅行社管理的预期目标与管理职能进行概要叙述，对管理者的管理对象及管理者的素质要求进行较为详尽的阐述，分析旅行社业务类型与行业特点。

第一节　旅行社的产生与发展

一、旅行社的产生

（一）旅行社产生的背景

旅行社的产生是旅游活动长期发展的产物。旅行社是近代旅游业的标志，它是经济、科技和社会分工发展的直接结果。

18 世纪中叶发生在英国的工业革命，导致了手工业工具逐渐被机器和机动工具所取代，推动世界各国的经济结构和社会面貌发生了巨大的变化。作为社会经济活动产物的旅游活动也随之极大地改变了发展进程。

工业革命对旅游活动的影响表现在以下几个方面：

1. 中产阶级加入到旅游者行列。生产力的迅速发展、社会财富的急剧增加，使有产阶级人数日趋扩大。人们可自由支配的收入增加较多，使外出旅游成为可能。在工业革命之前，旅游是贵族等少数有钱人所享受的特权，工业革命导致社会财富流向有产阶级，使之具备了外出旅游的经济条件，从而使得能够旅游的人数增多。

2. 科技进步使交通基础设施改善。旅游从居住地到目的地之间需要进行空间的转移，交通基础设施的改善与旅游事业的发展直接相关。1769 年瓦特发明的蒸汽机很快地运用到交通工具上，蒸汽机车、蒸汽轮船应运而生。特别是在铁路技术方面的发展运用，为人们提供载客量大、快速省时、低价方便的运输工具，使人们大规模、远距离的旅行成为可能。

3. 城市化进程的加速。工业革命使人们工作、生活的重心从农村转移到城市。城市紧张的生活节奏使人们身心疲惫，喧嚣、繁杂、拥挤的生活环境使人们感到压抑，产生回归自由、宁静的大自然的需求。城市居民出游的人数远高于乡村，城市化进程加剧了近代旅游的快速发展。

4. 产业革命改变了人们的工作性质。人们从乡村涌入城市后，生活方式从闲而有致、随农时变化的农业劳动转换为枯燥乏味的、重复单一的机器化大生产劳动。人们产生强烈的度假要求。经过工人阶级的不懈斗争以及生产力的提高，历时一个多世纪，最终才获得带薪假日。城市劳动者也将有可能加入旅游者之列。

产业革命所带来的经济繁荣、铁路交通的兴盛、劳动大众要求假日的呼声赢得社会的赞同，为人们外出旅游提供了可能。

虽然民用交通、旅馆、餐饮等配套服务部门的完善和发展，方便了近代大生产时代人们的出游。但当时绝大多数人由于没有旅游的经验和传统，加之对异国他乡的情况不熟悉，对旅行所需的相关手续不太了解，以及语言、货币兑换这些外出旅游障碍的存在，不会贸然出门远行。潜在的旅游需求受客观条件的制约不一定转换为旅游活动。市场迫切需要一种旅游的中介组织，将旅游者与提供旅游服务的各个部门联合起来。

（二）国外旅行社的产生

正是在这种历史背景下，托马斯·库克成为世界上第一位专职的旅行代理商。托马斯·库克 1808 年出生于英国莱斯特（Leicester）的一个贫寒家庭。10 岁辍学，先后做过帮工、颂经人、木匠等。库克笃信宗教，提倡禁酒运动，希望通过禁酒运动鼓励工人阶级少喝酒、接受更多的教育。1841 年库克组织了莱斯特

（Leicester）到拉夫伯勒（Loughborough）参加禁酒社团的一日游活动。全程往返22公里，有570人参加，每人收费1先令。活动虽然是非商业性的“业余活动”，却被认为是世界上包价旅游之起始。因为他采用了集体折扣付费的方式，具有团体包价旅游的雏形，将旅游、娱乐、饮食等要素集中于旅游活动之中。库克的全程随行，初步体现了旅行社全程导游陪同的功能。因这次活动面向公众，参加人员很多，相当成功，为他以后创办旅行社提供了经验。经过数年的准备，库克于1845年创办了世界上第一家旅行社——托马斯·库克旅行社（即今天英国通济隆旅行社的前身），专门从事旅行代理业务。1845年组织了350人的旅游观光团，从莱斯特（Leicester）到利物浦（Liverpool），进行为期一周的旅行。库克作了精心的准备，亲自考察旅行线路，确定参观的景点，安排食宿等有关事宜，还编写了旅游指南《利物浦之行手册》发放给旅游者，并配有向导。各项活动都体现了当今旅行社的基本业务。1872年库克组织了9位不同国籍的旅游者参加的世界上第一个包价环球旅行团，进行为期222天的环球旅行，行程达到4万公里。从此，托马斯·库克旅行社名声大噪，享誉欧美大陆。通过150多年的发展，今天英国通济隆旅行社已成为旅游业的巨头，在全世界有近1万名员工及1600家办事处。托马斯·库克也被人们称为旅行社行业的鼻祖。

（三）国内旅行社的产生

我国最早的旅行社产生于20世纪初期。那时，国际上旅游活动蔚然成风。英国、美国等外国旅行社在上海等地开设旅游代办机构。1923年爱国人士陈光甫先生在上海商业储蓄银行设立旅行部，为旅客代售车票、代订旅馆、承担接待业务。虽然旅行部的规模很小，但他们总是满怀热情地向人们宣传旅行部的业务和服务宗旨，同时以最谦恭、最热情的态度为旅客服务，经过几年不懈的努力终于得到人们的认可，先后在铁路沿线及长江各港口城市设立办事机构11处，并于1927年6月从上海商业储蓄银行中独立出来，正式成立“中国旅行社”。

中国旅行社的业务宗旨是：“导客以应办之事，助人以必须之便。如舟车舱之代订，旅舍卧铺之预订，团体旅行之计划，调查游览之入手，以至轮船进出日期，火车往来时间，均在为旅客所急需者。”为求得社会的理解和支持，陈光甫先生抱定“人争近利，吾图远功”的方针，旅行社得到了长足的发展，最盛时期拥有87个分社和招待所，遍布华东、华北、华南等地区的15个城市，并在中国香港、河内、新加坡、纽约、伦敦等地设立分社。有员工近千名，成为业务范围和影响遍及海内外的大型旅游连锁企业。

阅读材料1-1　中国第一家旅行社的创办

陈光甫先生之所以想到开办中国第一家旅行社有着多方面的原因。首先，因为他本人就是一位旅游爱好者，东西南北，萍迹所至，远远超过万里。但根据他的亲身经历，深感在国内旅游反而不及到国外旅游那么方便与舒适。其中一个重要方面就是中国缺少欧美发达国家所具有的为游客服务的健全机构，游客往往被食宿起居等琐碎问题所困惑。他认为一旦有了自己的旅行社，这些问题就可以得到解决。其次，在 20 世纪初，美、英、法、意、德等发达的旅游国家曾兴起过一段环球旅游热。上海是旅游团必到之处，但上海负责接待的导游往往仅将外国游客带往城隍庙。而陈光甫先生认为，城隍庙“根本谈不到风景名胜，更无所谓文化”。所以，他当时就考虑要取法西方，训练一些优秀的导游人才，引导外国游客游览中国真正的名胜古迹，认识一下中华民族的历史文化。此外，一天深夜，陈光甫先生乘火车抵达徐州，看到许多等车的乘客因无栖身之处而在寒风中瑟瑟发抖。他立即想，应该设一服务机构，为长途旅程中备感辛劳的过客提供一个暂时休憩小坐之所。陈光甫先生回忆说：“这也可以说是我设计中国旅行社最早的一幅蓝图。”可见，陈光甫先生创办中国旅行社主要出自他的爱国热忱和为社会服务的意识。

上海商业储蓄银行旅行部创立之初先是附设于上海银行国外部，后又迁往四川路独立门户。为推广业务，旅行部成立一个月后即在杭州设立分部，之后又陆续添设，5 年间，共设立分部 11 处。1927 年，上海银行董事会决定投资 5 万元，使旅行社与银行分离，正式改名为“中国旅行社”。1928 年初即获得了国民政府颁发的第 1 号旅行业执照。中国旅行社的业务发展很快，最迅速的阶段是 1931～1937 年，这一时期，中国旅行社陆续增设的分社和办事处达 45 所。它的拓展有一特点，即与国内交通线的开辟同步。如陇海铁路筑至西安后，便相继设立陕州、潼关、西安等分社；连云港开港，立即设立墟沟、新浦两分社；浙赣铁路开通，又设立金华、南昌分社；粤汉铁路通车，再设广州、衡阳分社。同时，中国旅行社还在著名旅游点、人口稠密处、交通要冲增设隶属于当地分社的支社和办事处。

1937 年抗日战争爆发后，中国旅行社辛苦经营十余年的成就损失殆尽。抗战结束后，社会动荡，旅游事业无法加大发展。1949 年中华人民共和国成立前夕，陈光甫先生避居香港，中国旅行社的重心也随之迁往该地，办理从中国香港到国内的客运业务，并经营中国台湾、南洋一带和日本的旅行业务等。但终因为偏于一隅，整体业务每况愈下。1953 年，中国旅行社宣布正式撤销。这一年，恰逢是它诞生 30 周年。

（郑焱．中国旅游发展史．长沙：湖南教育出版社，2000：293～294）

二、旅行社业的发展

（一）世界旅行社的发展

在库克创办了世界上第一家旅行社——托马斯·库克旅行社之后，旅行社在世界各地蓬勃发展起来。19 世纪下半叶，欧洲出现了许多类似于旅行社的旅游组织。英国 1857 年成立了登山俱乐部，1885 年成立了帐篷俱乐部；法国、德国都于 1890 年成立了观光俱乐部；美国运通公司于 1850 年起兼营旅行代理业务，并于 1891 年发售了与现代使用方法相同的旅行支票。

20 世纪初叶，旅行社业得到更大的发展，美国运通公司、英国托马斯·库克公司和比利时为主的铁路卧车公司成为当时世界旅行社行业的三大巨头。

第二次世界大战结束后，特别是 20 世纪 50 年代以后，旅游业的发展与繁荣更为旅行社行业的发展提供了前所未有的机遇。西方一些发达国家普遍实行了带薪假日，使为数众多的工人获得了更多的余暇时间。各国民航运输业逐渐引入大型的喷气式飞机，极大地缩短了人们旅途中用于交通方面的时间。由于社会生产力的提高，世界经济的快速增长，可自由支配收入也大幅增加，从而为旅游活动的迅速发展和普及提供了条件。世界旅游业取得了前所未有的发展，仅国际旅游收入每十年增长一倍，远高于同期的世界经济平均增长速度。

由于旅游需求的巨大拉动，各国旅行社得到空前发展，旅行社的数量和营业额大幅度增加。目前全球旅行社尚无精确统计，总数约为 80000 家。其中旅行社最多的地区是北美和欧洲。这两个地区旅行社合计约占世界旅行社总数的 80%以上。

20 世纪 90 年代以来，世界旅行社业的发展出现了一些新的变化：欧美发达国家的旅行社都十分明显地出现了两极分化的趋势，即以超大型旅行社和小型旅行社为主共同构成旅行社业；在旅行社行业规模不断扩大的同时，产业集中度也不断提高，在欧美位于前十位的超大型旅行社，其营业收入已占到所在国旅行社营业收入总额的 40%以上，企业竞争力大大增强。随着网络化经营的普及，旅行社通过网络与相关企业实现业务联系，对本企业内部进行科学管理，旅行社的经营效益不断提高，实现了业务经营的“快速、准确、简单”，网络化经营已成为发达国家旅行社经营的主流；国际企业集团通过购并旅行社集团进入旅行社行业；同时以美国、德国、英国等国家的大型旅行社为主导的企业兼并、收购与战略联盟，使得发达国家旅行社的所有权发生了极大的变化，形成了一批实力雄厚、市场占有率高、经营业务广泛、能够对整个市场产生重大影响的旅行社行业巨头。

（二）中国旅行社的发展

新中国的诞生，为中国旅行社的发展开辟了广阔的前景。旅行社的发展经历了不同的时期，大体分为三个阶段：传统体制下的政治接待阶段、体制改革中的粗放式增长及行业调整阶段、面向新世纪的内涵式全面发展阶段。

1. 政治接待阶段

新中国成立后，为保护华侨、侨眷的正当利益，方便他们出入境旅行，于1949年11月9日在福建厦门成立了新中国第一家旅行社——厦门华侨服务社。此后几年中，在泉州、福州、天津、沈阳、无锡、大连、长春、哈尔滨、抚顺、汉口、南京、苏州、上海、杭州、昆明等城市都建立了华侨服务社。1957年4月22日，华侨服务总社在北京成立，1974年更名为中国旅行社，由中央政府和各地的侨务办公室负责，主要接待回国探亲的港澳同胞、海外华侨及海外华人。随着我国国际地位日益提高，与我国建交的国家不断增多，来华公务出差和旅游的外宾逐渐增多，为加强国际交流，做好对外接待，1954年4月15日，中国国际旅行社总社在北京成立，并在上海、天津、杭州、南京、汉口、广州、沈阳、哈尔滨、大连、满洲里、凭祥、南宁、南昌等地成立了分社与支社，由中央政府及地方政府外事办公室直接领导，主要承办有关外宾事务的接待。但是由于体制的原因，加上我国经济水平不高，旅游业发展缓慢，进入一个勉强维持的阶段。从新中国诞生到1978年近30年的时间里，全国只有两家旅行社，都是以政治接待为主，不具备企业的性质。

2. 粗放式增长及行业调整阶段

1978年到1989年这一时期完成了旅游业的战略性转折。改革开放后，国旅和中旅的主要任务转变为接待自费来华的旅游者，旅行社逐步转变为以经营服务为主的经济性产业。1980年，中国青年旅行社总社在北京成立，这一时期，中旅、国旅、青旅三大旅行社垄断着吸引海外客源的外联权，形成了我国旅行社行业寡头垄断的局面。中旅、国旅、青旅具有相对明确的业务分工。中国国际旅行社主要接待外国来华的旅游者，中国旅行社主要接待港澳同胞和来华旅游的海外华人，而中国青年旅行社则以来华旅游的青年旅游者作为主要接待对象。1980年，这三家旅行社接待的来华旅游者占到全国组织接待人数的80%，其余20%由其他政府机构组织接待。

随着旅游业的进一步发展，为了适应新形势，1984年国务院就我国旅行社的体制改革作出了两项决定：一是旅行社由行政或事业单位转变为企业性质；二是打破垄断，允许各旅行社之间竞争。1984年国家旅游局决定下放外联权，允许更多的旅行社经营国际旅游业务，并授予它们业务经营必需的签证通知权。1985年5月11日国务院颁发《旅行社管理暂行条例》。

作为我国旅行社业的第一部管理法规，它按照业务范围将我国旅行社分为三类。第一类旅行社经营对外招徕并接待外国人、华侨、港澳同胞、台湾同胞来中国、归国或回内地的旅游业务；第二类旅行社不对外招徕，只经营接待第一类旅行社或其他涉外部门组织的外国人、华侨、港澳同胞来中国、归国或回内地的旅游业务；第三类旅行社经营中国公民国内旅游业务。《旅行社管理暂行条例》的实施对我国旅行社业的发展起到了积极的促进作用。只要符合规定条件并经旅游主管部门批准，中央和地方各部门均可以办旅行社，凡是经批准开办的一类社就都有外联权。由于政府的放权，旅行业由行政事业向产业化发展迈出了重要的一步。20世纪80年代初期以大量进口豪华旅游汽车为代表的旅游交通业的大发展和20世纪80年代中期旅游饭店的大发展，缓解了旅游供给方面的短缺，提高了综合接待能力，为旅行社的发展创造了条件，20世纪80年代末期，我国旅行社如雨后春笋般发展起来。随着旅行社数量的激增，中旅、国旅、青旅三家旅行社在业界的垄断地位开始动摇，在20世纪80年代末宣告结束。

（1）快速增长阶段（1990～1994年）

这段时间进入了前所未有的快速增长时期。国内旅游市场因经济发展而形成高涨之势。据国家旅游局统计资料显示，1994年我国国内旅游人数达到5.24亿人次，比1993年增长27.8%。国内旅游收入达1023.51亿元人民币，比1993年增长18.5%。持续增长的国内旅游为旅行社的进一步发展提供了更为广阔的市场空间。在本阶段，中国政府开始允许中国公民出国探亲和旅游，使我国出境旅游市场开始形成，为旅行社提供了一个新的市场空间，更重要的是使我国旅行社由过去的只能单方面要求客源地旅行社输送客源转变为可以互送客源，极大地改变了我国旅行社在合作关系中旅行社的地位，并为我国旅行社巩固和发展与客源地旅行社的合作关系创造了有利条件。

（2）结构调整阶段（1995～2001年）

20世纪90年代初期各类旅行社出现明显的分散化趋势。在宏观经济体制改革不断深化、旅行社行业进入壁垒降低、入境旅游和国内旅游人数逐年增加的背景下，我国旅行社业的市场供给主体不断扩张，直接导致了市场竞争程度趋于完全化。从制度变迁的角度来说，这意味着我国旅行社业达到了一个新的高度。从行业经营角度看，也出现了无证无照经营、超范围经营，旅行社内部产权不明晰，导致旅行社经营效益低。各地旅行社出现不同程度的混乱局面，如地方保护主义严重，阻碍了旅行社的网络化经营，出现旅行社经营管理水平低和竞争能力不足等一些不利于行业发展的现象。为此，政府于1996年开始，对旅游市场进行专项治理，致力于建立与完善外部市场环境，依赖市场体制调整供需矛盾。1995年10月15日，国务院颁布《旅行社管理条例》；1996年11月28日，国家旅游局发布了《旅行社管理条例实施细则》；1997年3月，国务院批复由国家旅游局和公安部联合上报的《中国公民自费出国旅游管理暂行办法》；1998年10月，国务院批准《中外合资旅行社试点暂行办法》；1999年5月，国务院发布《导游人员管理条例》等。特别是《旅行社管理条例》对旅行社进行转类，即把原来一、二、三类旅行社转为国际与国内两大类旅行社，有效地调整了旅行社行业结构，规范了旅行社市场秩序。

3．内涵式全面发展阶段

经过 20 世纪 90 年代中国旅游业逐步实现由入境旅游单点支撑到入境旅游、国内旅游和出境旅游相互融合、互补互促的时期以后，中国旅游市场的规模不断扩大，而且更大力度地开放出境旅游市场和国内市场。1997 年国家旅游局与公安部联合颁布了《中国公民自费出国旅游管理暂行办法》。这标志着我国正式开始办理中国公民自费出国旅游。同样标志着中国出境旅游市场的形成，入境旅游、出境旅游、国内旅游成为旅行社经营业务的三大组成部分。2002 年以来中国旅游业规模日益壮大，步入全面发展的时期。2009 年 4 月国务院颁布了《旅行社条例》，促使旅行社行业进一步发展。至 2011 年底全国共有 22691 家旅行社，中国公民出境旅游目的地国家和地区已经达到 140 个。在全国范围内逐步形成了一个不同规模、不同档次、不同服务对象、不同所有制形式的旅行社网络，能较好地满足不同层次旅游者的需求，我国旅行社行业的质和量都有了明显的提高。旅行社行业迎来了全面开放的发展阶段。

第二节　旅行社的管理与管理者

一、旅行社管理概述

（一）管理的概念

管理是一种文化，是一种有目的、有意识的行动。共同劳动是管理的基本前提。只要是两个人以上的集体行动，不论是生产活动，还是行政活动，都存在着管理。管理涉及一切领域，小到家庭、企业，大到国家、社会。可以说管理无处不在，无时不有。

对于管理，不同学派、不同理论都有其不同的理解和看法。

古典管理学认为：管理就是实行计划、组织、指挥、协调和控制的职能。行为科学管理学认为：管理就是做人的工作。主要以研究人的心理、生理、社会环境影响为中心，激发人的行为动机，调动人的工作积极性。决策管理学派认为：

管理就是决策。因为决策贯穿整个管理活动过程，管理中无时无刻不在决策。管理过程学派认为：管理工作就是设计和保持一种良好环境，使人在群体里高效率地完成既定的任务。

以上观点分别从不同的意义上去理解管理，要对管理进行全面准确的定义，需要从管理工作的本质上加以把握。所以我们将管理界定为：一个组织为了实现预定的目标，充分利用各种资源，通过实施计划、组织、领导、控制等职能来协调群体的活动，并将其引向共同目标的过程。

（二）旅行社管理

将管理运用于旅行社这个企业之中，便产生旅行社管理。旅行社管理通常表述为：旅行社的管理者为了充分利用人力、物力、财力、时间、信息等资源，通过实施计划、组织、领导、控制，指导旅行社员工通过招徕、接待旅游者进行旅游活动，以达到预期的目的。这个定义具有以下的含义：

1. 旅行社管理是一种活动

旅行社管理工作是根据旅游市场的需要，将旅游的六大要素进行合理的组织与调配，形成旅行社产品，使之能够满足旅游者的旅游消费需求，从而满足旅行社和员工的需求。管理活动始终处于一个不断变化的旅游市场的需求环境和旅行社的经营环境中，能否适应内外环境的变化，做到灵活应变，因势利导，是关系到管理成败的一个重要因素。

2. 旅行社管理要达到预期目标

旅行社要达到的目标表现在三个方面。

（1）获得经济效益

获得经济效益是旅行社经营最基本的目标之一。通过有效的管理使旅行社获得利润，让员工得到实惠，也为社会创造财富，为国家增加财力。在旅行社的中长期计划及年度计划中有关于经济效益的确切指示，在制定过程中要动员大家广泛参与，以便对其有一个清晰的认识，在工作中自觉地将其作为行动纲领。这样有利于提高员工的工作积极性，以较少的人力、物力、财力的投入，获取较多的经济效益。

（2）使旅游者满意

旅行社的一切经营管理活动，都要立足于设法满足旅游者的需求。旅行社的产品不同于制造业生产出的产品，旅行社的产品中体现有服务，也即服务包含在产品之中。从旅行社工作过程来看，服务依赖于产品。旅游者的到来，是旅行社产品实施的中间点。在这之前的产品策划、设计、广告宣传、产品销售都是前期的基础准备，导游服务、生活服务、售后服务，都要等旅游者到达后才能得以展开。服务产品质量的优劣主要靠旅游者的满意度来评价。旅游者的满意度建立在旅行社提供的产品和服务在使用价值方面与旅游者在物质需求和心理需求的适合的程度上。旅行社首先要设计出能满足不同层次旅游者需求的产品，按质按量提供食、住、行、游等方面的服务，创造出一种宾至如归的氛围，同时还要通过热情周到、谦和礼貌、舒适方便、迅速快捷的服务使旅游者的精神需求得到满足。

（3）使员工的士气高昂

员工是旅行社最重要的资源，是旅行社经营成功与否的决定因素。旅行社的工作要靠员工来完成，工作做得好与坏取决于员工的心情、责任心、利益关联程度以及员工个人的工作能力。所以旅行社的管理者要采取一切措施充分调动员工的积极性，让员工在工作中保持高昂的士气，以高度负责的精神参与到旅行社的经营过程中。只有员工心情愉快、精神振奋、技能精湛，方能为旅行社的长远发展打下良好的基础。管理者要让员工的个人利益与旅行社的利益联系在一起，旅行社的经营成果大家共同分享，个人的发展能够与企业的发展同步。在旅行社的整体发展规划和重大问题的决策上，动员大家参与，让更多的职工享受接受培训和专业教育的权利等。这些措施的实施有利于凝聚员工的士气，在日常经营中让他们感受到工作的价值和人生的价值，从工作中获得一种成就感。

3. 管理的实质是协调

由于旅行社内部的专业化分工被划分为许多部门，而各部门工作性质的差别，各部门的工作成绩与旅行社的经济效益的关联度不一样，据此可将其分为一线的直接效益部门和后台的间接效益部门。直接效益部门的员工通常会认为自己对企业所作的贡献大。

旅行社的工作流程是紧密相连的，但是由于部门的划分，被人为地分成几个环节。各部门间相互独立，又由工作流程相互关联在一起，协调部门之间的关系，对旅行社的发展十分重要。例如，旅行社向旅游者提供的产品质量如何，取决于一线的直接效益部门。除此之外，旅行社还需要协调与外部相关旅游企业间的关系。

4. 旅行社管理包含一系列的职能

旅行社的管理工作包含计划职能、组织职能、指导职能、协调职能、控制职能。计划职能是由旅行社的共同劳动、目标一致的性质决定的，是协作劳动、各尽其职的必要条件。组织职能体现在为实现旅行社的经营目标，合理配置和使用企业资源，对旅行社的经营、服务活动做好合理的分工、协调，处理员工在劳动中的相互关系而进行的各种管理活动。指导职能是指旅行社的管理者帮助下属提高工作效率、业务能力、解决疑难、谋求对策的行为。协调职能是为了发挥旅行社的集体效应，保证共同工作的顺利进行，防止和减少各个环节、各个部门之间的矛盾，更好地协作工作。控制职能是指为实现旅行社的预期目标而对经营活动进行纠偏矫正，制约调控的行为。旅行社在确定计划、目标基础上要进行全过程的监督控制。

二、旅行社管理者及素质要求

（一）管理者的含义

旅行社的管理者，是指在旅行社经营活动中从事管理的人，包括上层管理者如旅行社经理，基层管理者如部门经理，他们是在旅行社中对他人的工作进行计划、组织、领导、控制，以期实现旅行社的既定目标的人。

管理者在旅行社的经营过程中扮演着三种角色。一是管理旅行社，求得其生存和更好的发展。管理者作为旅行社的领导层，指挥员工工作，让他们明白自己的工作职责、工作目标，知道该干什么，什么时候，在哪里，怎样干，要提高员工的工作能力，如举办各种培训班，为他们提供学习条件，采取各种积极措施，让员工参与到管理之中，大家共同努力实现旅行社的经营管理目标。二是管理管理者。处于旅行社组织结构中的上层管理者、基层管理者中的任何一人，都是管理者，同时又都是被管理者。所以，每一个管理者都应做到：确保下级的设想、意愿、努力都朝向旅行社的经营管理目标。要培养员工的集体主义精神，健全旅行社的组织结构。三是管理员工和工作。由于旅行社的工作以脑力劳动为主，工作场所也不全在旅行社，要管理好员工及其工作，要认识到员工个体差异，处理好人际关系，处理好各类人员间的相互关系对管理好员工至关重要。

（二）管理者的管理对象

管理者的管理对象分为五个基本要素：人、财、物、时间、信息。

1. 人

人是旅行社管理最基本的要素。现在国际上提出企业管理要以人为本。人的因素，是旅行社成败兴衰的关键。旅行社的管理者要研究人、尊重人、关心人、满足人的需求，调动人的积极性。管理者要清楚地认识到：没有满意的员工就没有满意的旅游者。员工是旅行社管理的核心，旅行社不断拓展业务、提高经济效益，都不能离开员工的努力，所以人是管理中最基本的因素。

2. 财

财包括多方面，主要指资金，包括固定资金、流动资金、专用资金。管理人员利用货币形式对旅行社资金运用和业务收支活动进行全过程的综合管理，主要体现在资产管理、成本费用管理、收入与利润管理和财务分析。管理人员根据旅行社的经营目标和经营需要，按照资金运动的客观规律，通过对资金筹集、资金运用、资产管理和资金分配等的管理，实现旅行社利润最大化和所有者权益最大化的目标，使旅行社财务处于最优状态。

3. 物

物的管理，在生产性企业中至关重要。如果管理不善，会导致生产过程的混乱。在旅行社这种服务性企业，主要体现为对车辆、电脑等设施、设备及低值易耗品的管理工作，做好这些物品的管理工作是保证旅行社正常运转必不可少的环节。

4. 时间

时间作为管理的对象，有两个方面的含义，一是时间的长短，二是关键时点或时机。时间是一种稀缺又珍贵的资源。如高尔基所说："世界上最快而又最慢，最长而又最短，最平凡而又最珍贵，最容易被忽视而又最令人后悔的就是时间。"时间并没有引起人们的重视，有的人认为时间是取之不尽的，取得时间也不需要支付代价。这是一种错误的观点，时间是一种最易消失的资源，根本无法贮存，时间没有替代品。对时间的管理要着眼于提高工作效率，主要体现在对客服务、操作过程中的效率，如不失时机地了解掌握旅游者的愿望、需求，设计出适应旅游者需求的产品，在决策、机遇方面很好地把握时间要素等。

5. 信息

信息是各种资料和消息的总和。旅行社经收集、整理、运用或储存，供经营、决策时参考使用。信息是未来资源中最宝贵和最便宜的资源。旅行社信息是旅行社在经营管理过程中人员、产品、质量、市场、销售等的状态、特征及其变化的客观反映。信息是有时效性的，是与时间要素紧密相关的，提供的时间越短，使用价值越大。当今社会处于信息"爆炸"时代，旅行要善于及时利用信息为自己的经营服务。

（三）管理者素质要求

西汉的桓宽曾说过："善治人者能自治者也。""治人"必须以"自治"为基础。管理者如果不能正其身，则又如何正人，如果不能自治，则又如何治人？作为管理者必须具备一定的素质。

素质通常是指事物内在的特征。狭义地说是指生理与心理范畴内，人的先天遗传的生理特点。广义来讲包括素养、性格、品质和能力，素养主要是指人的先天遗传特征，性格主要是指受后天的社会经验和环境的影响而形成的个性心理特征，品质主要是指政治修养、道德礼仪以及为人处事的态度，能力则是指人的体能、技能和智能。

管理者应具备哪些素质？总体说首先应具有战略眼光，这是构成其素质的最基本要素。因为战略上的失误是管理者的致命伤，反之，管理者的真正成功也在于战略上的成功。战略眼光包括以下三方面内容。

1. 全局观念。一个具有战略眼光的经营者不会因为一千个原因而动摇一千次；如果不了解全局的情况，看到旅行社一些局部的不景气现象，在思想上产生局限性，在不作全面分析的情况下就急于变更原有的经营方针，或者看到一些局部的利益就急于求成，忘乎所以，那就不是从全局来考虑问题。有些事从局部看可行，从大局看不可行；有些事从局部看不可行，从大局看可行，归根到底要顾全大局。有时一项重大的变化非常微妙或缓慢，在未达到质变之前往往容易被人忽视，可就是这些微妙的变化往往对旅行社的发展产生举足轻重的影响。譬如，对于某一产品的开发，别人也许忽略了，以为这仅是一种“变化”而已。具有战略眼光的管理者对市场每一个细微变化，都应该从全局的角度来进行思考。

2. 长期观念。经营战略问题着眼于旅行社未来的发展，一般要考虑相当长一段时间内的总体发展问题。目前有些旅行社行为趋于短期化，其原因固然是多方面的，但主要是旅行社的管理缺乏长远发展观念，导致企业行为短期化。例如，有的旅行社急功近利，自己不进行产品开发，而是抄袭模仿其他旅行社的产品，销售这些产品时初次得到甜头后，便一而再、再而三地剽窃抄袭，由于没有自身的特色，其生存期不会长久；有的经营思路明晰、市场观念强的旅行社进行大规模的前期投入开发出贴近市场脉搏的产品，这种经营之道，是一种具有长期观念的经营战略。

3. 系统观念。经营战略涉及旅行社经营活动的各个方面，制约着经营管理的一切活动，并且实施时间很长。因而，经营者必须具有系统观念，充分利用外界经营环境中的机会，避开威胁，把旅行社各个要素、各个方面的活动以及各个时期可能出现的新情况，作为一个彼此紧密相关、有机联系的系统来看待，并加以合理处置和协调发展。

（四）旅行社管理者素质的具体要求

要求旅行社管理者具有战略的眼光，是为了有效地制定和实施旅行社战略，根据变化的形势及时修正原来的不合新形势的战略决策和策略，进而推动企业的发展。在这动态的变化过程中，管理者必然经常性地碰到两个基本问题：如何处理不确定性事件和如何用人。

围绕这两个基本问题，管理者应当具备以下几方面的素质：

1. 智。智即知识和谋略。管理者必须具备广博与专业的知识，并形成合理的知识结构。知识的广度体现在“渊博”，包括文学知识、美学知识、历史知识、技术知识、法律知识等基础知识。知识面广，思路才开阔。专业知识方面要求管理者对管理学、领导学、经济学、心理学、方针政策有比较深入的研究。只有这样，才会想得深、看得远，才能在错综复杂的关系和千变万化的市场动态中把握方向，使之立于不败之地，达到古人所说的“知者不惑”的境界。管理者的“智”还在于激烈的市场竞争中，运用自己和旅行社管理层的聪明才智，做到“知已知彼，百战不殆”。市场和竞争是无情的，没有“知已知彼”这一手，也很难取胜。

2. 勇。勇即有开拓精神和敢冒风险的魄力。一个管理者应当勇于开发产品，开拓市场，敢冒风险，参与竞争。一个产品从面市到撤架是一种必然，所以任何一种旅行社产品都不可能长期一成不变地存在。根据目标市场潜在旅游者的需求，不断推出新的产品组合，强化产品的独特性，参与旅游市场竞争。只有这样才能在激烈的市场竞争中一争高低，旅行社也才能不断发展。当然勇于开拓就会有一定的风险，但风险中也蕴藏着成功，当然也可能失败。然而，没有经历过风险的磨练难以成为成功的经营者。

3. 信。信即信用。就是要求经营者树立良好的信誉，取信于人。旅行社与组团社、地接社及相关旅游企业间要遵守合同及彼此之间的约定，对待这些合作单位必须讲诚信，追求双赢的结果。对旅游者要提供优良服务，出售产品要保质保量，要讲究商业道德。正如松下幸之助所说的：价值 10 元的东西，以 20 元卖出，表面上是赚了，但事实上，却赔掉了一位顾客。可见，不讲信誉的人不可能成为成功的经营者。

4. 恕。恕即宽容。主要取决于个人的胸怀、修养。“心底无私天地宽”，心中经常想着别人，少计较个人的利害得失。作为一个管理者，还应具有豁达大度的风度和宽容的胸怀，宽容是一种生存的智慧，无论是对客户还是对其他人的关系，只要不是原则问题，要包容和接纳。对旅游者，用得上“和气生财”的生意经，在企业内部“处世让一步为高，退步即进步的根本；待人宽一分是福，利人实利己的根基”，这样有利于形成一个轻松、愉快、宽容、谦让的环境，以最大限度地调动员工的积极性。

5. 达。达就是指信息通达。现在是“信息时代”，社会多样化和社会的加速变化混合在一起，引起了信息爆炸。可以预言，未来社会必将更具有“信息时代”的特征。为此，旅行社的经营活动都必须以信息为依据，进行有效的管理。管理者要强化信息资源意识，有目的、有选择地进行信息收集、传递、储存和利用。注重信息的时效性，也就是要保证信息是最新的状态，而且要做到上情下达，下情上达，内外畅通，以形成运用信息的集体优势。

6. 严。严就是要求管理者言必信，行必果，以严格的纪律和奖惩措施确保旅行社部门和员工实现自己的各类工作目标。这样，一方面能树立管理者自身的威信；另一方面借助这种威信能保持企业组织的秩序，使经营战略制定和实施的各个方面、各个部分前后相序，左右相连，上下相接。有一份调查材料表明，中国企业的职工最喜欢“恩威并重”的企业领导。从中给我们的启示是：严的标准不应由管理者单方面来确定，而必须符合人们可接受的“情理法”要求，管理者和员工都是有情感的人。管理过程中做到恩威并施、刚柔相济。在制度、纪律、规则发挥作用的同时，靠人之感情，创造一种和谐的氛围，构建一个充满生机的集体，也就是要“以情感人，以理服人，以法治人”。

7. 约。约是指简约干练的作风。这主要体现在管理上。管理者制定制度和规范时要简明易懂，不搞繁文缛节，免去一切不必要的附加物和形式。目前一些旅行社制度多而杂，办事弯弯曲曲，以至相互脱节，或者彼此重复，使人不知所措，从而影响了工作效率，有时还会因此失去获利的良机。管理者能做到“约”，往往还会给人留下办事干练的印象，以博得人们的好感，赢得更多的支持者和合作者。

8. 戒。戒是指管理者的身心修养。管理者应严于律己、忠于职守、锐意进取、敢闯敢干，不断加强自身的道德修养。如果管理者能将提高自身的品德修养作为创业的基础，能按现代和未来标准修身养性，那么就能带动全体职工，从而提高整个企业的素质。孔子说：“其身正，孰敢不正。”管理者严于律已，才能严于治人，才能安定人心，引导员工向前发展，使旅行社在竞争激烈的经营环境中立于不败之地。

上述八个方面是互相联系、不可分割的，要一一做到是不容易的。需要管理者有强烈的事业心和责任感；出于公心，不为个人的私心所困扰，才能逐渐达到。

第三节　旅行社业务类型与行业特点

一、旅行社的业务类型

（一）旅行社的概念

旅行社是为旅游者旅行提供服务的机构。在不同的国家有不同的定义。

世界旅游组织对旅行社的定义是："零售代理机构向公众提供可能的旅行、居住和相关服务，包括服务酬金和条件的信息。旅行组织者或制作批发商在旅游需求提出前，以组织交通运输、预订不同的住宿和提出所有其他服务为旅行和旅居作准备"的行业机构。

欧洲关于旅行社的定义是，一个以持久盈利为目标、为旅客和游客提供有关旅行及居留服务的企业。这些服务主要是：出售和发放运输票证；租用公共车辆，如出租车、公共汽车；办理行李托运和车辆托运；提供旅馆服务、预订房间、发放旅馆凭证或牌证；组织参观游览，提供导游、翻译和陪同服务以及提供邮递服务。它还提供租用剧场、影院服务，出售体育盛会、商业集会、艺术表演等活动的入场券；提供旅客在旅行逗留期间的保险服务；代表其他驻国外旅行社或为旅游组织提供服务。

我国2009年5月国务院颁发的《旅行社条例》规定："旅行社是指从事招徕、组织、接待旅游者等活动，为旅游者提供相关旅游服务、开展国内旅游业务、入境旅游业务或者出境旅游业务的企业法人。"

虽然不同的国家各自对旅行社的定义不尽相同，但都包含着以下几个特征：

（1）旅行社是旅游产品的生产者和销售者。

（2）旅行社是各个旅游服务部门的纽带。

（3）旅行社是各个旅游服务生产者与旅游者之间的桥梁。

（4）旅行社依靠销售旅游产品而获取利润。

（二）旅行社的业务类型

按2009年颁布的《旅行社条例》，旅行社的业务是指从事招徕、组织、接待旅游者等活动，为旅游者提供相关旅游服务，开展国内旅游业务、入境旅游业务或出境旅游业务。实际上，旅行社除开展各种旅游业务以外，不同的旅行社还会依据自身的业务规模、目标市场等特点开展一些其他相关的业务。总的来说，旅行社的基本业务是大致相同的。旅行社的业务流程可分为市场调研、产品设计与开发、旅游咨询服务、旅游服务采购、接待服务和售后服务等。由此归纳出旅行社的基本业务类型：

1. 市场调查业务

市场调查是开展旅行社业务的基础性工作。根据旅行社的战略目标、同行业的竞争态势及可利用的各种资源，进行市场细分，并确定目标市场。调查该市场旅游者的需求及旅游目的地的情况，为旅行社的产品设计与开发做好相应的准备。

2. 产品开发业务

产品的设计和开发，是旅行社开拓市场、增强竞争能力的一个重要手段。产品开发是在市场调查的基础上进行的，综合考虑旅行社的战略目标、目标市场的需求及竞争对手和产品状况，制定出新产品的开发原则。对新产品进行构思，设计出新的旅行社产品。然后进行新产品试销，并在试销中不断完善产品。当试销成功后，即可将此产品批量投入市场。在销售的过程中，定期对产品进行检查、评估，不断改进产品质量。

3. 服务采购业务

为了满足旅游者的需求，旅行社的产品是将旅行社的各项承诺和服务融入其中。旅行社在按照产品的设计构思组合产品时需要向其他相关的行业部门购买服务项目，将其组合起来。由于旅行社产品具有很强的综合性，涉及饮食、住宿、交通、游览、娱乐等方方面面，而且大多数的服务项目是旅行社本身不能够提供的。因此需要以一定的价格向其他旅游企业及与旅游业有关的部门购买相关服务项目。采购的内容主要涉及交通服务、住宿服务、餐饮服务、景点游览服务、娱乐服务、保险、入出境手续等内容。为降低成本和保证质量，旅行社协调好与旅游交通、酒店、景区等上游旅游服务企业的合作关系十分必要。

4. 产品销售业务

加强旅行社产品的销售，是旅行社经营必须考虑的重要课题。产品的顺畅销售一方面能满足旅游者的需求，另一方面能实现其商品价值为旅行社带来利润。建设和管理好销售渠道，是旅行社走上健康快速发展道路的可靠保障。旅行社需考虑销售的 4 个可控因素：产品、价格、销售渠道和促销。要根据不断变化的市场需求调整产品的结构、数量和质量，进行适当的定价，既满足旅游者的需求又达到自身的盈利目标，选择恰当的促销方式及销售渠道将产品介绍给旅游者，并使其找到方便的途径最终将消费意图转换为购买行为。旅行社开展各种形式的宣传促销，影响旅游者的购买行为。利用独享销售渠道获得竞争优势，可以减少中间环节而降低产品成本，使旅行社在竞争中抓住商机处于有利的地位。

（三）旅游接待业务

旅行社产品价值的实现，依靠旅游接待服务（包括团队接待和散客接待）。旅行社接待业务是旅行社为已购买了旅行社产品而来到旅游目的地的旅游者提供一系列的实地服务工作。旅行社的接待包括选择和委派适应旅游团（者）的导游，安排落实旅游活动日程，提供导游讲解、交通工具、住宿餐饮等方面的保证以及沿线各旅行社联络工作。旅游接待水平的高低会影响到旅游者对旅行社产品的认知和评价。旅游接待是一项十分繁杂的业务，其涉及面广、环节多、要求高、难度大。旅游接待又是旅行社为旅游者提供的面对面的服务，将直接影响旅游者对旅游行程的满意度，从而影响旅游者的流向，影响旅行社的声誉。所以旅游接待是旅行社管理中一项非常重要的业务。

二、旅行社的行业特点

旅行社产品的特殊性以及旅行社经营所处的环境，决定了旅行社区别于一般的企业，表现出以下的行业特点。

（一）劳动密集型

旅游业因其主要产品是为旅游者提供旅游活动所需要的各种服务，属于第三产业。旅游业多为劳动密集型企业，特别是旅行社业表现得更为显著。除了少数旅行社以外，绝大多数旅行社所拥有的固定资产数量和价值都很小。旅行社经营所依赖的主要资源是员工。工资性支出占其全部经营性成本的比重很大。由于旅行社产品是以提供劳务为主的旅游服务，与其他产业相比旅行社的生产活动很少使用机器等设备，而是通过员工的人工劳动完成。加上旅行社产品是先销售，然后旅游者到旅游目的地进行旅游消费，属于先付费后消费的模式。所以旅行社对资金的需求量较小，而对劳动力的需求相对较大。实际上判定一个企业或行业是否属于劳动密集型的标准并非其表面上雇佣员工人数的多寡，也不是其投资数额与员工人数的比例大小，而是工资成本在全部营业成本和费用中所占的比例。旅行社行业满足这一标准，旅行社是一个劳动密集型企业。

（二）智力密集型

旅行社的主要业务之一是为旅游者提供旅行生活服务和旅游景点导游讲解服务。旅行社工作是一项复杂的脑力劳动，要求从业人员有广博的知识和较高的文化素质。旅行社的经营成功与否，在很大程度上取决于员工的知识水平和工作能力。因此，无论旅行社的管理人员、导游人员，还是产品设计人员和旅游服务采购人员，都必须接受过比较系统的专业教育，具有较高的旅游专业知识和文化知识，同时要具备较强的学习能力和实践能力。从事入境旅游和出境旅游业务的旅行社员工，还必须能够至少熟练地运用一门外国语。我国的有关法规也对旅行社的管理人员和导游人员的学历提出了明确的要求。综上所述，旅行社行业具有明显的智力密集型特点。

（三）季节性波动

旅游客流受自然季节因素、社会因素的影响呈现出明显的季节性波动。自然季节是因旅游目的地所在的地理位置的不同而引起的气温、空气湿度、日照、降水、风力等气候因素的变化对人体产生不同的生理影响，给旅游者带来不同的旅游感受。因而旅游目的地的气候条件也是助长旅游者季节性来访的重要原因。例如，在冬季北国雪花漫天飞舞的时候，地处热带的海南岛，阳光明媚，空气清新，可进行海水浴、日光浴，吸引众多旅游者前来过冬，与此相适应海南的旅游进入旺季。社会性的因素主要有节假日过于集中，突发性事件等。由于我国尚未实行带薪休假制度，人们出行多集中于春节、暑假、“十一”黄金周。由于上述因素的影响产生比较明显的旅游淡旺季。

（四）关联性

旅行社行业是旅游产业链中的下游行业，与位于同一产业链中的交通行业、住宿行业、餐饮行业等上游行业及其他行业之间存在着一种相互依存、互利互惠的合作关系，这种合作关系导致了旅行社行业的关联性，旅行社行业的经营与发展，与其他旅游行业及相关行业的经营和发展应是均衡和同步的，无论旅行社行业的发展超越或落后于其他行业，都会使其蒙受损失。因此，旅行社必须在确保自身利益的前提下，与其他旅行社行业及相关行业保持密切的合作关系，以保障旅游者的旅游活动在各个环节能够得以顺利衔接与落实。事实上，旅行社行业与其他旅游行业之间的关系是一种互补性关系。

（五）脆弱性

旅行社行业受旅游需求和旅游供给两个方面的影响与制约，具有比较明显的脆弱性。这主要表现在以下几个方面：一是由于旅行社的产品具有比较大的替代性和需求弹性，所以多数旅行社产品的价格涨落或质量的好坏都可能造成旅游客源和经营效果的大起大落。二是外部环境对旅游者的消费行为具有显著的影响。例如，国际政治气候与国家间关系的变化，经济的繁荣与萧条，物价与汇率的升降，战争、灾害、恐怖活动等不安全因素的发生，都可能导致旅游客源市场的需求产生迅速而明显的上升或下降，或者造成大量旅游者从某个旅游目的地转移到其他旅游目的地，从而给旅行社的经营带来意想不到的影响。三是旅行社产品的生产和销售受其上游企业的供给状况的影响较大。一旦上游企业对旅行社的供给发生变化，就可能导致旅行社产品的成本和价格产生剧烈的变动，造成旅行社经营上的不确定性，并影响旅行社的经营效果及在旅游市场上的形象与信誉。

（六）服务性

在旅行社行业中，服务劳动起着主要的作用。与一般物质产品不同，旅行社所具有的旅游产品集中表现为旅游服务。旅行社是为旅游者提供服务的，提供服务的过程，也是旅游者消费的过程，即旅行社工作人员直接面对旅游者提供相关服务。服务工作好坏的标志是能否为旅游者提供优质的服务，使他们感到满意，这也是衡量旅行社提供产品质量高低的重要标准之一。因此，旅行社工作人员要十分重视旅行社服务水平的提高，做到规范化与个性化相结合，以便更好地满足不同旅游者的个性化要求，提高旅游者的满意度。

思考与练习

1. 简述近代旅行社产生的时代背景。

2. 分析旅行社管理的五个基本要素。

3. 旅行社管理者应具备哪些素质?

4. 旅行社的基本业务有哪些?

5. 简述旅行社的行业特点。

6. 实训题：实地调查及查阅资料分析当地的一家知名旅行社的基本情况及其特点。

第二章　旅行社设立与组织结构

本章提要

旅行社的设立是开展一切旅游活动的前提，而设立旅行社须遵循国家相关的法律和法规。本章首先分析影响旅行社设立的外部条件及内部因素，依据有关旅行社设立的法律规定阐述创立各类旅行社所需的注册金、旅行社质量保证金的数量以及对营业场所和营业设施的相应要求，对于设立旅行社的程序逐一进行说明，分析影响旅行社组织结构设计的因素及组织结构设计的原则，探讨旅行社组织机构的设置模式，对国内外的旅行社行业组织进行介绍。

第一节　旅行社设立的条件和程序

一、影响旅行社设立的因素

设立旅行社是旅行社经营管理的开始。开办一家新的旅行社，会受到诸多因素的影响和制约。这些因素可分为外部因素和内部因素。旅行社的设立者只有充分考虑了两大因素之后，才能作出正确的决策。

（一）影响旅行社设立的外部因素

影响旅行社设立的外部因素，是作为旅行社本身无法调控的一些因素，而这些因素又是旅行社赖以生存和发展的环境因素。

1. 社会环境因素

社会环境因素是指社会的宏观环境中对旅行社业的存在与发展产生较大影响的各种环境因素。国际环境的和平稳定，为世界经济增长和旅游发展提供了必要的保证。现代旅行社的发展已经没有了国境的限制，入境旅游、出境旅游这些国际旅游为旅行社带来巨大的利益，而开展国际旅游依赖于和平稳定的国际环境。当然国际环境的波动也会给旅行业的发展带来不利的影响。如美国的“9 •11”事件、日本“3 • 11”大地震使当地的旅行业遭受灭顶之灾。

国家宏观经济环境。一个国家、一个地区的国民经济的发展，使人们的收入迅速增长。人们收入的增长对旅游业的迅速发展起着重要的促进作用。随着人们支付能力的提高，旅游的客源就有了保障。

科技的进步，使得生产力不断提高，人们的闲暇时间在增多，为人们外出旅游提供时间保障，而且还可以使旅游的次数增加，在外逗留的时间延长。科技发展促使交通工具的进步，民航运输的发展使人们可以在较短的时间内作长距离的旅行，国际旅行乃至环球旅行得以实现。大型客机的不断更新，更是降低了飞行成本，也降低了人们在旅行中的交通费用，为大众旅游奠定了基础。航天科技的不断发展，已经使太空旅游成为可能。

现代计算机网络技术，更为旅行社经营管理中开展电子商务，进行网络化经营提供便利条件。网络技术的利用也提高了旅行社内部业务效率和经营管理水平，从而降低了旅行社的经营成本，让旅行社得到了更多的盈利空间。

政治法律环境。设立旅行社，应该考虑旅行社所处的政治法律环境。旅行社在经营之际，不可能离开特定的环境，会受到国家法律、地区法规的限制。在旅行社开办之际必须了解与经营相关的法律政策，在法律许可的范围内行事。

2. 行业因素

行业因素是指存在于旅行社内部的，影响、制约着旅行社的存在与发展的因素，主要涉及旅游业的发展现状、行业内的竞争状况、旅游服务供应部门等。

旅游业的发展状况。世界旅游业、国家旅游业、所在地区的旅游业的发展水平和发展趋势是否有利旅游业的发展，会对旅行社的设立产生至关重要的影响。旅游业的发展状况有利，旅行社的客源才有保障。客源是旅行社的生命线，此时设立旅行社才可能办得红火。相反，旅游业的发展状况不利，就应中止设立的进程。如果勉强为之，成立后旅行社的经营业绩将大受影响。同时与旅行社业务发展密切相关的各行业、各部门的快速增长也是设立旅行社必须考虑的要素。

行业内的竞争状况，即设立旅行社的地区现有的旅行社存在状况及经营动态，现有旅行社的类别及其数量、各家旅行社的规模、旅行社之间竞争的情况等。如果该地区旅行社数量没有趋近饱和、行业的获利前景较为乐观、竞争平和时，一家新的旅行社的开办不会引起行业内过多的关注，为旅行社的自身的发展赢得机遇。

旅游服务供应部门。开展旅游业务离不开相关旅游企业所提供的服务，相关旅游企业为旅游者提供食、住、行、游、购、娱等方面的服务，这些企业的发展状况也与旅行社经营密切关联。相关旅游企业发展状况良好时，有利于降低旅行社的经营成本，从而拓宽其盈利空间，这样旅行社的发展潜力就会很大。

（二）影响旅行社设立的内部因素

影响旅行社设立的内部因素是指旅行社自身可以调控的因素。影响旅行社设立的内部因素有：资金筹措、营业场所、协作网络等。这些因素虽然属于内部可调控因素，但并不是所有的因素旅行社都能自主控制，所以旅行社需要认真对待。

1. 资金筹措

在具备了外部条件的情况下，要开办旅行社，首要面临的是资金问题。所需资金由两大部分构成：创办费用和维持正常营业的费用。创办费用含注册资本金、质量保证金、营业场所的租金及旅行社开张所需支付的各种费用；维持正常营业的费用含职工工资、产品宣传营销费用、公共事业费等。筹集资金是影响旅行社设立的内部各因素中的最重要的因素。

旅行社要依据自身的实际情况确定所需资金，并进行筹集。筹措资金的渠道很多，主要有自有资金、合股资金和银行贷款等。

2. 营业场所

营业场所是指旅行社的设立者依法拥有的开展旅行社业务工作所必需的经营场地。经营场地可以是旅行社自有的资产，也可以向他人租用。有一位旅行社经理曾这样说过："要取得旅行社的经营优势，除了地点，还是地点。"虽然这话有失偏颇，但它确实反映出经营地点的选择对旅行社经营起着至关重要的作用。经营场地选择是否得当，会对今后旅行社的经营业绩产生很大的影响。选择场地要考虑四个方面的因素：

（1）目标市场。目标市场与旅行社的经营定位密切相关。旅行社希望以过往的客人为主要客源时，可以选择流动人口很多的火车站、长途汽车站、水运码头及飞机场等地点设营业场所；旅行社希望以商务旅游者为主要客源时，可以选择商务饭店的附近或写字楼集中的地点设营业场所；旅行社希望以本地的居民为主要客源时，可以选择中等收入居多的住宅区域或附近有较大规模企业的区域设营业场所。

（2）方便顾客。旅行社一般设立在公众出入方便的商业区、居住区及企业机关较为集中的地方，通常为临街的门面。如果设在饭店内，最好有临街单独出入的门，以方便顾客的出入。随着有车一族的骤增，所设营业场地应该有足够的停车场地，以方便车辆停留。

（3）位置醒目。旅行社的营业场所多设在城市的主要交通干线两侧，而不会选择偏僻的街道，这样才能吸引有条件的人群购买旅行社的产品。

（4）相对集中。有的人认为旅行社的营业场所不宜集中。因为同行是冤家，旅行社聚在一起会引起旅行社之间的竞争。其实不然，旅行社相对集中，虽然也会使旅行社在经营时经受一些压力，但适度的竞争既有利于旅游者获得实惠，又有利于新开办的旅行社借鉴同行的经验，在提高服务质量、降低经营成本等方面下功夫，以吸引旅游者。实践证明也是如此，上海浦东的张杨路上，100 多米长的街道集中了 22 家旅行社。旅游者来此购买或咨询时，可以货比三家，很快办理好相关手续，从而对旅游者形成很强的吸引力。事实证明这条街的旅行社的生意比普通地段要好，旅行社相对集中为这些旅行社开辟了更为广阔的客源市场。

3. 协作网络

在旅游业的发展越来越发达的时代，联络相关行业、相关部门，使之成为合作伙伴，从而形成为旅游者提供服务的协作关系网络，是每一家旅行社努力奋斗的目标。因此，协作网络是影响旅行社设立的内部因素。协作网络的规模及组织形式取决于所设立旅行社的性质和旅行社管理阶层的公关能力。

（三）有关旅行社设立的法律规定

在我国，国家旅游局于 1995 年 1 月发布的《旅行社质量保证金暂行规定》和《旅行社质量保证金暂行规定实施细则》，1997 年 3 月发布的《旅行社质量保证金赔偿暂行办法》，国务院于 2009 年 1 月颁布的《旅行社条例》，国家旅游局于 2009 年 4 月发布的《旅行社条例实施细则》，对在我国设立旅行社作出较为系统的规定，概括起来主要包括以下两个方面：

1. 具有规定的注册金和旅行社质量保证金

（1）设立外商控股或独资旅行社所需注册资金不少于 30 万元的，在国务院旅游行政主管部门指定的银行开设专门的质量保证金账户，存入质量保证金 20 万元，可以经营入境旅游业务和国内旅游业务，外商投资旅行社可以设立分支机构。外商投资旅行社不得经营中国内地居民出国旅游业务以及赴香港特别行政区、澳门特别行政区和台湾地区旅游的业务（但是国务院决定或者我国签署的自由贸易协定和内地与香港、澳门关于建立更紧密经贸关系的安排另有规定的除外）。

（2）国际旅行社所需注册资金不少于 30 万元，经营国内旅游业务和入境旅游业务的旅行社，在国务院旅游行政主管部门指定的银行开设专门的质量保证金账户，应当存入质量保证金 20 万元；经营出境旅游业务的旅行社（旅行社取得经营许可满两年，且未因侵害旅游者合法权益受到行政机关罚款以上处罚的，可以申请经营出境旅游业务），应当增存质量保证金 120 万元（经营国内旅游业务和入境旅游业务的旅行社，已存入质量保证金 20 万元；经营出境旅游业务的旅行社，再增存质量保证金 120 万元，二者合计为 140 万元质量保证金）。

国际旅行社可以设立不具有法人资格的分社（以下简称分社），每设立一个经营国内旅游业务和入境旅游业务的分社，应当向其质量保证金账户增存 5 万元；每设立一个经营出境旅游业务的分社，应当向其质量保证金账户增存 30 万元。

（3）国内旅行社所需注册资金不少于 30 万元，经营国内旅游业务和入境旅游业务的旅行社在国务院旅游行政主管部门指定的银行开设专门的质量保证金账户，应存入质量保证金 20 万元。

国内旅行社可以设立不具有法人资格的分社（以下简称分社），每设立一个分社，增交质量保证金 5 万元人民币。

2. 具有符合规定的营业场所和营业设施

设立国内旅行社应具有满足申请者业务经营需要的营业用房（申请者拥有产权，或向他人租用），拥有现代通信工具、计算机等办公设备（具有与旅游行政部门及其他旅游经营者联网的条件）。

阅读材料 2-1　关于旅行社设立分社有关事宜的通知

旅办发〔2010〕56 号

各省、自治区、直辖市旅游局（委）：

《旅行社条例》（以下简称《条例》）颁布实施以来，大多数地方旅游行政管理部门认真按照《条例》的有关规定受理旅行社设立分社事务，但也有少数地方制定或实际执行了与《条例》规定不符的程序、条件和要求。为规范旅行社设立分社的管理工作，现就有关事宜通知如下：

一、分社的设立范围。根据《条例》第十条，旅行社分社的设立不受地域限制，即分社可以在设立社所在的区域内设立，也可以在全国范围内设立。

二、旅行社设立分社的数量。《条例》和《旅行社条例实施细则》均没有对旅行社设立分社数量作限制。旅行社设立分社的数量，包括在同一区域、同一城市设立分社的数量，由旅行社根据经营服务的需要决定。旅游行政管理部门应该会同工商行政管理部门加以指导、规范。

三、出境旅行社设立分社的类型。根据《条例》第十条，分社的经营范围不得超出设立分社的旅行社的经营范围。按此，经营出境旅游业务的旅行社可以根据市场发展的需要来设立分社，既可以设立只经营国内旅游业务和入境旅游业务的分社，也可以设立只经营出境旅游业务的分社，还可以设立经营国内、入境和出境旅游业务的分社，增存的质量保证金分别为5万元、30万元、35万元。

四、目前，赴台湾游旅行社跨省级行政区域设立的分社，一律不得经营赴台湾业务，在本省级行政区域内设立的分社只能从事赴台湾游客招徕业务。

五、分社增存质量保证金的管辖地。根据《条例》第十四条，旅行社设立分社，应当向本社质量保证金账户增存相应数量的质量保证金，而非在分社设立地开设质保金账户增存质量保证金。

特此通知。

国家旅游局

二〇一〇年四月

（http：//www.cnta.com/html/2010-4-27）

二、旅行社设立的基本程序

在我国，旅行社业属于前期归口审批，实行业务特许经营的行业，即旅行社申请开业登记，应首先按国家有关规定报请行业归口部门审批，然后再向工商行政管理部门办理登记。

（一）提交有关申办材料

为了能顺利地办理申办手续，申请开办旅行社的单位或个人应向旅游行政管理部门提交以下材料：

1. 设立旅行社申请书。设立申请书是旅行社申办人向有关部门提交的表达申办旅行社意愿的书面材料。申请书内容包括申请设立的旅行社的中英文名称（中英文名称须一致，不应存在歧义）及英文缩写、设立地址、企业形式、出资人、出资额和出资方式、申请人、受理申请部门的全称、申请书名称和申请的时间。

2. 法定代表人履历表及身份证明。

3. 企业章程。企业章程是旅行社今后营运的基本制度，规定企业的设立、变动、停业、歇业、破产的决策，投资及财务管理制度，经营范围、原则和方向，内部组织管理结构及原则，劳动用工及人事管理，分配方式等。

4. 依法设立的验资机构出具的验资证明。旅行社属于低投入、高风险行业，国家法律为了保证旅游者的权益不受损害，在资金方面，对旅行社申办者作出了明确规定。需要有开户银行出具的资金信用证明、注册会计师及会计师事务所或者审计师事务所出具的验资报告。为此，申请设立旅行社者必须请求法定验资机构对旅行社的注册资本金和质量保证金进行审验，以检验其真实情况，并且由审验机构出具验资证明。

在我国，法定的验资机构包括经国务院金融主管部门审批设立的各商业银行和会计师事务所等。通过银行验资时，需要申办人将资金汇入有关银行的财户上，然后由银行出具证明及资本金入账凭证的复印件。通过会计师事务所等验资时，由其出具验资报告。验资结束，申办人将验资证明或验资报告书送交受理申请的旅游行政主管部门。

5. 经营场所证明。经营场所是确保旅行社经营活动能够正常进行的场地。经营场所可以是开办者自有资产，也可以向他人租借。属于自有资产时，应向旅游行政管理部门出具房屋的产权证明；属于租借场地时，应向旅游行政管理部门出具租赁协议。

6. 经营设施、设备情况证明或者说明。经营设施、设备是旅行社开展旅游经营业务所应必备的设施。这些应该是旅行社的自有财产。在申报旅行社时要向旅游行政管理部门出示：投资部门出具的经营设备使用证明和商业部门开具的具有申办人或该申办旅行社的名称的发票和收据。

7. 工商行政管理部门出具的《企业名称预先核准通知书》。

通常将上述各项填写到《申办旅行社技术报告书》之中。

（二）申办程序

1. 国际旅行社、国内旅行社的申办程序

（1）申请营业许可

申请营业许可证是设立旅行社申请者向相应旅游行政管理部门呈交事先准备好的申请文件。

旅行社根据所经营的业务范围分为不同的类别，设立旅行社申请人根据所申请的旅行社类别，向相关旅游行政管理部门申请营业许可。

申请设立国内旅行社，申办人必须将申办材料送交所在省、自治区、直辖市旅游行政管理部门，由该旅游行政管理部门审核批准。如果省、自治区、直辖市旅游行政管理部门将审批国内旅行社的权力授予或委托给地、市旅游行政管理部门，则应该直接向地、市旅游行政管理部门提出申请。受理申请的旅游行政管理部门应当自受理申请之日起 20 个工作日内作出许可或者不予许可的决定。予以许可的，向申请人颁发旅行社业务经营许可证，申请人持旅行社业务经营许可证向工商行政管理部门办理设立登记；不予许可的，书面通知申请人并说明理由。

申请设立国际旅行社（旅行社取得经营许可满两年，且未因侵害旅游者合法权益受到行政机关罚款以上处罚的，可以申请经营出境旅游业务），申办人必须将申办材料送交给国务院旅游行政主管部门或者其委托的省、自治区、直辖市旅游行政管理部门。受理申请的旅游行政管理部门应当自受理申请之日起 20 个工作日内作出许可或者不予许可的决定。予以许可的，向申请人换发旅行社业务经营许可证，旅行社应当持换发的旅行社业务经营许可证到工商行政管理部门办理变更登记；不予许可的，书面通知申请人并说明理由。

（2）办理营业执照

设立旅行社申请者在领到旅行社业务经营许可证后，持旅游行政管理部门核发的《旅行社业务经营许可证》，到工商行政管理部门领取营业执照。

工商管理部门在收到申请人提交的全部文件后，应在3个工作日内作出核准登记或不予登记的决定。营业执照一经工商行政管理部门签发，就标志着该旅行社正式成立。

（3）办理税务登记

旅行社在领取工商营业执照后的30个工作日内，向当地税务部门办理开业税务登记，并在办妥银行账号后，申请税务执照。税务执照登记结束后，经税务机关审核通过，向旅行社发放税务登记，旅行社申领发票。至此，旅行社就可以正式开展经营活动了。

2. 外商投资旅行社申请营业许可

外商投资旅行社，包括中外合资经营旅行社、中外合作经营旅行社和外资旅行社。

为了适应我国旅游业对外开放的需要，促进我国旅游业的发展，2003年6月国家旅游局和国家商务部联合颁布的《设立外商控股、外商独资旅行社暂行规定》以及2005年2月对《设立外商控股、外商独资旅行社暂行规定》的修订以及2009年1月国务院新颁布的《旅行社条例》作出修订和补充。在上述法规中对外商投资旅行社手续和程序进行了明确的规定。

（1）设立旅行社的条件

中外合资中外商控股旅行社的注册资本不低于30万元人民币。中外合资旅行社的中方投资者应满足下列条件：是依法设立的公司，最近3年无违法或者重大违规记录，符合国务院旅游行政主管部门规定的要求。

（2）申请营业许可

设立外商投资旅行社时，由中方投资者向国务院旅游行政主管部门提出申请，提交《旅行社条例》规定的文件和外商投资者的证明文件。

国务院旅游行政主管部门应在受理之日起20个工作日内作出许可或者不予许可的决定。予以许可的，向申请人颁发旅行社业务经营许可证，申请人持旅行社业务经营许可证向工商行政管理部门办理设立登记；不予许可的，书面通知申请人并说明理由。

（3）办理注册登记

申请人在取得《旅行社业务经营许可证》后，向具有管辖权的工商行政管理部门办理外商投资旅行社的注册登记手续。一经工商行政管理部门核准登记，就标志着该旅行社正式成立。

（4）办理税务登记

外商投资旅行社的税务登记与国际旅行社、国内旅行社的税务登记相同。

第二节　旅行社的组织结构

组织是人的集合体，由人及其相互关系组成，是为了实现特定的目标而建立的一个协调活动的系统。可见，组织既是一个协作系统，又是一个资源配置过程。

当人们彼此作用并完成自己的任务，以达到目标时，组织就存在了。不同的组织之间以及同一组织的不同发展阶段，可采用不同的结构形式，以实现资源的最佳配置。

当确定了组织的具体目标，并对实现目标的途径作了大致的安排之后，为了使人们能够有效地工作，还必须设计和维持一种组织结构。组织结构是对组织内部进行职能分工。组织结构包括层级数和管理者的管理幅度，还包括如何由个体组成部门再由部门构成组织及部门间的沟通与协调。具体地说，就是为达到组织目标而将必须从事的各项工作活动进行分类组合，划分出若干部门，根据管理宽度原理，划分出若干管理层次，并把监督每一类工作或活动所必需的职权授予各层次、各部门的主管人员，以及规定上下左右的协调关系。

一、影响旅行社组织结构设计的因素

旅行社组织设计包括两个方面，一是旅行社组织的结构设计，二是旅行社组织的运行设计。只有将这两者有效结合，才能满足旅行社实现经营目标、增强市场竞争力的需要。

旅行社组织结构是旅行社组织运行的载体，通过设置适当高效的部门，使员工间分工明确，信息传达迅速，有效地发挥经营资源的作用。

影响和制约旅行社组织结构设计的主要因素有以下几个方面。

（一）旅行社生产的专业化程度

社会化分工的长期发展带来企业内部的劳动专业化。在企业中一般将一项复

杂的工作划分为若干步骤，每个人从事其中一个或几个步骤。也就是说，个人专门从事某一部分的活动而不是全部活动。专业化分工有助于旅行社作为一个组织更好地发挥其智慧。旅行社在旅游市场上的作用是以低于市场的价格，向住宿、交通和旅游景点等旅游服务供应商，批量购买旅游者在旅行过程中所需的服务要素，并经过组合加工，形成自己的最终产品，销售给旅游者。旅行社并不是其产品各主要“零部件”的生产者，而是采购者，是实现重新组合的“组装者”。在这样的一个过程中，由于有了采购、市场招徕、旅游接待方面的行家，在他们各自擅长的领域发挥作用，旅行社可以运用智慧力和创造力，来承担每一项旅游业务。

旅行社内部的专业化分工，有其利弊。它的优越性表现在：使员工能够专注于相对较为简单的工作，提高业务的熟练程度、工作速度等。还为每位员工的工作考核提供了标准。它的不足之处在于：旅行社业务的专业化程度本来就不强，再对其进行细分，会使业务工作显得简单、机械、重复，长期从事这类的工作容易使员工产生厌倦、抵触情绪。从事其中一个环节工作的员工，很难看到自己的工作在旅行社工作中的意义，不会体验到成就感，因而也难以激励员工上进。如果人为地使旅行社的业务分工过细，会造成旅行社部门间不必要的协调障碍，增加经营成本。

从实践上来看，专业化分工具有较好的效果。为了避免专业化分工过细，可以在一定分工的基础上鼓励员工做好本职工作的同时，兼做一些相关的工作。实际上，一个没有分工的旅行社是不可想象的。

（二）旅行社组织设计的部门化

为了提高工作效率，旅行社有必要在劳动分工的基础上，把各项活动进行归类，使性质相同或相似的工作合并到一起组成单位，这样便形成了一个个专业化的部门。

劳动分工与部门化是密切相连的，部门划分实质上是分工原则的体现。旅行社中的各种活动应当经过专业化分工而组合到部门去，以促使旅行社的协调。

1. 旅行社组织设计的部门化涉及职能导向的部门化

按照旅行社的各项主要业务工作和主要管理职能来划分和设置组织的横向部门。旅行社的外联、计调、接待、财务是企业的基本职能，缺少其中的某一个环节，旅行社的工作都难以顺利运转。所以，它们也是旅行社必须设立的职能部门。此外，还相应地设立其他一些职能机构，如在总经理下面设立人事、质量监督这些职能机构和人员，协助总经理从事职能管理工作。这种依据旅行社的业务流程，按照自然、方便、符合逻辑的原则进行部门划分，首先，可以充分发挥职能机构的专业管理作用，使各部门的员工、管理者专心致志地做好自己的份内工作。

其次，各部门在其主要负责人的领导下从事其专业分工范围内的工作，各有专责、各自独立，有利于减轻直线领导人员的工作负担，也有利于维护总经理的管理权威。

职能导向部门化的不足之处在于：部门间容易形成隔阂，增加协调的困难；工作缺乏灵活性和弹性；限制了人才培养和发展的空间。

2. 旅行社组织设计的部门化涉及产品导向的部门化

产品导向的部门化主要是按产品不同来划分和设置旅行社的横向部门，也就是保留人事、财务等必要的职能部门外，按照其经营的旅游产品的类型进行分工和管理。如设立度假旅游产品部、探险旅游产品部、观光旅游产品部，再将各自产品的销售、计调、接待等服务过程集中在相应的部门内完成。

产品导向的部门化组织形式的优点是以产品部门为利润中心，便于对成本、利润和绩效的测定与评价，有利于形成企业内部的竞争机制。部门是分权化的组织，有利于创新活动，可加速旅行社产品的结构调整速度。因为产品和质量事关旅行社的生存。旅行社的一种产品不可能永远卖下去，产品从面市到撤架是一种必然。产品导向的部门化组织形式可以及时淘汰那些难以适应市场需求的产品，加快产品的更新周期，使旅行社的产品结构与市场需求维持在一个动态的平衡中。这种产品导向的部门构成，还可以将一些共用的职能集中，由上级委派以辅助各产品部门，做到资源共享。

这种组织形式的不足之处在于：每个部门可能发展得过于自主，增加了高层管理人员在控制工作上的难度；一些部门间功能设置的重叠，引起经营成本上升；每个部门都要求有更多的通才，这类人才往往不易得到。

3. 旅行社组织设计的部门化涉及地区导向的部门化

对于在地理区域顾客特征显著的旅行社来说，按地区划分部门是一种比较普遍的方法。其原则是把某个地区或区域内的业务工作集中起来，构成一个部门。从旅游的客源市场上看一个国家地区的民族特征、文化传统、价值观念、风俗习惯等构成社会文化方面的差异会导致其产生不同的旅游消费偏好。因而根据客源市场的不同来设立部门，可更具针对性地展开旅游市场营销，从而有效地占有某个区域，扩大旅行社的市场占有率。

地区导向的部门化使每个部门成为实际利润中心，有利于高层管理者放权到各个部门，便于对各个部门进行公正、有效的考核；有利于市场业务运作一体化，对区域内顾客比较了解，便于服务与沟通。同时，可根据区域性客源市场的特点调整外联、计调、接待业务，有利于地区内部协调。

地区导向部门化的不足之处在于：各部门自成一体，各自承受相应的利润责任和竞争压力，使得人们产生只关注本部门利益的片面观念。这样也增加了高层管理人员在控制工作上的难度，也可能会导致旅行社的资源配置不平衡。

（三）旅行社管理者的控制幅度

管理者的控制幅度是指一个领导者所能直接而有效地管理和指挥其下属工作人员的数量，或者是指一个上级机构所能直接有效管理其下级机构的数目。选择合适的控制幅度是影响旅行社组织设计有效运行的重要因素，因为控制幅度很大程度上决定着旅行社的管理层次和管理人员数目的多少。控制幅度过宽或过窄都不利于旅行社的高效运作。当控制幅度过宽时，一个人所管理的直接下属多，其管理负荷加大，可能会对下属的监督管理不够，无暇顾及细节问题，导致管理失控。当控制幅度过窄时，旅行社虽有利于管理及协调，但造成管理人员过多，而引起管理成本增大。

任何一个领导者所能管辖的下属人数必定有个限制和限额，因为每个人的知识、经验、能力和精力等都是有限度的。

V.A.格兰丘纳斯（V. A. Graicunas）提出了一个计算公式：

$$N=n(2^{n-1}+n-1)$$

式中：N 表示管理者与其下属之间相互交叉作用的最大可能数；

n 表示下属人数。

例如，假定一个管理者 M，有两个下属 A 和 B。一种直接关系可能发生于 M 与 A 之间和 M 与 B 之间。但是有这样的时候，M 和 A 谈话而 B 在场，或者和 B 说话而 A 在场，这样可能就会有两种直接群体关系。此外，交叉关系可能存在于 A 和 B 之间，表现为 A 找 B 和 B 找 A。这三类关系加到一起，就存在了 6 种可能的相互作用。当下属增加到 3 个时，这种可能的相互作用总数则增加到 18 种。以此类推，越来越大。当下属人数达到 100 人时，上面公式中的 N 便成为一个十分“巨大”的数字！虽然格兰丘纳斯没有说明 N 以多少为宜，但他给予的警告是清楚的——哪里增加一个下属，他就是一根能压断经理的骆驼脊背的稻草。

那么，管理幅度多大为好呢？经典的控制幅度原则认为：一个主管人员能有效地管理的下属人数是有限的。尽管对具体的数目没有形成一致的意见，但都主张采用窄小的管理幅度（通常不超过 6 人），以便对下属保持紧密控制和有效指挥。

其实，控制幅度是一个权变的因素。因为管理者所处的组织层次不同，其控制幅度也不一样，一般所处的管理层次较高，其控制幅度相应也小一些。

影响旅行社管理跨度的变量因素有许多，而且会因各家旅行社的具体情况的不同而发生变化。要考虑的因素主要有以下几种。

第一，员工工作的相似程度。

员工从事的工作内容和性质相近，则对每个工作的指导和建议也大体相同。

这种情况下，同一位管理者指挥和监督较多的下属是不会有什么问题与困难的。

第二，员工的素质。

管理者和下属的素质都会对管理跨度造成影响。管理者综合能力、理解能力、表达能力强，则可以迅速地把握问题的关键、及时地给下属指导，这样可以缩短与每一位下属的接触时间，其控制幅度就可以大些。如果下属的素质比较高，受到良好的系统培训，能很好地领会领导的意图，或者在很多问题上根据自己的判断认为能符合旅行社的要求而主观去解决，这样可以减少向上司请示、占用上司时间的频率，其控制幅度也可以大些。

第三，管理者所处的管理层次。

管理者的工作在于决策和用人，处在管理系统中的不同层次，决策与用人的比重各不相同。决策的工作量越大，管理者用于指导、协调下属的时间就越少。所以，越接近组织的高层次，管理者的决策职能越重要，其管理幅度较中层和基层管理人员就越小。

第四，计划的完善程度。

如果旅行社的计划本身制定得非常详尽周到，员工对计划的目的和要求十分清楚，那么，多数工作可按照相应程序办理，不必事事向上级请示，主管对下属指导所需的时间就不多。反之，如果计划本身不完善，那么，对下属指导、解释的工作量就会相应增加，此时有效控制幅度就小得多。

第五，信息的掌握程度。

把握信息是进行管理的前提。利用先进的技术去收集、处理、传输信息，不仅可帮助管理者更早、更全面地了解下属的工作情况，从而及时地进行上下级的沟通并提出忠告和建议，而且可使下属更多地了解与自己工作有关的信息，从而更好地做好分内的事务。这样能够为管理者节省不少时间和精力，显然有利于扩大主管的管理幅度。

第六，组织变革的速度。

每个旅行社的经营内容和有关的政策都会随着环境的变化而发生或大或小、或快或慢的变革。变革的速度慢，则旅行社的各方面都会比较稳定，员工已习惯了方方面面，所以能按部就班地完成自己的任务，管理起来就容易得多。而环境变化越快，变革程度越大，员工遇到的新问题越多，向上级的请示就越有必要、越经常；而此时上级能用于指导下属工作的时间和精力却越少，因为管理者必须花更多时间去关注环境的变化，考虑应变的措施。因此，环境越不稳定，各层次管理人员的管理幅度就越受限制。

第七，组织空间分布的相近性。

现在的旅行社规模越来越大，其发展不再局限于一个地区。有的大型的旅行社集团，其子公司遍布全国。在世界范围内享有盛名的跨国旅行社已不鲜见，不同下属的工作岗位在地理上的分散会增加下属与主管以及下属与下属之间的沟通困难，从而影响每个管理者所能管理的直属部下的数量。虽然现在的通信工具日益发达，但通过任何通信工具的交流都不如面对面的沟通。

阅读材料 2-2　管理幅度的实践

20 世纪初期，美国将军伊恩·汉密尔登（Ian Hamilton）根据他作为一个军官的经验总结了对管理幅度大小的认识。他发现，一般人的头脑在管理 3 到 6 个人时将能处于最佳的工作状态。一个军士在仅仅指挥 3 个士兵时并不十分忙碌，一个陆军中将难以指挥 6 个师长的活动。伊恩·汉密尔登最后建议，越接近于整个组织的最高领导人，他的管理幅度越接近 6 个人越好。

亨利·法约尔指出，合适的管理幅度应该是最高经理管理 4～5 名部门经理，部门经理管理 2～3 名管理人员，管理人员管理 2～4 名工长，工长管理 25～30 名工人。

英国有名的管理顾问林德尔·F. 厄威克（Lyndall F. Urwick）上校提出了他观察到的心理现象：一个人的“注意力跨度”——能够同时给予注意事项的数目是有限的，并以此为依据讨论管理幅度的大小。他的研究结论是：“没有一个管理者能够直接管理超过 5 个或者至多 6 个工作紧密相关的下属的工作。”

美国管理学会的研究报告介绍了当时在 141 家“公认的具有良好组织实践”的公司调查结果，该项调查的主题是这些公司中的总经理的管理幅度实践情况。结果发现总经理的管理幅度为 1～24 人不等。

（http：//www.ibs.nankai.edu.cn/bg/uploadfiles 2011-1-20）

二、旅行社组织结构设计原则

科学地设计旅行社的组织结构，是实现旅行社经营管理的前提。在组织结构中要遵循以下的原则。

（一）目标任务原则

根据旅行社的经营目标来确定旅行社的组织结构设计。在把握整体的基础上，按照实现旅行社的经营目标和任务的要求，将其科学地分解为具体的环节和要素，分别落实到成员的身上，转化成每位员工的任务。据此建立起各种承担这些目标任务的组织机构，即划分出横向的职能部门。把不同的任务有机地协调起来，彼此相互配合，这样有助于实现预定目标。

（二）责权对等原则

责权关系是旅行社的核心要素，责权关系确定了旅行社的信息沟通渠道并使领导功能得以体现。责权在旅行社的组织结构设计中的具体运用表现为集权与分权的结合。要把权力赋予给各部门，以独立进行市场业务运作。每个部门具有多大的人、财、物的支配权和使用权，需要与其所承担的任务相结合。在部门内部使每位员工都明确其具体的责任，清楚他们必须对谁负责，是谁向他们分配工作并对他们进行管理，进而使旅行社的全体成员对组织的权力结构和权力关系有清楚的了解。集权与分权是辩证的关系，要求做到权力集中时能调动员工的工作积极性，权力分散时也能保障上层管理者不失去有效的控制。

（三）直线指挥原则

直线指挥原则是指旅行社的每一位员工应当而且只向一个上级主管直接负责，而不能向两个或者更多的上级汇报工作，否则员工将可能要面对来自各个上级的冲突要求或优先处理要求。所以旅行社的各部门之间的职责、权限要清晰，不能重复或交叉，以防有功大家抢、有过相互推。贯彻直线指挥的原则，形成一条等级分明、层次清晰的管理链，从而保障领导层决策的权威性，保持任务下达的通畅性。

（四）精干高效原则

旅行社内部绝非机构越多，工作效率越高。如果机构过多会造成管理幅度小、管理层次多，引起管理人员增加；相互协调工作就要增多，花费的精力、时间和费用都要增多；上下级之间信息的传递，就容易发生遗漏或失误，办事效率下降。旅行社的组织机构设置要精干、高效，减少闲散人员，实现满负荷工作法，做到“人人有事干，事事有人管，保质又保量，负荷都饱满”。

三、旅行社组织结构设置模式

（一）直线职能式组织结构

这是传统的旅行社组织结构设置模式。旅行社的部门是按产品的生产过程来划分和设立的。在总经理之下平行设立“一室六部”，其中外联部、计调部、接待部、综合业务部负责旅行社日常经营活动，称为“一线部门”；而人力资源部、财务部、办公室只为一线部门服务，不直接参与到对客服务方面。我国目前大部分旅行社采用这种组织结构模式（参见图 2-1）。

外联部的主要业务是设计开发线路产品及进行产品销售。外联部只是业内人士的一种约定俗成的叫法，因为在中国旅行社业发展之初主要着重于入境旅游，强调与外界联络，故名外联部。现在不同的旅行社其名称可能不尽相同，有的称之为市场营销部、市场部或销售部。

外联部的内涵较以前有所变化，很多旅行社的利润中心由接待部逐渐转移到外联部。有的外联部也按照目标市场再进行划分为数个专业部门，如日韩部、东南亚部、欧美部等。

计调部的主要业务是负责接待业务的计划调度工作及一切相关的调度工作。因为旅行社产品的生产是将有关部门或企业生产的单项产品和各种服务进行组合，用来满足旅游者在旅游地的一切消费需求。各方面、各环节的协调配合显得非常重要，计调部肩负着接待保障的责任。

由于计调部的很多业务移到外联部，以至于计调部无太大的存在必要，有的干脆取消该部门。现有的计调部工作内容发生较大的变化，主要负责统一调控、统一谈价，以获得批量的优惠。

接待部负责安排及协调旅游接待计划的制定和实施，由各语种导游人员为主体构成接待部。

接待部门依然是旅行社的利润中心，但是因传统的业务中有部分已转移，为自身发展的需要加强外联业务，从而兼有接待与外联的双重职能。

综合业务部是带有拓展业务性质的多功能部门。主要承担散客接待业务和票务工作。

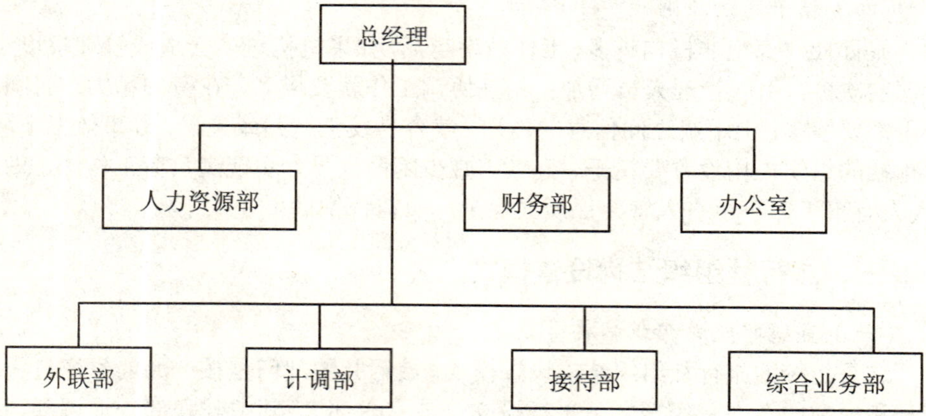

图 2-1　旅行社直线式组织结构

直线式组织结构的特点：组织中的各种职务是按垂直系统直线排列的，总经理执行统一指挥。

直线式组织结构的优点：设计简单，强调专业分工，责权分明。每一位员工对自己所承担的工作都十分了解，减少相互扯皮推诿的现象。信息沟通方便，便于管理者统一指挥，集中管理。一方面总经理高度集权，另一方面员工又有较大的经营自主权，有利于发挥员工的主观能动性。

主要缺点：缺乏横向的协调关系，各部门可能过分重视自己的利益，而忽视整体利益。组织机构缺少弹性，将旅行社连续的业务人为地分割成几块，难以适应市场化竞争的需要。

（二）事业部制组织结构

该组织结构是为解决旅行社规模扩大和多样化经营对组织结构的要求而进行的一种组织变革。市场部是一个利润责任中心，各市场部实行分权化管理。市场部不是按职能而是按产品、地区等来划分部门，成立专业化的经营单位（参见图 2-2）。

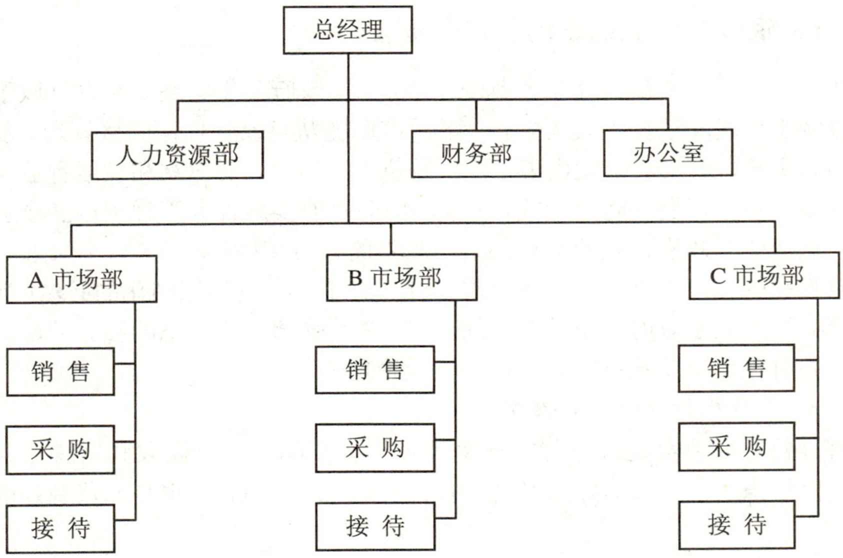

图 2-2 旅行社事业部制组织结构

事业部制组织结构的特点：职能设置明确，各部门各司其职。

事业部制组织结构的优点：可将上层管理者从日常事务中解脱出来，集中精力进行外部环境的研究，制定全局性的发展战略规划。打破外联、计调、接待分离的僵硬管理，采取了一个旅游部从外联、计调、接待工作的一条龙服务，业务人员的主观能动性得到了更大的发展，工作效率提高了。每个市场部都有自己的产品与市场，有利减少内部摩擦和冲突，将内部消耗转化为外部竞争，这样既增加了企业的凝聚力，又能有效地占领市场，还能够规划未来发展，灵活适应市场出现的新情况。所以，这种组织结构既有高度的稳定性，又有良好的适应性。

主要缺点：各市场部都需要设置一套齐备的职能机构，无疑将降低规模经济与分工经济。

第三节 旅行社的行业组织

一、旅行社行业组织的性质和职能

随着经济体制和政治体制改革的不断深化，政府工作将逐步从以行政手段为主向以经济手段和法律手段为主转变。政府职能从直接管理向间接管理、从微观管理向宏观管理转变。由此出现一个“缺位”的问题，而建立和发展行业组织就是解决政府缺位问题的有效形式，它可以协助政府实施行业管理和维护企业合法权益，从而成为政府、企业、市场之间联系的纽带和桥梁。

旅行社行业组织是市场经济发展和社会分工在市场领域细化的必然产物。旅行社行业组织处于政府与企业的中间环节，它既强调行业组织的独立的民间组织地位，同时也会协助政府完成一定的行业管理任务。

（一）旅行社行业组织的性质

旅行社行业协会是各旅行社在平等自愿的基础上为了谋取和增进自身的共同利益而组织起来的民间社会经济团体。它是非政府机构，也是非营利性的社会组织。

旅行社行业协会具有以下特征：

1. 旅行社行业协会是松散的民间社会经济团体，是非官方机构。行业协会之间不存在上下级的隶属关系。

2. 旅行社行业协会是旅行社为了实现单个企业无法达到的目标而组成的共同利益集团。

3. 是否加入旅行社行业协会，完全出自于旅行社的意愿，而且可随旅行社的意愿自行退出行业协会。

（二）旅行社行业组织的职能

旅行社行业协会的职能主要体现在服务与管理两大方面，具体职能可概括出以下 8 点：

1. 代表职能

旅行社行业协会代表加入旅行社行业协会的全体会员，可作为其代表人与政府机构、其他行业组织洽谈有关事宜。

2. 沟通职能

作为政府、企业、市场之间联系的纽带和桥梁，向政府有关管理部门反映旅行社的共同要求和意愿。还可以协助政府管理部门制定和实施旅行社行业的产业政策、行业发展规划及相应的法律法规条款。

3. 协调职能

制定并执行行规、行约和各类标准，协调同行业、企业间的经营行为，实现行业自律，规范行业竞争秩序。

4. 监督职能

对旅行社行业的产品和服务质量、竞争手段、经营作风进行严格监督，维护行业信誉，鼓励公平竞争，遏制旅行社违法违纪行为的发生。

5. 公正职能

受各级政府的委托，进行资格审查，签发证照。

6. 统计职能

对旅行社行业的基本情况及本协会成员感兴趣的情况进行调查、统计、分析，并发布结果。

7. 研究职能

开展对国内外旅行社行业的发展状况的调查，对所面临的问题进行研究，并提出相应的对策及建议，定期出版行业刊物。

8. 服务职能

为行业会员提供诸如市场信息、培训、展览服务，组织行业会员联合起来进行市场营销活动等。

需要指出的是旅行社行业协会的建立和运作虽然有完整的组织体系，其管理职能不同于政府的行政管理职能。管理的有效性要依据自身的凝聚力、号召力。只要有一家旅行社没有加入协会，行业组织便不能实行全行业管理。而政府始终具有全行业管理的职能。由此可见，行业组织只能担当政府的旅游行政管理部门转移的职能。

二、旅行社行业组织的组织形式

（一）旅行社的国际性组织

1. 世界旅行社协会（WATA）

世界旅行社协会（World Association of Travel Agencies）经瑞士法律批准，于1949年正式成立，总部设在日内瓦。

世界旅行社协会是一个由私人旅行社组织而成的世界性非营利组织，其宗旨是将各国可靠的旅行社建成一个世界性的协作网络。该协会现有240个会员，来自100个国家地区的232个城市。

凡机构健全、遵守本行业规定的旅行社均有资格成为旅行社协会的会员。超过 300 万人口的城市，可有一家旅行社代表其参加该协会。400 万以上的城市可增加一家。会员旅行社必须同时经营入境旅游和出境旅游业务。如果同城市内没有同时经营出、入境旅游业务的旅行社，协会可以指定一家专营出境旅游业务和另一家专营入境旅游业务的旅行社为其会员。申请入会者向日内瓦常设秘书处递交申请书。

2. 世界旅行社协会联合会（UFTAA）

世界旅行社协会联合会（Universal Federation of Travel Agents Association）于 1966 年 11 月 22 日成立于意大利的罗马。它由 1919 年在巴黎成立的欧洲旅行社组织和 1964 年在纽约成立的美洲旅行社组织合并而成，总部设在比利时的布鲁塞尔。

世界旅行社协会联合会是一个专业性和技术性组织，其会员是世界各国的全国性旅行社协会。每个国家只能有一个全国性的旅行社协会代表该国参加。其宗旨包括以下几个方面：

（1）团结和加强各国全国性的旅行社协会和组织，并协助解决会员间在专业问题上可能发生的纠纷；

（2）在国际上代表旅行社成员同旅游业有关组织与企业建立联系，进行合作；

（3）确保旅行社业务在经济、法律和社会领域内最大限度地得到协调、赢得信誉、受到保护并得到发展；

（4）向会员提供必要的物质、业务、技术的指导和帮助，使其能在世界旅游业中占有适当的地位。

2004 年，联合会共有 102 个国家的全国性旅行社协会参加，与世界旅游组织（WTO）、国际航空运输协会（IATA）及国际饭店与餐馆协会（IHRA）等组织有密切的业务联系，现有 102 个国家级会员，下设拉美、北美与加勒比、欧洲、非洲、中东与北非、南亚、亚太等 9 个地区联盟。另有许多国家的旅游企业、与旅游业有关的企业（如航空公司、游船公司、旅馆等）加入作为联系会员。

1995 年中国旅游协会成为世界旅行社协会联合会的会员。

（二）旅行社的国内组织

1. 中国旅游协会（CTA）

中国旅游协会（China Tourism Association）是由中国旅游行业的有关社团组织和企事业在平等自愿的基础上组成的全国性的旅游行业协会，具有独立的社团法人资格。该协会是 1986 年 1 月 30 日经国务院批准正式宣布成立的第一个旅游全行业组织，1999 年 3 月 24 日经民政部核准重新登记。协会接受国家旅游局的领导、民政部的业务指导和监督管理。

中国旅游协会的宗旨是遵守国家的宪法、法律、法规和有关政策，代表和维护全行业的共同利益与会员的合法权益，开展活动，为会员服务，为行业服务，为政府服务，在政府与会员之间发挥桥梁纽带作用，促进我国旅游业的持续、快速、健康发展。

中国旅游协会的任务是：

（1）对旅游发展战略、旅游管理体制、国内外旅游市场的发展动态等进行调研，向国家旅游行政主管部门提出意见和建议。

（2）向业务主管部门反映会员的愿望及要求，向会员宣传政府的有关政策、法律、法规并协助贯彻执行。

（3）组织会员制定行规行约并监督遵守，维护旅游市场秩序。

（4）开展规划咨询、职工培训、组织技术交流，举办展览、抽样调查、安全检查，以及对旅游专业协会进行业务指导。

（5）开展对外交流与合作。

（6）编辑出版有关资料、刊物，传播旅游信息和研究成果。

（7）承办业务主管部门委托的其他工作。

中国旅游协会现有理事163名，各省、自治区、直辖市和计划单列市、重点旅游城市的旅游管理部门、全国性旅游专业协会、大型旅游企业集团、旅游景区（点）、旅游院校、旅游科研与新闻出版单位以及与旅游业紧密相关的行业社团都推选了理事。协会的组成具有广泛的代表性。

2. 中国旅行社协会（CATS）

中国旅行社协会（China Association of Travel Services）于1997年成立，是由中国境内的旅行社、各地区性旅行社协会或其他协会等单位，按照平等自愿的原则结成的全国旅行社行业的专业性协会，是经国家民政部正式登记注册的全国性社团组织，具有独立的社团法人资格，协会接受国家旅游局的领导、民政部的监督管理和中国旅游协会的业务指导，协会设在北京。

中国旅行社协会的宗旨是遵守国家的宪法、法律、法规和有关政策，遵守社会道德风尚，代表和维护旅行社行业的共同利益与会员的合法权益，努力为会员服务、为行业服务，在政府与会员之间发挥桥梁和纽带作用，为中国旅行社业的健康发展作出积极贡献。

中国旅行社协会的任务是：

（1）宣传贯彻国家旅游业的发展方针和旅行社行业的政策法规。

（2）总结旅行社的工作经验，开展与旅行社行业相关的调研，为旅行社业的发展提出积极并切实可行的建议。

（3）向主管单位及有关单位反映会员的愿望和要求，为会员提供法律咨询服务，保护会员的共同利益，维护会员的合法权益。

（4）制定行规行约，发挥行业自律作用，督促会员单位提高经营管理水平和接待服务质量，维护旅游行业的市场秩序。

（5）加强会员之间的交流与合作，组织开展各项培训、学习、研讨、交流和考察等活动。

（6）加强与行业内外的有关组织、社团的联系、协调与合作。

（7）开展与海外旅行社协会及相关行业组织之间的交流与合作。

（8）编印会刊和信息资料，为会员提供信息服务。

协会实行团体会员制，所有在中国境内依法设立、守法经营、无不良信誉的旅行社及与旅行社经营业务密切相关的单位和各地区性旅行社协会或其他同类协会，承认和拥护本会的章程，遵守协会章程，履行应尽义务的均可以申请加入协会。

思考与练习

1. 设立旅行社应具备哪些条件？

2. 分析影响旅行社设立的内外因素。

3. 在我国设立旅行社需要经过哪些程序？

4. 影响旅行社管理跨度的因素有哪些？

5. 实训题：通过实地调查或查阅资料，分析国内一家大型旅行社的组织结构的类型及其特点。

6. 某市一家旅行社以前是经营国内旅游业务的，由于当地旅游市场在不断壮大，旅行社的总经理决定开展出境旅游的业务。为此向旅游主管部门提出了相应的申请，旅游主管部门审核相关资料后予以批准。那么，旅行社应该向工商管理部门增加多少注册资金？向旅游主管部门补交多少质量保证金？

第三章　旅行社产品设计与开发

本章提要

本章首先阐述了旅行社产品的概念和内涵，然后从旅行社新产品设计和开发的原则、旅行社产品的更新等方面介绍了旅行社产品的设计与开发。最后选取了奖励旅游产品、自驾车旅游产品和长者旅游产品，介绍了旅行社特种旅游产品的设计与开发。

第一节　旅行社产品概述

一、旅行社产品的概念与内涵

（一）旅行社产品的概念与内涵

旅行社产品是指旅行社为满足旅游者在旅游过程中的需要而向旅游者提供的各种有偿服务，包括各种形式的包价旅游服务和单项服务等（戴斌、杜江，2005）。

旅行社产品至少包括三个方面的内涵：第一，旅行社生产和服务的目的在于满足旅游者旅游过程中行、住、游、食、购、娱等多方面的需要。第二，旅行社产品的形态是服务，而非物质产品。即使旅游者在使用产品过程中消费物质产品，也不过是旅行社用于达到服务目的的工具，其产品的核心与灵魂仍然是服务。第三，旅行社提供的各种服务是有偿的。

（二）旅行社产品的特性

作为服务范畴的旅行社产品具有服务的共同属性，即不可感知性、不可分离性、差异性、不可储存性和缺乏所有权。但与此同时，旅行社的产品又存在其独有的个性，这主要集中体现在以下两个方面：

1. 综合性

综合性是旅行社产品的最基本的特性。旅行社产品的综合性首先表现在它是由多种旅游吸引物、交通设施、娱乐场地以及多项服务组成的混合性产品，是满足人们在旅游活动中对住、食、行、游、购、娱各方面需要的综合性产品。其次，旅游产品的综合性还表现在旅游产品所涉及的部门和行业很多，其中有直接向旅游者提供产品与服务的部门和行业，也有间接向旅游者提供产品与服务的部门和行业。

2. 易受影响性

旅行社产品的易受影响性又叫脆弱性或易折性。其直接成因是旅行社产品的综合性，因为旅行社提供旅游的过程和旅游者旅游实现的过程中涉及众多的部门和因素，这些部门和因素中任意一个部门和因素发生变化都会直接或间接地影响到旅行社产品生产和消费的顺利实现。此外，旅行社产品的易受影响性还表现在旅游活动涉及人与自然、人与社会和人与人之间的诸多关系，因此诸如战争、政治动乱、国际关系、政府政策、经济状况、汇率变化、贸易关系以及血缘文化等经济、社会、政治、文化等因素发生变化都会引起旅游需求的变化，并由此影响旅行社产品的生产与消费。

（三）旅行社产品的类型

人们对旅行社产品的理解常常仅限于全包价旅游线路产品，其实旅行社提供的产品除了全包价产品之外，还包括半包价、小包价、零包价、组合式、点菜式等多种包价旅游产品以及单项旅游产品。

1. 单项旅游产品

单项旅游产品是旅行社根据旅游者的具体要求而提供的各种有偿服务，又称之为委托代办业务。旅游者可采取当地委托、联程委托和国际委托等不同的方式交给旅行社办理。旅行社单项旅游产品的服务对象主要是旅游散客，包价旅游团中个别旅游者的特殊要求一般也视作单项服务。常见的机票+酒店式的自助游产品就属于单项旅游产品。

旅游者需求的多样性决定了旅行社单项服务内容的广泛性，其中常规性的服务项目主要包括：①导游服务；②交通集散地接送服务；③代办交通票据和文娱票据；④代订饭店客房；⑤代客联系参观游览项目；⑥代办签证；⑦代办旅游保险。

其中代办旅游保险业务在我国起步较晚，经国家旅游局与中国人民保险公司商定，从 1990 年起才开始对来华旅游者在华旅游期间统一实行旅游意外保险。保险的责任范围包括：①人身伤亡引起的赔偿；②因意外事故在华急症所支出的医药费；③死亡后必须在中国境内处理或运送遗体所需要的费用；④旅游者所携带行李物品丢失、损坏或被盗；⑤第三方责任引起的赔偿。

旅游保险有利于保护旅行社和旅游者的合法权益，有利于旅行社减少因灾害事故造成的损失，而且旅行社还可以通过代办保险而从保险公司获得一定数额的服务费。目前世界旅游发达国家和地区的旅游保险已经极为发达，而且名目繁多，如国际旅游汽车保险、旅游天气保险等。

2. 包价旅游产品

1993 年，欧盟制定了《包价旅游指导方案》供欧盟各国实施，该方案对包价旅游产品的定义表述如下：包价旅游是事先安排好的下列两个以上项目的组合，它们以统包价格出售或供出售，且服务时间在 24 小时以上，或者包括过夜住宿，这些项目包括交通、住宿与其他不属于交通和住宿但在包价中占较大比例的旅游服务。

更为具体的表述，是维克多·密德尔敦在《旅游营销学》中所下的定义：包价旅游产品是由交通、住宿、餐饮、目的地景点及其他设施和服务（例如旅游保险）中两个或两个以上的要素组成的有质量控制并可反复供应的标准化产品。包价旅游产品均以统包的公开价格面向一般公众进行营销，在印刷品或其他媒介中加以描述，向潜在的顾客出售，其中各产品要素的成本已无法加以分辨。这一定义包含经销标准化包价产品的各类旅游经营商和生产组织，即不仅旅行社经营包价旅游产品，一些住宿及交通组织也开始提供包价旅游产品，其产品包括航空包价旅游、汽车旅游、短期假日旅游、周末旅游，以及各种各样活动的包价旅游及海上游船旅游等。

根据包价旅游的对象和包价方式的不同，包价旅游产品可以分为以下几种类型：

（1）团体包价旅游。团体包价旅游包括两层含义，其一是团体，即参加旅游的旅游者一般由 10 人或更多的人组成一个旅游团；其二是包价，即参加旅游团的旅游者采取服务全部委托一家旅行社。

（2）散客包价旅游。散客包价旅游的对象是散客，这里的散客并非我们通常所说的零散旅游者，而是指 10 人以下的旅游团体，其他内容与团体包价旅游并无两样。

（3）半包价旅游。半包价旅游是指在全包价中扣除中、晚餐费用的一种包价形式，其目的在于降低产品的直观价格，提高产品的竞争能力，同时也是为了更好地满足旅游者在用餐方面的不同要求。团体包价旅游和散客包价旅游均可采取半包价旅游的形式。

（4）小包价旅游。小包价旅游产品，它由非选择部分和可选择部分构成。非选择部分包括接送、住房和早餐，旅游费用由旅游者在旅游前预付；可选择部分包括导游、风味餐、节目欣赏和参观游览等，旅游者可以根据时间、兴趣和经济情况自由选择，费用既可预付也可现付。小包价旅游更为经济实惠、机动灵活，最早由香港和海外的旅行商建议，由于其独特的优势而逐步普及全国。小包价旅游每批旅游者一般在 10 人以下。

（5）零包价旅游。零包价旅游是一种灵活包价的产品形态，也称之为“团体进出，分散接待”，多见于旅游发达国家。参加这种旅游的旅游者必须随团前往和离开旅游目的地，但在旅游目的地的活动是完全自由的，形同散客。参加零包价旅游的旅游者可以获得团体机票价格的优惠，并可由旅行社统一代办旅游签证。

（6）组合旅游。组合旅游则是另一种灵活包价的产品形态，也称之为“分散进出，团体接待”。旅游者分别从不同的地方来到旅游目的地，然后由事先确定的目的地旅行社将他们集中起来组团旅游。这种产品有利于把海外旅行商招徕的不够成团的零星旅客汇集起来而不至于浪费掉。海外旅行商即使只送一个旅客，接待社也按团体等收费，按预定日程接待。

（7）点菜式旅游。点菜式旅游产品是指旅行社借鉴餐饮企业的作法，将全包价旅游产品中的各种项目拆开，部分内容作为团队必选项，其他项目由旅游者如同“点菜”一样自选组合。

案例 3-1　广之旅的香港游系列产品

旅行社提供的产品除了人们传统概念中的包价产品之外，还包括单项旅游产品。广之旅是广州最大的一家旅行社，下表为其所推出的部分香港游产品。

出发地	产品类型	天数	价格	产品简介
广州	代订香港巴士去程票	1	大人：90 元 小孩：90 元	
广州	代订香港游直通火车票	1	大人：220 元 小孩：110 元	
广州	代订香港巴士回程票	1	大人：65 元 小孩：65 元	
广州	邮轮双鱼星公海（标准房）	2	大人：550 元 小孩：550 元	
广州	邮轮双鱼星公海（海景房）	2	大人：680 元 小孩：680 元	
广州	* 香港休闲2天团（TJ）	2	大人：430 元 小孩：138 元	代订香港三星级酒店 1 晚
广州	* 香港休闲3天团（TJ）	3	大人：720 元 小孩：138 元	代订香港三星级酒店 2 晚
广州	* 大屿山、大澳绿色生态 2 天	2	大人：930 元 小孩：750 元	第 1 天：乘直通巴士或船抵港，午餐，然后前往参观 97 回归纪念物——洋紫荆，并驱车来到天下第一湾——浅水湾，欣赏姻缘石、月老像，并于沙滩漫步，离开美丽的港湾，来到湾仔乘坐香港最古老的交通工具——山顶缆车抵达港岛之巅太平山顶，登高望远并俯瞰维港两岸的美丽景致。之后返回四星级酒店。（晚餐自理）。第 2 天：上午集中，乘车前往最受欢迎的旅游点——大屿山，观赏全球最大的户外青铜座佛。从下往上要经过 260 级台阶的天梯方可抵达大佛。游人可参观佛底展览馆，亦可于大佛四周居高望远，一瞰外岛海天一色的辽阔景色。午餐于宝莲寺内品尝特色斋菜，餐后继续游览建筑雄伟，园林景色别致的宝莲寺。之后返市区，沿途参观标志香港辉煌繁盛的青马大桥，这条世界上最长的铁路、公路两用吊桥设计独特、钢缆千丝万缕，其工程之浩大，堪称前无古人。行程完毕后自由返回广州
广州	大屿山、大澳绿色生态 3 天游	3	大人：1230 元 小孩：750 元	第 1 天：乘直通巴士或船抵港，午餐，然后前往参观 97 回归纪念物——洋紫荆，并驱车来到天下第一湾——浅水湾，欣赏姻缘石、月老像，并于沙滩漫步，离开美丽的港湾，来到湾仔乘坐香港最古老的交通工具——山顶缆车抵达港岛之巅太平山顶，登高望远并俯瞰维港两岸的美丽景致。之后返回四星级酒店。（晚餐自理）。第 2 天：上午集中，乘车

续表

出发地	产品类型	天数	价格	产品简介
				前往最受欢迎的旅游点——大屿山，观赏全球最大的户外青铜座佛。从下往上要经过 260 级台阶的天梯方可抵达大佛。游人可参观佛底展览馆，亦可于大佛四周居高望远，一瞰外岛海天一色的辽阔景色。午餐于宝莲寺内品尝特色斋菜，餐后继续游览建筑雄伟，园林景色别致的宝莲寺。之后返市区，沿途参观标志香港辉煌繁盛的青马大桥，这条世界上最长的铁路、公路两用吊桥设计独特、钢缆千丝万缕，其工程之浩大，堪称前无古人。行程完毕后返回四星级酒店。晚餐自理 第 3 天：上午自由活动。下午自由返回广州
广州	新世纪劲买 2 天	2	大人：830 元 小孩：690 元	第 1 天：乘快船抵港后，品尝传统风味特色餐“九大簋”，餐后乘车登上港岛之巅——太平山顶，俯瞰香港市区全景及维港两岸的迷人景色，接着前往位于维港岸边的 97 回归建筑物——会展新翼参观游览，最后乘车抵达雄伟绵长号称世界上最长的一条公路铁路两用吊桥—青马大桥欣赏其吊桥四周的优美景致。晚餐后入住四星级酒店 第 2 天：上午自由购物，下午 15：30 乘船返内地
广州	S 香港经典乐悠游 2 天	2	大人：980 元 小孩：750 元	第 1 天：早上集中乘船抵港，参观香火旺盛的黄大仙庙，午餐后，前往天下第一湾——浅水湾，欣赏月老像、姻缘石，并于沙滩漫步，之后乘车前往太平山顶，然后来到美丽的博览海滨花园，参观会展新翼及 97 回归纪念物——洋紫荆，最后参观珠宝加工厂，晚餐后入住酒店 第 2 天：早餐后，前往全球最受欢迎的主题公园——海洋公园，欣赏海豚、海狮的精彩表演，观赏大型珊瑚礁水族馆——海洋馆。还有许多惊险刺激的机动游戏：极速之旅、冲天摇摆船等项目。下午约 18：00 乘船或巴士返程。（午、晚餐自理）
广州	S 香港经典乐悠游 3 天	3	大人：1220 元 小孩：750 元	广州
广州	* 迪士尼梦幻假期	2	大人：830 元 小孩：690 元	第 1 天：早上集中乘船抵港，自由活动后入住四星级酒店 第 2 天：早餐后，前往迪士尼乐园。下午约 18：00 乘船或巴士返程。（午、晚餐自理）
广州	迪士尼乐园单订门票	1	大人：310 元 小孩：220 元	广州

（http：//www.cnto.com/travel，2010-12-20）

二、旅行社产品的构成

旅行社产品一般由三部分构成：

（一）核心部分

核心部分是产品的最基本部分，是产品向旅游者提供的基本效用和根本利益，解决旅游者购买某产品最突出的需求。对于旅行社产品而言，其核心部分是指旅游实际得到的利益和服务。例如，旅游者向苏州某旅行社购买了云南丽江双飞 4 天度假旅游产品，则该产品的核心部分就是旅游者通过度假获得的充分放松与休息。

（二）有形部分

旅行社产品的有形部分是指传递旅行社产品核心利益的实体产品。在上述丽江度假旅游产品的例子中，产品的有形部分就体现为这次度假的主题名称、赴丽江的飞行、住宿的酒店、机场的接送服务以及宣传手册等。

（三）附加部分

旅行社产品的附加部分是指围绕着核心部分与有形部分附加的服务与利益，包括售后服务、信誉与保证等，它可以进一步提高旅游者满意度。例如，在上述例子中，旅行社提供的电话预约报名服务就属于附加部分。

三、旅行社产品的面市形态

旅行社产品的面市形态就是行程单。旅游者通过阅读行程单了解旅行社的产品，是旅行社产品有形化的重要表现方式，因此行程单是旅行社产品开发中不容忽视的环节。

一般来说，旅行社的行程单主要包括以下内容：

1. 名称

一般应包含旅游目的地以及行程持续时间等信息。名称可以是陈述式的，如“北京双飞 5 日贵宾团”，点明目的地、旅游时间及团队标准。有的则用描述式，点出行程的风格，如“澳大利亚 9 日自然之旅”“澳洲大堡礁完美假期 9 日游”，前者道出行程以自然美景观光为主的风格，后者则道出行程休闲度假的风格。

2. 日次
3. 抵离城市
4. 乘用交通工具
5. 当日主要行程
6. 用餐状况
7. 下榻酒店

8. 产品说明

主要包括线路特色，报价，收费说明，报名注意事项，其他事项的承诺和声明等内容。若为出境游行程单，产品说明一般还需告诉旅游者签证所需的各类材料，如签证需要的相片、存款说明等。

案例 3-2　旅行社的行程单

杭州上海苏州朱家角双飞 4 天豪华团

线路特点：

1. 游览名胜：西湖、灵隐飞来峰、留园、寒山寺、朱家角、外滩等。
2. 船游水乡古镇——朱家角，细品江南水乡古镇风貌。
3. 浦东览新上海风采，“新天地”看石库门忆老上海风情。

线路安排：

第一天：[广州] →[杭州] →[乘船游西湖] →[龙井问茶] →[远眺六和塔] →[观钱塘江]

上午乘机飞往享有“人间天堂”之称的旅游胜地——杭州。闻名天下的西湖位于杭州城西，景色众多，有苏堤春晓、平湖秋月、三潭印月、断桥残雪等“新旧十景”之美。龙井茶是我国的十大名茶之一，其特点色绿、香郁、形美、味甘，与虎跑泉堪称“西湖双绝”。六和塔矗立于钱塘江畔月轮山上，高约 60 米，为阁楼式砖木建筑。

住：杭州湾大酒店或同级。

第二天：[灵隐飞来峰] →[参观丝绸表演] →[上海] →[外滩] →[远眺东方明珠塔] →[南京路]

灵隐飞来峰，山秀峰奇，景幽物华，名寺胜景，相得益彰。寺内藏有大量的圣经文物，济公画像更是令人驻足。乘车往上海，参观上海的西式建筑——外滩，远眺东方明珠塔、参观南京路步行街、领略上海的购物风情、上海夜景（客人自费）。

住：上海新凯福大酒店或同级。

第三天：[老城隍庙商城] →[车游南浦大桥] →[朱家角水乡古镇] →[苏州] →[寒山寺]

早餐后，游览城隍庙商城。这里有上海滩的名优小吃，还可以体验老上海的文化生活。乘车游览南浦大桥，参观现代化金融中心——浦东新区，参观后，乘车往朱家角，游览水乡古镇朱家角：参观远古文化展示馆、过廊桥、看明清老街——北大街、游览稻米乡情馆。午餐后，乘船游览古镇、步行参观园林代表——课植园，如果你有兴趣可以在大清邮局投入 10 元可获的一张印有个人相片的水乡明信片并盖上朱家角水乡印戳寄回家，到阿婆茶楼品茶（消费自理），后乘车往苏州，游览寒山寺。寒山寺位于苏州阊门外的枫桥镇，因唐朝诗人张继的《枫桥夜泊》而名扬中外。寺南的枫江楼，有“枫江第一楼”之誉。

住：苏州华侨饭店或同级

第四天：[留园] →[紫砂馆] →[杭州] →[广州]

早餐后，游览留园，留园始建于明嘉靖年间，是“中国四大古典名园”之一，留园中部山水相依，东部庭院深深，北部田园风光，西部山林野趣于一体，展现江南园林独特的艺术风格。参观紫砂苑，乘车往杭州。乘下午飞机返广州，结束愉快行程。

团费报价：成人：　　元 /人　儿童（未满12周岁）：　　元/人

费用已含：往返机票、旅游空调车、酒店住宿、餐标45元/人/天（八菜一汤，不含酒水），导游服务、景点第一道门票。

儿童收费：不占床位，包餐位、车位及游览景点半价门票，若超高须自行补足门票差价。

费用未含：旅游意外保险、景点园中园门票、行程表所列自费项目及行程表外活动项目。

说明：

1. 华东地区餐饮风味、用餐条件与广东有一定的差异，大家应有心理准备。

2. 全程入住三星级酒店或同级标准。行程中团队住宿出现单男单女的情况时，团友有义务听从及配合导游安排住房或补足房差。

旅游提醒：每天都必须乘坐一定时间的车穿梭各个城市之间，所以请有晕车的团友备好晕车药。

（广州某旅行社经营的杭州上海苏州朱家角双飞4天豪华团的行程单）

第二节　旅行社产品设计与开发

全包价产品是旅游产品中单个要素的有选择的组合，是以特定产品名称或品牌进行营销，并以统包价格出售的产品，它的设计和开发是旅行社开拓市场、增强竞争能力的一个重要手段。同时从开发设计的角度来看，它也是旅行社产品中最复杂的一种，包含了其他形式的旅行社产品开发设计的主要内容，因此，以下以全包价产品为例讲述旅行社产品的设计与开发。

一、旅行社新产品的设计与开发

（一）旅行社新产品的类型

旅行社开发的新产品主要有以下 3 种类型：

1. 全新型产品。全新型产品是指旅行社根据市场的发展和旅游者需求的变化，开辟的新旅游线路。开发全新型产品往往会在短期内取得独占该产品市场的优势，为旅行社获取丰厚的利润。然而，开发全新型产品所需人力、物力、财力和时间耗费大，如果该产品在投放市场后不能立即被广大的旅游者认可和购买，则会丧失盈利的机会，甚至可能会亏本。此外，其他旅行社也会很快仿制出同类产品，形成竞争，影响新产品开发投资的回收。

2. 改良型产品。改良型产品是指旅行社对其原有产品作部分调整或改造，冠以新名称后，重新投放市场的产品。原有产品经过改良后，变成新的产品，增强了吸引力，能够招徕更多的旅游者。改良产品还能够节省时间，使产品能够尽早投放市场。此外，由于改良型产品只是在原有产品的基础上进行调整和改造，所以在线路考察、通信联络等产品开发费用方面低于全新型产品，从而降低了产品开发的成本。改良型产品的缺点在于难以像全新型产品那样使开发这种产品的旅行社在短期内独占该产品市场并获取丰厚的利润。

3. 仿制型产品。仿制型产品是指企业仿制市场上已有的产品，有时在仿制过程中又可能有局部的改进和创新，但基本原理和结构是仿制的。对于多数中小型旅行社来说，经常性地开发新产品往往在财力和人力方面成为一个沉重的负担。基于这种现实，它们可以采取仿制其他旅行社已经投放市场的新产品的办法来开发自己的新产品。这种做法的优点是：投资少，见效快，省时省力。其缺点是：采用这种方法的旅行社总是步其他旅行社之后尘，难以创造出本旅行社的特色形象。

（二）旅行社新产品设计与开发原则

旅行社新产品在设计与开发时应该遵循以下原则：

1. 市场导向原则

旅行社产品开发的目的在于通过产品销售，获得经济利益。如果旅行社的产品不能满足旅游者的需要，产品就没有销路，旅行社也就无利可图。市场导向原则就是要求旅行社在开发新产品前，对目标市场进行充分的调查研究，预测目标市场需求的趋势和需求的数量，分析旅游者的旅游动机、旅游期望和成本（费用、时间、距离）期望。只有这样，才能针对不同目标市场旅游者的需求，设计出适销对路的产品，最大限度地满足旅游者的需求，提高产品的使用价值。

2. 经济性原则

所谓经济性，是指以相对低的成本，获得相对高的效益。旅行社产品同其他产品一样，也有各种成本支出，如交通费、住宿费和餐饮费等。这就要求旅行社在产品设计过程中，加强成本控制。例如，通过充分发挥协作网络的作用，降低采购价格，这样既可以降低旅行社产品的直观价格，便于产品销售，又能保证旅行社的最大利润。

3. 旅游点布局合理的原则

旅行社在设计旅游线路时，应慎重选择构成旅游线路的各个旅游点，并对之进行科学的优化组合。具体地讲，在旅游线路设计过程中应注意以下几点：

（1）尽量避免重复经过同一旅游点。在条件许可的情况下，一条旅游线路应竭力避免重复经过同一旅游点，避免走回头路，因为根据满足效应递减规律，重复会影响一般旅游者的满足程度。

（2）点间距离适中，各旅游点间的距离不宜太远。

（3）择点适量。虽然旅游者希望在行程中能尽可能多地游览当地的景点、体验当地的风情，但在时间一定的情况下，过多地安排旅游点，容易使旅游者紧张疲劳，达不到休息和娱乐的目的，也难以让旅游者深入细致地了解旅游目的地。因此在旅游点数量的选择上，应该考虑旅游者可能出游的时间长度，旅游点之间的空间距离以及交通状况。

（4）顺序科学。在交通安排合理的前提下，还要充分考虑旅游者的心理和体力、精力状况，科学地安排线路上旅游点的顺序。例如，同一线路旅游点的游览顺序应由一般的旅游点逐步过渡到吸引力较大的旅游点，这样可以使旅游者感到高潮迭起，而非每况愈下。

4. 交通安排合理的原则

交通工具的选择应以迅速、舒适、安全、方便、经济为基本标准。在具体安排上，长途一般应乘坐飞机或火车；交通工具的选择应与旅程的主题相结合；要保证交通安排的衔接，减少候车（机、船）的时间。

5. 服务设施确有保障原则

旅游线路途经旅游点的各种服务设施必须得到保障，如交通、住宿、饮食等。这是旅行社向旅游者提供旅游服务的物质保证，缺少必要配套设施保障的旅游点一般不应考虑编入旅游线路。

6. 内容丰富多彩的原则

旅游线路一般应突出某个主题，并且要针对不同性质的旅游团确定不同的主题，如“文化之旅”“红色之旅”等，都有自己鲜明的主题。同时，旅行社还应围绕主题安排丰富多彩的旅游项目，让旅游者通过各种活动，从不同的侧面了解旅游目的地的文化和生活，满足旅游者休息、娱乐和求知的欲望。在同一线路的旅游活动中力求形成一个大高潮，每日的行程中力求有个小高潮，以加深旅游者的印象，达到吸引旅游者的目的。

（三）旅游新产品的开发过程

一个新的旅游项目从规划到推出需要相当长的时间，策划至少在第一批旅游者开始旅行前的 18 个月就已经开始，有时候这个过程长达 2 年。

1. 市场调研。旅行社进行新产品开发的第一步，就是进行市场调研，调查的内容主要包括旅游者需求的变化趋势、旅游目的地的政治稳定情况、旅游目的地的可进入性、该国（地区）的交通部门和旅游部门为开发某一旅游目的地所提供的支持、客源国与目的国之间的关系等；根据旅游目的地目前吸引的人数、近年旅游者的增长速度、参与竞争的企业所占的市场份额等因素，预测这些旅游目的地可能出现的需求情况。

2. 资讯准备。通过市场调研与预测结果，选取相应的旅游目的地作为新产品开发的对象，然后通过多个渠道收集相关的资讯，为产品构思与设计提供基础性资料。如果条件允许，除了收集二手资料外，还应进行实地考察，对食、住、行、游、购、娱等要素的供给状况获得第一手的准确资料。

3. 新产品构思。一个地区在一定的时期内，旅游资源、旅游交通、旅游服务设施和其他客观条件是相对稳定的，关键就在于旅行社如何根据市场需求，分析影响产品未来发展的经济因素，经过科学、精密的分析和巧妙的构思，设计出既吸引旅游者又有较好经济效益的旅游产品，产品的卖点设计是新产品构思的核心内容。

4. 旅游线路设计与编排。核心围绕食、住、行、游、购、娱 6 要素及其组合展开。在吃的方面，可尽量安排一些风味餐、主题宴等使旅游者吃出当地风情，如广州旅行社推出的广州一天游产品就根据线路的不同特点安排东江河鲜宴、羊城怀古宴、荔湾风情宴等特色风味餐，受到旅游者的一致好评。在住宿方面，可围绕酒店和其他住宿设施的档次、位置和风格进行设计与编排。在交通方面，主要需要考虑舒适度的问题，另外航班和列车的时间也非常重要，在火车团中选择夕发朝至的列车常常可以作为行程的亮点。在游览方面，要根据全年当地的节庆活动以及四季景观变化选择最具时令性的景点，同时在游览方式上可以尽量多样化，如香港旅行社推出的“海陆空玩转香港 2 天游”中，就安排了直升机、半山自动扶梯、山顶缆车和观光船等交通工具让旅游者全方位立体体验香港美景。

5. 旅游服务的预定。产品设计出来后，旅行社即可与航空公司、饭店、旅游景点、接待旅行社等有关部门或行业进行谈判，达成预定旅游服务的合同，合同的内容包括预定的时间、数量、价格、要求（例如，对客房设施、餐饮条件、安全等方面的要求）、支付手段以及取消合同双方应承担的赔偿数额等。

6. 产品方案的制定。包括产品的名称、定价、产品行程单的具体设计等内容。

7. 搜集反馈。搜集反馈不仅仅局限在旅行社内部对产品的意见，还应充分搜集媒体、竞争对手、旅游者、接待社及导游和领队的反馈意见，并据此对产品的充实和改进提供依据。

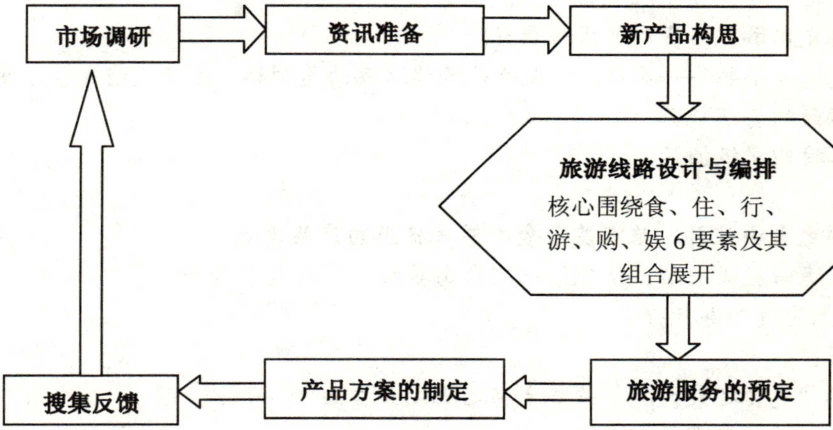

图 3-1 旅行社新产品的开发过程

案例 3-3 香江丽影系列产品的卖点设计

香江丽影之岁末劲买、情趣4日游的产品卖点：

- 游览香港著名欧陆式消闲区及婚礼外景拍摄热点——黄金海岸、青马大桥。
- 留住足够的 SHOPPING TIME，尽享自由购物乐趣。
- 参观赛马场（逢周三）或乘通天巴士欣赏香港最繁忙的街道——弥敦道的各种灯饰，亲身感受一下名副其实的不夜城。
- 登太平山顶参观蜡像馆。
- 游览迷人小镇——赤柱，参观建筑风格迥异的美利楼、备受欢迎的繁华集市和雅致的海滨长廊。
- 住三晚四星级酒店。

香江丽影之尽享缤纷、海陆空逍遥4日游的产品卖点：

- 标准的海陆空旅游，飞机、游船和大巴全用上。
- 安坐在直升机内，徐徐划破蔚蓝的长空，无数的美景擦窗而过；鸟瞰全世界最繁忙的货柜码头，飞越全球中跨距最长的汽车铁路两用大桥——青马大桥……

- 登上别开生面的运输系统——中环至半山自动扶梯，便能感受到香港中西汇聚，古今共存的独特一面。人潮川流不息的巷弄、小商店、卵石路，百年古庙及SOHO美食区的时尚酒吧和地道小食店。
- 乘坐缆车登太平山顶。太平山山顶海拔约397米，位处港岛之巅，是俯瞰维港景色的最佳地点。前往山顶的最佳方法是乘搭山顶缆车，除了快捷安全之外，沿途景色亦令人叹为观止。
- 坐观光船游览维多利亚璀璨夜景。
- 游览迷人小镇——赤柱，参观建筑风格迥异的美利楼、备受欢迎的繁华集市和雅致的海滨长廊。
- 住三晚四星级酒店。

香江丽影之自由旅神、旅人美食食个够4日游的产品卖点：

- 住三晚四星级酒店，让你做一回自由旅神，旅人美食食个够。

（以上为自助游行程）

特别推荐：

- 香港“美食之最大奖”荣誉金奖之池记云吞面。
- 湾仔桃源酒家雀巢虾中虾。
- 尖沙嘴潮州城酒楼萝卜糕炒蟹。

（根据香港旅游发展局与广之旅联合制作的香港丽影宣传资料整理而成）

阅读材料3-1　莫言获奖是文学的胜利，更是旅行社的胜利

借势社会热点进行产品设计与改造是旅行社新产品开发的重要途径。莫言成为首位获得诺贝尔文学奖的中国本土作家，众多有商业头脑的行业纷纷闻风而动，旅行社也顺势借“诺贝尔奖之旅”对欧洲游产品进行改进，借“莫言故居游”改造了山东游产品。

莫言获奖的消息一公布，便有旅行社推出了“诺贝尔奖之旅”线路，行程包括诺贝尔奖颁奖地瑞典、芬兰、挪威、丹麦等国家，与常规的北欧行程不同的是，该产品瑞典行程特别安排参观诺贝尔奖颁奖宴会的举办地点——斯德哥尔摩市政厅，让游客能感受诺贝尔奖颁奖氛围。

另外，莫言的旧居老宅也一夜成为热点。莫言的故乡高密，地处胶东半岛和山东内陆的结合部，东临旅游名城——青岛。莫言生在高密，《红高粱》《丰乳肥臀》等莫言名作，几乎都是以山东高密县为创造原型。不少莫言作品的爱好者走进其故乡山东高密，了解一代文豪的成长经历，感受这方土地对莫言的滋润。有旅行社在“济南泰山曲阜青岛蓬莱大连双飞7天”的线路上加入莫言旧居、莫

言文学馆、高密博物馆等景点安排，游客可立体地解读莫言的生平和成就。据介绍，高密不仅是莫言的故乡，也是著名电影《红高粱》的拍摄地，高密博物馆现藏有巩俐在《红高粱》中所乘花轿。

（据中国旅游新闻网、安青网和大洋网相关资料整理）

二、旅行社产品的更新

（一）旅行社的产品生命周期

产品生命周期理论对于旅行社分析产品在市场中的地位和发展趋势，及时开发新产品，淘汰过时产品，有针对性地制定正确的产品策略都有重大意义。生命周期是指产品在市场上维持的时间长度，其中包括 4 个阶段（参见图 3-2）：

1. 投入期。产品进入市场，销售增长缓慢，人们还没准备好接受新东西。产品需要调整改进让市场逐渐接受。这个阶段几乎没有利润，因为此时产品价格较高，只有那些喜欢尝试新的目的地或新产品的旅游者会购买。

2. 成长期。产品在市场上已占有一席之地，销售开始快速增长。市场份额逐渐扩大，越来越多的旅游者想尝试新产品或新的目的地。开始时的问题渐渐处理消化了，因为旅游者已经了解到了产品所能带来的利益，产品开始带来利润。

3. 成熟期。随着新的竞争者进入市场，卖方的增加和销售量增长相平衡，在这一阶段许多卖方是具有可替代性的。由于生产成本的降低，这个阶段是整个生命周期中利润最大的时期。

4. 衰退期。随着竞争者的产品进入市场或消费者品味的转变，原有产品的销售量下降的趋势日益加强，利润也下降了。

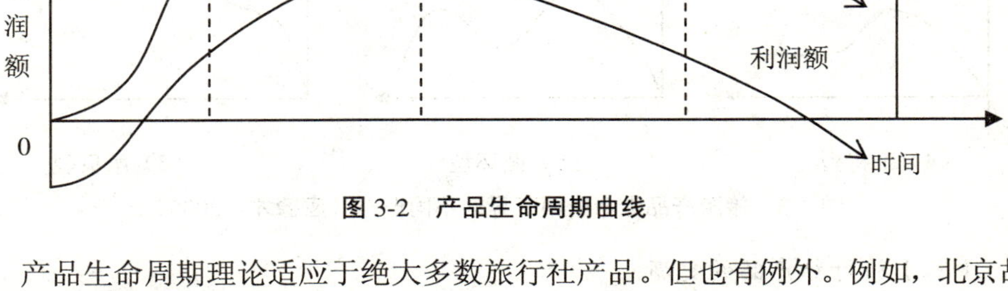

图 3-2　产品生命周期曲线

产品生命周期理论适应于绝大多数旅行社产品。但也有例外。例如，北京故宫的观光游览产品长盛不衰。

（二）旅游产品生命周期的变异

图 3-2 显示了产品生命周期的抽象理论概念，表明的是旅游产品在市场上的正常发展情况。但必须注意的是，不同的旅游产品沿曲线发展的速度、节奏和形态是不同的，而且不同的旅游产品生命周期曲线的形成也有很大区别，出现了旅游产品不按生命周期正常规律变化的情况，被称之为生命周期的变异。美国学者发现了 6 种不同形式的产品生命周期，如图 3-3 所示。

1. 夭折型。表明一种新产品刚进入市场就被淘汰，由投入期直接进入衰退期。

2. 早衰型。表明一种新产品顺利度过了投入期和成长期，没有足够的成熟期就开始衰退。

3. 缓慢型。表明一种新产品进入市场后经历了漫长的投入期，克服重重困难才进入了成长期。

4. 维持型。表明产品已经进入了衰退期，销售量和利润已经下降，甚至出现亏损，但由于新产品跟不上，无法更新换代，过时的产品不得已仍然占领市场。

5. 循环型。表明产品进入成熟期后，由于加大促销力度，再次进入第二个成长期，使销售额和利润额再次上升，但上升幅度小于第一个循环期。

6. 扇贝型。表明产品进入成熟期未进入衰退期以前，再次进入增长高潮，并且从一个高潮走向另一个高潮。原因是发现了产品的新功能、新用途、新市场等。

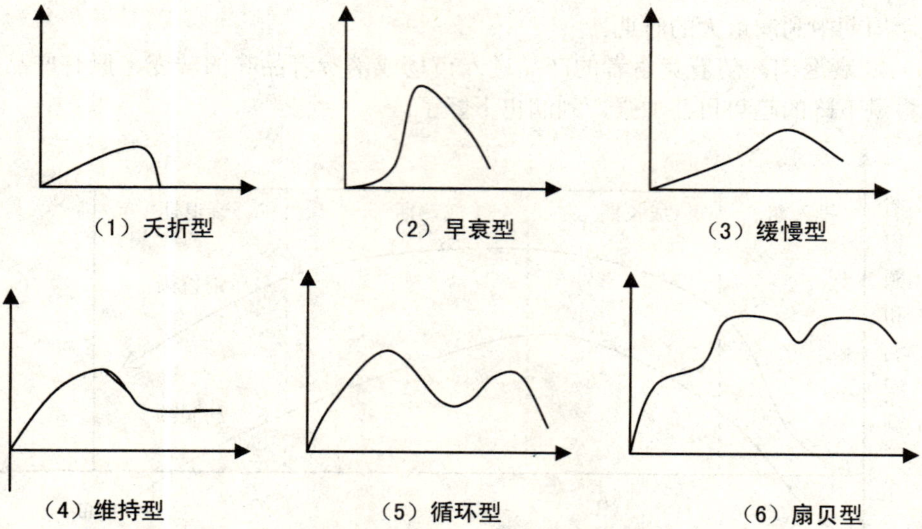

图 3-3　旅游产品生命周期变异的不同形态（唐德才，2005）

（三）旅行社产品的更新

由于旅行社产品开发出来后都具有一定的生命周期，因此必须不断地进行产品更新才能使产品具有持续的竞争力。

1. 根据社会的不断发展与进步开发和更新旅游产品

旅游新产品的更新与开发是旅行社提高适应能力和竞争力的重要途径，只有不断更新和发展旅游产品，才能满足社会不断发展与进步的需要，才能在活跃的旅游市场竞争中立于不败之地。随着我国改革开放的不断发展，许多新的文化及人文景观被开发。如上海，仅靠 4 个大景点（豫园、玉佛寺、南京路、外滩）已经远远不能满足旅游者的需要。而新的南浦大桥、东方明珠塔、人民广场等都具备相当的观赏价值。把以上新景点串起来，构成新上海一日游的旅游产品已经成熟并深受旅游者的欢迎。

2. 根据消费者的需求开发与更新旅游产品

随着社会与经济的日益发展，旅游者的要求必将越来越高，一成不变的老线路必将慢慢被消费者遗弃，为此，必须不断根据旅游者的需求推陈出新。

例如，电影《魔戒》的放映在市民中引起强烈的反响，外景拍摄地新西兰梦幻般的美景，恢宏壮阔的原始风貌，征服了亿万观众的心，不少人渴望能够亲临新西兰去体验其纯净的自然之美。广东不少旅行社看到了这种需求，立刻对新西兰旅游线路进行重新改进和包装，将《魔戒》的不少外景拍摄地加进线路，包装出“新西兰魔戒之旅”系列线路，深受市场好评。

3. 根据客源市场的变化更新旅游产品

随着国内外政治、经济形势及某些环境的变化，客源市场也相应发生变化。旅行社的营销人员要及时掌握这方面的信息，开发更新一些符合客源市场变化的新的旅游产品，有针对性地抓住这些新的客源国消费者。1994 年初，随着时任总理李鹏访问韩国，金泳三总统访问中国，打开了两国交往的新篇章。许多旅行社纷纷开辟“西安—北京—长白山之旅”等适合韩国旅游者的新产品，一时掀起了韩国入境游的高潮。

4. 建立产品品牌

一旦开发了新产品形成了产品的特色，旅行社如果想使其产品长期维持竞争优势的话，就应当为产品创立品牌。

旅行社在进行产品品牌建设时，一般来说为一个产品大类设立品牌比较合适，而不适合采用单个产品品牌战略（朱蕴波，2003）。这是因为旅行社的单个产品主要是指一条旅游线路，而旅游线路的可模仿性是非常强的，市场上众多旅行社都在做着同一条旅游线路，单从旅游线路本身来说，旅游者感知到的各个旅行社之间的差异是非常小的。除此之外，旅游产品具有易受影响性。旅游活动涉及人与自然、人与社会和人与人之间的诸多关系，各种经济、社会、文化和政治等因素的变化都会对某一旅游线路的市场需求产生重要影响。因此，建立单一旅游产品品牌的风险较大。从实践中看，目前旅行社所推出的产品品牌也大都是根据目标市场划分的产品大类品牌。例如，台湾凤凰旅行社按照产品档次的不同分别建立了凤凰逍遥、凤凰精选和金碧凤凰品牌。

案例 3-4 国旅假期美食兵团

9 月正值旅游淡季，广州却迎来省内美食游旺季，除了美食节引人注目，国旅假期独家推出的“美食兵团、省内美食一日游”推出仅 5 分钟，首团 40 人就已收满，创下省内游收客新纪录！

美食兵团是以美食为主题的特色旅游产品，行程中安排美食家庄臣现场点评，包括饮食文化的典故，菜式的风味特点，教你如何品尝、如何欣赏、如何吃出营养健康。在这平台上，游客、媒体、美食家、旅行社、酒楼之间互动交流。由于媒体的宣传推广，酒楼以此作为宣传机会，它们把最地道的美食、最好的菜式给旅游团品尝，这是美食兵团的魅力所在。

据国旅假期总经理介绍：旅游市场竞争已趋白热化，为了赢得更多的市场份额，旅行社都在绞尽脑汁开发新产品，以满足旅游市场细分化的趋势。此次旅游淡季，国旅假期瞄准广东人爱吃、懂吃的天性，精心策划，推出“美食兵团”系列产品，邀请知名美食专家随团同游，并现场点评，让普通市民与美食专家同桌品尝美食、分享美食文化。9 月 11 日出发的首团，团费只需 58 元，限收 40 名识吃的老饕，安排在南海“九江村中城酒家”品尝“九鱼宴”，团友将有机会品尝九江鱼生等地道九江名食。

南海九江是渔米之乡，盛产河鲜，对鱼的食法更是多种多样，“每个九江人都是一本食谱”。九江人对食很有研究，精于烹调，于是有了这种说法。南海的桑基渔业发达，盛产各种淡水鱼类，食鱼的门道更是多得一箩筐。美食兵团的菜单以鱼为主，并有地方传统菜：四海同仁齐捞起、九江叉烧拼盘、锦绣鱼茸糕、九江醉翁鸡、桂花鱼卷、碧绿麒麟鱼、蜜香金丝骨、双蒸焖海鲤、滴珠焗鱼头、满载而归、鱼露浸菜、生炒糯米饭。菜名也挺有寓意，四海同仁齐捞起，实际上是野生海鲩刺身（鱼生），选用 1.25 公斤的海鲩，经清养十天后才可以制作鱼生，配以花生油、姜丝、葱丝、蒜片、萝卜丝、柠檬丝、炸芋丝、炒香的花生仁等，由师傅捞好后食用，能吃出鱼的鲜味。满载而归是九江特色功夫鱼，用鲑鱼起肉，头骨、腩炸后成鱼状，把鱼肉切片生炒装碟成鱼型，故起名满载而归，配以甜酸汁，鱼肉的鲜味，鱼腩的香味，二者配搭恰到好处。双蒸焖海鲤选用当地的海鲜和九江双蒸酒，将鱼煎后，不加水、只加双蒸酒，焖至熟。鲤鱼外香内鲜，这种制作方法是少见的。蜜香金丝骨，选用乡下猪的肉排腌制，用秘制调料焖制而成，有点像猪扒浓郁香味，带有蜜香、酒香、豉香，很合味，令人过口难忘，这也是当地的传统美食。

记者28日下午来到国旅假期吉祥路旅游专卖店，发现不少市民正在咨询美食兵团线路。陈先生幸运地帮全家大小报了名，他告诉记者：每次觅食都是看报纸或朋友介绍，去到酒家要求介绍招牌菜，酒店部长介绍的大多是一些华而不实的贵价菜，闷头吃完还食不知味。现在加入美食兵团，不但保证吃的是招牌菜，价格又平，还有美食家现场介绍，真是又靓又抵！团友卢先生感慨说，九江的鱼生质地好，晶莹雪白，手工好，配料足，可吃出鱼的鲜味，会带朋友再来。石先生评价说：能参加美食兵团很荣幸，有报纸、美食家随团参与，热闹而有气氛，够气派，食的菜式丰盛而有特色。郧先生对记者说，对碧绿麒麟鱼很欣赏，造型非常亮丽，每块鱼片夹有火腿片、香菇片一齐食，有质感、有鲜味，也有香味，而且还非常健康，村中城用鱼做菜很精美，款式多，口味多变，吃法多样化。

国旅假期表示"美食兵团"出人意料的火爆，让旅行社对推出美食团更有信心了，除了行程一天左右的省内"美食兵团"线路，随后"美食家"们的足迹将扩大到全国乃至全世界，"美食兵团：云南篇""美食兵团：泰国篇"等团队正在策划中。

记者在采访中得知，除了美食团，一些以摄影、海钓为特色的团队也受到市民追捧，在国旅假期旅游专卖店，记者遇到摄影发烧友张先生，他正准备与众"色友"（摄影发烧友）结伴参加"康巴香巴拉摄影团"。张先生表示，川西入秋景色是一年中最美的时候，他们仰慕已久，因为那边地形复杂迟迟未能动身，如今旅行社请来户外经验丰富的摄影师随团，实在是求之不得，另外，"国庆去的话，到处都是人，到处都是相机，真是大煞风景"。

对于特色团淡季热卖的现象，国旅假期营销中心常务副总经理分析道，经过多年的市场培养，旅游已经成为市民的习惯性消费，不少人已经厌倦了走常规路线、游常规景点。特色旅游正是充分考虑了市场细分化的特点，培养了一大群忠实支持者，因此受传统的淡、旺季观念影响比较小。随着旅游市场进一步成熟，特色旅游将成为很多市民出游首选。

（http：//www.citsgd.com.cn/2009-09-29）

三、旅行社产品开发的中外比较

中外旅行社在产品开发方面的差异主要表现在以下几个方面。

（一）生产职能

旅行社产品的构成要素大都来自其他旅游服务供应部门，如饭店、旅游交通部门，但其产品又不同于这些旅游服务供应商所自行出售的产品。这主要是由旅行社的生产职能所决定的。旅行社的所谓生产职能是指旅行社以低于市场价格的价格向饭店、旅游交通和其他相关的部门批量购买进行旅游活动必需的各种服务项目，根据所设计的产品的不同要求进行组装加工，并将旅行社自身的服务内容融入其中，进而形成独具特色的旅行社产品。

在我国，无论是国内旅行社还是国际旅行社，无论是只由三五名员工组成的小规模旅行社还是由众多部门科室组成的大型旅行社，几乎所有的旅行社都具有生产职能，并且也正在从事着这种生产工作。在国外，一般只有批发旅游经营商才具有上述论及的生产职能，他们一方面根据旅游者的需求和时尚趋势设计新产品，另一方面购买组合各种现成的服务产品，加入自己的特色，形成新的旅游包价产品，而众多的旅游零售代理商并不具有这种职能。

（二）产品开发主体

旅行社的产品开发一般要涉及构思的搜集、构思的筛选、产品概念的发展和测试、产品的研制和开发、产品的试销和旅游产品的商品化等步骤。在产品开发过程这方面，中外旅行社并无很大差异。

但就开发主体而言，我国任何一家旅行社都是产品开发的主体，都可以进行产品的开发，也都在进行着产品的开发。但在产品的开发中往往并不考虑旅行社自身的规模、能力和资金状况。从某种意义上讲，在现行的旅行社分工体系下，我国的旅行社业几乎不存在专业化的分工。而在西方旅游发达国家，只有批发旅游经营商才是旅行社产品开发的主体，才有能力和资格进行产品的开发与设计。旅游零售商通常不具备产品开发的实力，他们一般只是代理销售批发旅游经营商和其他旅游服务供应商的产品和服务。

（三）产品开发模式

在西方国家，旅行社产品的出现是先满足其国内旅游者的需要，即先开发国内旅游产品，随着旅游业的深入发展和不断壮大，才逐步开发国际旅游产品，因为国际旅游产品的要求较高，开发国际旅游产品相对比较复杂，需要经验的积累和各种配套基础设施的支持。西方国家旅行社业的这种产品经营模式是符合旅游业发展的一般规律的。

我国的旅行社业是从开发设计入境旅游产品着手，而后随着经济发展水平的提高和人们消费观念的变化才逐步开发国内旅游产品和出境旅游产品的。我国旅行社业的这种产品经营模式，是与国家政策、经济和旅游业的发展紧密相连的，是符合我国国情的。

改革开放伊始，我国旅行社开发推出各种入境旅游产品，这既有助于增强外国对我国的了解，又有利于改善我国的外汇收支状况，是符合国家发展需要的。在这一特定时期的入境旅游产品，并不具有商品的真正意义，不是由市场来决定其生存和发展的。入境旅游产品之所以在相当长的时期内一直是我国旅行社业开发的重点，一方面是由其在国民经济中的地位和作用决定的，另一方面是由于我国人均国民生产总值低，国内居民要求外出旅游的愿望并不强烈，加之我国旅游业整体发展水平不高，旅游基础设施的建设不完善，不可能鼓励国内旅游产品和出境旅游产品的开发。随着入境旅游产品的发展，我国旅游业积累了丰富的经验，有了长足的进展；与此同时，随着改革开放的深入进行，人民生活水平有了较大的提高，我国的国内旅游和出境旅游也呈现出蓬勃发展的生机，大有后来居上的趋势，但限于目前我国经济和旅游业的发展状况，国家对于出境旅游产品的发展仍然存在许多限制，入境旅游产品仍是我国旅行社业生产的重点。

在西方旅游业发达的国家中，国内旅游和国际旅游的差别很小，国内旅游者与国际旅游者享受同等的待遇。在我国，国内旅游和国际旅游的差别很大，国内旅游者和国际旅游者的待遇不同，这种差别主要是由于我国旅游业发展水平不高，国内旅游和国际旅游发展程度的不一致造成的。目前这种状况有所缓解，国内旅游和国际旅游的差别正在逐步地缩小。

我国旅行社业的这种产品发展模式，比较符合我国的国情，较适用于那些拥有一定的旅游资源和旅游基础设施，但经济并不十分发达的国家和地区使用。

（四）产品开发种类

旅行社产品的形态是多种多样的，虽然在过去的几十年中，我国旅行社经营的产品种类有所增加，但从总的情况上看，我国旅行社经营的产品类型还是比较单一的，“团体、全包价、标准等、文化观光旅游”一直是我国旅行社的主要产品，形成这种局面的原因是多方面的：第一，我国的旅游资源多表现为秀丽的山水风光、悠久的历史文物古迹、丰富多彩的民俗风情，这正是我国发展文化观光型旅游产品的基础和优势所在。由于受地理条件、配套基础设施的建设、资金等方面的限制，开放度假型旅游产品的时机并不成熟。那些对于服务水平和专业化水平要求较高的旅游项目，我国旅行社目前经营起来也比较困难。第二，团队旅游产品与散客旅游产品相比，组织管理起来比较容易，所需的各项专业人员较少，经营难度较低。第三，就旅行社产品总体而言，全包价旅游产品和半包价旅游产品与单项旅游产品相比，在计价和结算方面都比较简单，比较适合我国旅游业较低的行业水平。第四，标准等的旅游服务产品对服务水平和规格要求不是很严格。总之，这种文化观光型旅游产品在易于经营的同时，也有很多不足：第一，旅游者的再访率很低，这种旅游产品的再访价值也很低。第二，旅游者参与程度低，在旅游过程中，旅游者只是处于被动地观光，这与现代旅游日益强调旅游者的参与性是不相符的。第三，来访旅游者的层面很窄，大多数为中等收入的中老年旅游者，很多为已退休的老年人。对于广大的旅游市场的其他部分，则吸引力较弱。第四，由于为数众多的旅行社都提供这种相同或相近的旅游产品，势必加剧彼此间的竞争，不利于我国旅行社业的发展。

在西方旅游发达国家中，批发旅游经营商和旅游零售代理商所经营的产品种类繁多，既包括现成的系列旅游产品，又包括临时按旅游者的要求而设计的产品和各种单项服务。旅游者可以像进入百货商店一样，在琳琅满目的旅游产品中，随意选购他们所需要的产品。

有鉴于此，我国旅行社业应大力开发各种类型的旅游产品，例如，度假型旅游产品、高档旅游产品、专项旅游产品、散客旅游产品以及参与性强的旅游产品等，以满足旅游市场多元化的需求。需要特别指出的是，欧美旅游发达国家散客旅游产品是很发达的，这主要是因为其旅游发展历史悠久，旅游者在语言、生活习惯等方面与旅游目的国的差别不大，而且旅游客源国与旅游接待国间的交通便捷。随着我国旅游交通状况的改善，服务水平的提高，国际旅游者对我国了解的加深，国内居民有关旅游知识的不断丰富，我国的散客旅游也将逐步发展起来。

第三节　旅行社特种旅游产品的设计与开发

本节中所指的特种旅游产品是相对于传统大众旅游产品的一个概念。旅行社提供的传统大众型产品面向大众采取标准化生产制作，忽略了各细分群体的特征及其特殊需求。随着旅游市场向纵深方向发展，针对特定的细分市场提供相应的特种旅游产品为旅行社提供了新的市场机遇，同时也给旅行社的产品开发带来了新的挑战。特种旅游产品根据市场细分的选取标准不同，有不同的分类方式。若以目标旅游者的年龄为标准，特种旅游产品包括长者旅游产品和青少年旅游产品。若以交通方式为标准，可包括自驾车游产品和邮轮游产品。若以旅游者出游动机为标准，可包括奖励旅游、会议旅游和蜜月旅游等。本节将从以上三种划分类型中各选取一种产品形式对其产品开发进行介绍，让各位对旅行社特种旅游产品的设计和开发有初步的了解。

一、旅行社奖励旅游产品的开发

（一）奖励旅游产品特征分析

1. 奖励旅游与休闲旅游

奖励旅游包括安排休闲旅游作为对员工出色工作表现的奖励，就供给与需求而言，奖励旅游与常规的休闲旅游之间有着许多联系。正如图 3-4 所示，奖励旅游与休闲旅游使用同样的旅游设施，只是由于奖励旅游需要借主题活动宣传企业文化、发挥其激励与管理的功能，因此还需要增加一些额外的服务设施，主要是会议场所及颁奖晚会和主题晚宴等主题活动的举办场所。

奖励旅游

休闲旅游

- 餐馆、酒吧
- 住宿
- 交通
- 旅游景点
- 旅游购物点
- 娱乐场所

休闲旅游之外的服务设施

- 会议场所
- 颁奖晚会和主题晚宴等主题活动举办场所

图 3-4　奖励旅游与休闲旅游的旅游供给比较

从另一方面来看，奖励旅游与休闲旅游之间在需求方面又存在着差异，如表 3-1 所示。首先，从购买主体来看，与休闲旅游产品的购买者是旅游者个人不同，奖励旅游的购买者是组织奖励旅游的企业。其次，奖励旅游的需求季节性不强，无明显的淡旺季，全年皆可举行。最后，其需求主要指向高档度假旅游目的地，明显小于传统的休闲旅游的需求指向范围。

表 3-1　奖励旅游与休闲旅游的旅游需求比较

	休闲旅游	奖励旅游
购买者	旅游者	组织奖励旅游的企业
季节性	较强，多在节假日和周末	较弱，全年皆有发生，较少在节假日和周末
目的地	任何地方	基本与高档度假游的目的地相重合

2. 奖励旅游的产品特征

在奖励旅游中，旅游是手段或者诱因，激励是根本目的，这一特性决定了奖励旅游产品在功能、内容和档次上都有其自身的产品特征。

（1）产品功能的特征

奖励旅游是一种企业的现代化管理手段，具有管理功能。随着人们生活水平的提高，金钱和物质奖品所起的激励作用有效时间越来越短，而一次非同一般的旅游经历的激励时间则更持久，奖励旅游成为现代企业的一种管理工具。首先，奖励旅游为参与人员提供了情感互动的机会，为员工、管理者和企业客户创造了一个比较特别的接触机会，大家可以在旅游这种比较放松的情景中作一种朋友式的交流，从而增强管理者与企业的亲和力和凝聚力，加强团队建设，塑造企业文化。其次，通过"一张一弛"的有效调节，有利于不断激发企业员工的工作热情，从而提高企业业绩。概括起来，作为一种管理手段，奖励旅游产品包括了以下 8 个方面的附加值：①凝聚员工的向心力。②强化公司的企业文化。③持续鼓励员工提升工作绩效。④激励员工协助企业达到业绩目标，提高市场占有率。⑤促进员工、厂商之感情交流。⑥舒解紧张的工作压力。⑦加强对公司认同与向心力。⑧建立经销商的忠诚度。

（2）产品内容的特征

作为一种管理工具，它要求奖励旅游活动中的计划与内容尽可能与企业的经营理念和管理目标相融合，并随着奖励旅游的开展，逐渐体现出来。因此奖励旅游团的行程安排除了常规旅游项目外，一般还包含了企业会议、培训、颁奖典礼、主题晚会或晚宴、舞会及个性化奖品赠送等内容，将企业文化建设有机地融于奖励旅游活动中。

（3）产品档次的特征

目前，我国尝试采用奖励旅游这一激励方式的企业主要是三资企业、大型国有企业和实力较强的民营企业。就行业而论，高利润重视个人业绩的行业如传销、保险、中介业及人力密集的制造业较易接受奖励旅游的观念。它们组织的奖励旅游一般规模较大，少则几百人多则上千人，而且大公司为奖励员工，常常是不惜血本，奖励旅游团的消费档次较高，通常是一个普通旅游团的 5 倍。据了解，广州广之旅 2008 年至 2010 年组织的奖励旅游出境团单团平均人数为 250 人。最大规模的一次奖励旅游团队是 2002 年与马来西亚诚信旅游、北京中旅国际社共同操作的安利（中国）马来西亚高峰会议奖励旅游团，参团人数近 5000 人。

（二）旅行社奖励旅游产品的开发策略

1. 旅行社奖励旅游的产品开发原则与宗旨

旅行社必须以一对一营销观念为指导，定制化为手段，为企业"量身定做"

奖励旅游产品。

一对一营销与传统营销的主要区别在于，传统营销强调赢得更多的顾客，而一对一营销强调更长久地留住顾客，强调顾客需求的个性化。一对一营销的特点与奖励旅游的客源市场具有内在切合性。首先，奖励旅游的目标市场就是有奖励旅游倾向的公司、企业，一旦采用奖励旅游作为奖励方式，每年都会有相应的需求，因此，锁定客户显得尤其重要。其次，奖励旅游作为一种管理策略，它要求将凝聚企业向心力、塑造企业文化有机地融入整次旅游活动中，而每个企业的文化各有不同，这就要求从产品策划开始到活动结束，都需针对企业特征进行定制化运作。

2. 旅行社奖励旅游产品的开发流程

旅行社奖励旅游的产品开发流程是指旅行社从接受企业委托开始到完成经委办企业确认的产品开发方案的全过程，具体开发流程如图 3-5 所示。

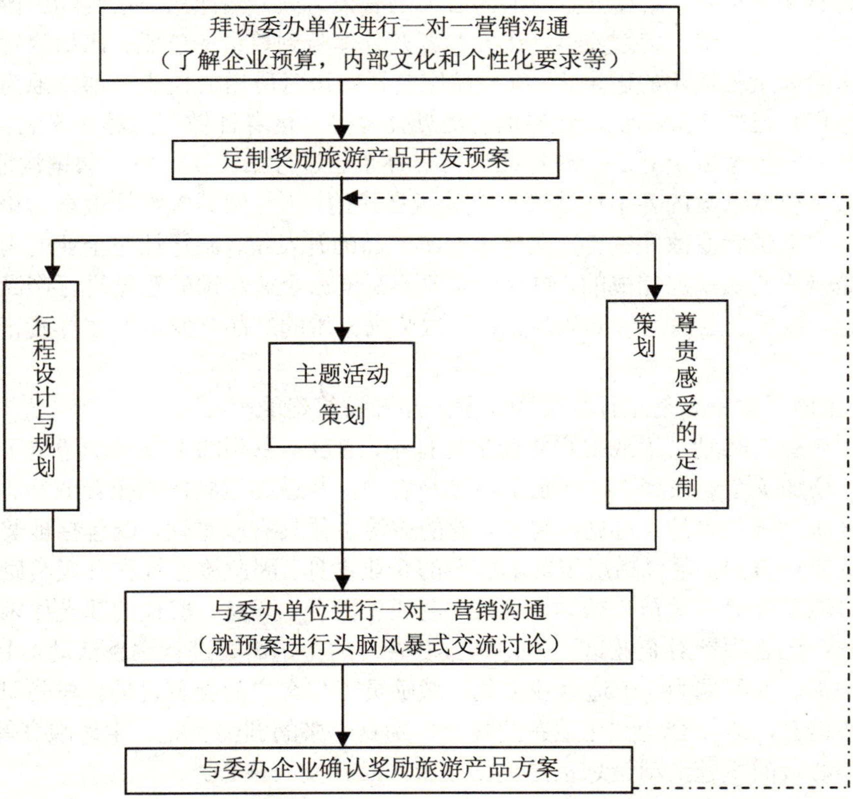

图 3-5 旅行社奖励旅游产品开发流程

首先，旅行社要拜访委办企业，进行第一次一对一营销沟通，全面了解企业的预算、内部文化与个性化要求。奖励旅游是一种类似于企业的定价旅游，每家企业用于该次奖励旅游的经费都有自己的预算，因此旅行社首先要了解企业用于该次活动的预算，以便依企业经费多寡策划产品。同时还需认真了解委办企业的企业文化以及对此次活动行程与内容的特殊需求，例如，行程内特殊饮食的要求、住宿安排的特殊要求以及颁奖会等特殊安排等，所有细节都会与委办企业作充分沟通，这是奖励旅游产品深度开发成功的前提。

然后，旅行社根据此次沟通掌握的情况，针对委办企业定制奖励旅游产品，形成产品开发预案。开发预案主要包括行程设计与规划、主题活动策划以及尊贵感受定制策划等内容，其中主题活动策划是奖励旅游产品开发的核心。行程设计与规划就是设计此次奖励旅游的游览路线，对沿途及食住行游购娱等要素进行规划。尊贵感受的定制策划也是奖励旅游产品开发的重要内容。满足员工和企业客户的成就感和荣誉感，是加强企业的向心力的有效方式。旅行社要在奖励旅游的产品策划中注意细节，策划惊喜，让旅游者充分体验到尊贵的感觉。比如旅行社可以在旅游者全程饮用的矿泉水、乘坐航空公司航班时所用的枕头上都特地为企业印上他们自己的企业标识，让参加者随处体验到“量身订做”的尊贵感觉。

产品开发预案制定好后，旅行社需与委办企业进行第二次一对一营销沟通，此次沟通主要就预案的各个环节进行头脑风暴式的讨论。然后旅行社根据讨论结果对产品方案进行修改和完善。在奖励旅游产品的开发中，旅行社与企业的沟通往往不是一次两次就能完成的，旅行社需要不断根据企业反馈的意见进行产品方案的调整，直至企业满意与确认为止，一次奖励旅游的产品开发过程才算真正结束。

3．主题活动策划是旅行社奖励旅游产品开发策略的核心

由于企业在奖励员工或客户旅游的过程中，通过一系列的主题活动塑造了企业文化，增加了企业凝聚力，激励了员工与客户，并最终达到提高企业业绩、促进企业未来发展的目的。可见，奖励旅游的旅游主体具有双重性，既包括被奖励的员工或企业客户，也包括组织奖励旅游的企业本身。因此旅行社在开发奖励旅游产品时除了针对受奖员工或客户这类“普通旅游者”开发一般性的观光休闲旅游项目外，还必须针对企业这一“特殊旅游者”的特定需要进行主题活动策划，实现其增加企业凝聚力、塑造企业文化、激励员工与客户的旅游目的。与公司领导层的座谈会，紧扣企业文化主题的晚会，别具一格的颁奖典礼、主题晚宴等，这些别出心裁的主题活动策划正是奖励旅游产品开发的核心。

从场地的选择及布置到晚会节目的设计、气氛的营造以及特殊餐饮的安排等都需要围绕企业文化精心策划，帮助企业将其文化理念渗透到参团的员工中去，

使整个旅游过程能够"形散而神不散"。如香港广之旅为某大型保险公司开发的年终奖励旅游产品，就是通过富有创意的主题活动开发奖励旅游产品的成功案例。该案例在旅途中的豪华邮轮上安排了一场由身着船长制服的保险公司总裁及装扮成船员的其他公司行政人员主持的主题颁奖晚会。既通过这别出心裁的活动宣传了企业文化，增加了企业凝聚力，又带给参与者平常参加普通团队程式化的旅游活动所无法获得的惊喜的旅游体验，令他们回味无穷，极大地延长了奖励的激励效用。

二、自驾车旅游产品的开发

自驾车旅游是指旅游者自行驾车完成全部或部分旅程的旅游方式。旅游者所驾驶的车辆可以是自有的，也可以是租赁的。就汽车种类而言，可以是越野吉普车、轿车和房车等。私家车的日益普及是自驾车旅游市场迅速增长的前提。随着我国私家车的快速发展和高速公路网络的不断完善，自驾车旅游以其自由、新颖、灵活、刺激而受到越来越多的消费者青睐，呈现出强劲的增长势头。自驾车旅游产品形式多样，根据人们驾车外出旅游的目的和组织形式，可以将自驾车旅游分为发烧友越野之旅、车队休闲观光之旅和自驾车自助之旅三大类。发烧友越野之旅的旅游者出行目的往往具有探险的性质，车辆多为四驱越野吉普车，并经过专业改装，驾驶员往往是探险旅游和驾车越野的发烧友，具有丰富的驾驶经验和野外生存技能。车队休闲观光之旅是指那些由旅行社或汽车俱乐部统一组织，以车队形式行进的自驾车团队，他们的目的主要是休闲、观光和度假。自驾车自助之旅是指那些不经旅行社组成团队，以自助游形式驾车旅游的方式，出游目的与第二类相同，也是观光、休闲与度假。

（一）自驾游旅游者的行为特征

自驾游旅游者在旅游行为、消费习惯等方面表现出区别于其他旅游者的特征，掌握这些特征进行开发有助于产品更加符合自驾游的消费需求。这些特征有：

1. 中高收入的出游人群。自驾游产品的目标市场应以中高收入并具有驾驶技术的中青年为主。

2. 旅游偏好随出游团体及方式而各异。例如，年青人大多喜欢与朋友、俱乐部成员等结伴，偏爱中长途专项旅游，自驾游目的性强且时间弹性大，对青年旅馆需求较多；家庭自驾游成员多为亲朋好友，多选择中短途休闲旅游，随意性强，家庭公寓很受欢迎。

3. 更易培养旅游习惯，忠诚度较高。自驾游旅游者在经历一次较为满意的出游之后，旅游频率会比较稳定，也会对旅行社表现出较高的信任感和忠诚度。

同时，自驾游旅游者更容易感染周围的潜在旅游者，带动性强。

4. 旅游时间及消费预算弹性大。相较传统团队来说，自驾游出行费用中对旅行社支付的服务费用上升，这主要针对保险、汽车维修、意外协助处理等内容，而旅游者对门票、住宿价格较为敏感，对地方特色产品情有独钟。

（二）旅行社自驾游产品的开发

1. 产品开发企业联合体

（1）汽车俱乐部。汽车俱乐部最大的优势在于它有充足的客源及完善的汽车保障服务。对应私家车销售与汽车娱乐市场两个环节，汽车俱乐部正贯穿二者之间，便于将两个市场进行沟通整合。汽车俱乐部不生产具体的产品，它提供的是以 24 小时公路救援为主、其他综合性汽车服务为辅的全方位汽车保障业务。

（2）汽车租赁公司。汽车租赁公司最大的优势在于健全的汽车租赁服务体系和运营网络。它不仅为消费者提供多种多样的汽车款式，同时还具有灵活方便的出租手段。目前我国汽车租赁公司所开办的业务主要有本地出租、异地出租、异地还车、异国出租等。这些业务使旅游者摆脱本地出租本地归还的局限，可更自由地选择中长途自驾游，出入境自驾游也因这些业务的开展具有可行性。同时，拖车服务正在兴起。拖车是一种分单层和多层的大型专业运输车辆，可将几辆到十几辆小型轿车长途运输至异地，旅游者在到达目的地之后开始自驾游活动。拖车服务极大节约了路途时间和金钱，使自驾游更具有经济性和时效性。

俱乐部与汽车租赁公司以汽车租赁和相关保障服务为主要职能并进行延伸，但相较旅行社，二者并不具备开发旅游产品的优势，首先，二者网络化资源不足。无论是接团还是组团，旅行社都有较为完整的服务项目和链条，接待与批发能力强，其密切联系的景点、酒店等都已形成了广泛的网络体系优势；其次，俱乐部与汽车租赁公司的旅游专业化服务不足。旅行社无论是外联、计调还是接待、票务等基本按照专业化分工进行，对旅游资源定位准确并有丰富的销售组织经验，这些都是俱乐部与汽车租赁公司所欠缺的。因此，汽车俱乐部和汽车租赁公司并不适宜作自驾游产品的开发主导，而旅行社则应充分利用二者的强项加强联合，为自驾游产品吸引客源和提高技术保障拓宽途径。

2. 构建产品开发服务链条

自驾游产品开发的重点是疏通与完善产品的服务链条，这对不同的旅游要素有不同的要求重点，主要包括。

（1）旅游目的地。开展自驾游要求目的地首先要具备接待自驾游的基本条件，包括一定数量的停车场和车辆维修设施等。旅行社要注重与景区的协调，应提前做好车位预订等工作。

（2）交通。旅行社应详细预算自驾游线路的各种交通费用，争取最大的优惠价格并设计多种线路组合满足不同收入者的需求。同时，旅行社要掌握丰富的路况信息，并根据不同的公路类型开发不同的旅游内容，如越野、度假等。

（3）住宿。自驾游要求适当建设汽车营地和汽车旅馆。汽车营地一般选择在城市出入方便、环境好、各方面配套设施也较好的地方，对自驾游团队具有接待优势；汽车旅馆应以中低档和经济型的饭店为主，附加汽车修理、加油站、停车等功能，对自驾游散客接待具有优势。

（4）汽车维护。旅行社既可借用社会公用设施，也可视产品需要配备随团的专业汽修人员和移动设备，这在中长途或专项自驾游中多见。

（5）紧急救援。自驾游受天气、路况、车况、人员身体健康状况和驾驶技术等影响，不稳定因素相对较多，因此，旅行社不仅要有相应的应急对策，也要有全国联网的紧急救援系统以应对意外情况。

（三）旅行社自驾游产品的开发要求

1. 自驾游产品要求有鲜明的主题。无论是地域性突出还是文化性深厚，每条自驾游线路应有自己的特色，使旅游者获得良好的旅游体验，因此，自驾游产品的开发应冠以一定的主题，有针对性地吸引旅游者。

2. 创新的营销方法。结合自驾游旅游者忠诚度较高的特点，自驾游产品营销应建立会员制和奖励制。会员制通过一定的权利义务有效锁定自驾游客源，对经常参加旅行或带动他人旅游的旅游者应及时奖励以保持旅游者的热情。旅行社还应重视产品的信息回馈，定期与旅游者联系并联谊，建立旅游者个人资料和闲暇时间档案，及时推荐旅游产品，刺激持续消费。

3. 把握产品的开发难点。自驾游产品的开发有两大难点：一是活动内容与服务环节的组合开发。它要求创新的设计与合理的搭配，整个旅游过程流畅而富有新意，这一难点决定了产品结构的合理性与旅游吸引力。二是全国联网式服务。能否在产品涉及范围内建立紧急救援、医疗、保险等快捷有效的联网服务，决定了自驾游产品在异地能否顺利开展。

（四）构建产品保障体系

自驾游产品的保障体系内容主要有：政府应根据实际情况出台相应的激励政策与优惠措施，特别是控制和治理公路收费与乱收费等；旅行社要完善与严格遵守旅游合同。旅游合同不仅明确规定旅行社与旅游者之间的权利义务，也明确多方组织者之间的责任关系。由于自驾游过程中可能出现诸多问题，因此，要重视对旅游合同的签订和履行；社会相关部门要设计适用的自驾游保险险种，提供医疗救援服务。纵深发展专项自驾游产品。专项自驾游是自驾游产品中的高端产品，鲜明的专业化和个性化特色深深符合自驾游旅游者探险、好奇的旅游心理，有着巨大的吸引力和开发前景。自驾游本身的属性也决定其受到比传统观光团队更多的现实因素制约，因此不宜走“求多求大”的路子，而应“求深求专”，将专项自驾游产品作为产品体系中的主流进行品牌化经营。自驾游正日趋发展并逐渐成熟，产品开发大有潜力。旅行社应把握这一市场机会进行大胆创新的产品开发，同时要符合我国国情，不可盲目照搬国外经验，最终凭借对自驾游产品进行的纵深开发掌握市场主动。

三、长者旅游产品的开发

（一）老年人消费心理及行为特征

消费心理是指消费者在满足消费需要活动中的思想意识，它支配消费者的购买行为。人进入老年期后由于生理器官的变化，必然引起心理的变化。研究老年人的心理特征，有助于掌握和了解老年消费者的消费心理，有助于分析老年人的消费行为。

1. 老年消费者的购买动机

消费行为可划分为六种类型，即习惯型、理智型、经济型、冲动型、想象型和不定型。调查显示，51.2%的老年消费者是理智型的消费者，他们会对待选择的商品或服务进行理智的分析和思考，并多家选择，充分考虑多种因素，购买自己满意的商品或服务。有20%的老年消费者属于习惯型的消费者，他们通过反复购买、使用某种商品或服务，对这种商品或服务产生较为深刻的印象，逐渐形成固定不变的消费习惯和购买习惯，且不会轻易改变这种习惯。老年人的习惯购买心理还表现在：对于不了解的商品或服务不轻易采用，极少发生冲动型购买。

2. 老年消费者购买商品时考虑的因素

过去人们常常认为大部分老年人属于习惯型消费者，但随着时代的进步和生活节奏的加快，老年人表现出适应新环境和新事物的能力与愿望，方便省事才是他们真正考虑的因素。调查显示属于经济型的老年消费者占的比重并不高，由此可见，现在的老年消费者已不是我们想象中的那种只求价格便宜的消费者了。他们在购买商品或服务时会综合考虑各方面的因素，价格只是他们考虑的因素之一。调查显示，老年消费者购买时更强调质量可靠（29.8%）、方便省事（26.4%）、经济合理（25.8%）、舒适安全。我国现阶段的老年消费者经历过较长一段时间的并不富裕的生活，他们一般生活都很节俭，价格便宜对于他们选择商品或服务确实有一定的吸引力。但是随着人们生活水平的改善、收入水平的提高，老年消费者在购买商品或服务时也不是一味追求低价格，质量可靠和使用方便才是他们考虑的主要因素。还有一点必须了解，就是很多老年消费者有补偿性消费动机。在子女长大独立、经济负担减轻之后，一些老年消费者试图随时寻找补偿过去因条件限制未能实现的消费欲望，即进行补偿性消费。因此，老年人在旅游观光、健身娱乐、营养保健、美容美发、穿着打扮等方面，同样有着强烈的消费兴趣。

3. 老年消费陪伴方式

在消费的陪伴方式上，因为老年人大多害怕寂寞，而其子女由于工作等原因闲暇时间较少，所以老年消费者多选择与老伴或同龄人一道出门购物或旅游。老年人之间有共同话题，在进行购买决策时也可以互相参考、出谋划策。这就说明，影响老年消费者购买行为的相关群体主要还是老年人。

（二）旅行社长者旅游产品的开发

老年人的身体状况决定老年人对服务需求的特殊性，决定了旅行社不能在满足大众的共性需求的过程中实现对老年人个性需求的满足，而是要根据老年人的生理和心理特征来开发产品，尤其在产品的方便性、安全性、保健性方面突出特色。经研究表明，老年旅游者与其他旅游者的重要区别在于：

1. 其旅游动机以"回归自然、怀旧、疗养"为主；

2. 其喜欢的旅游形式为：山野风光、乡村风光、森林游憩、旧地重游、亲情游、寻根游、温泉浴、日光浴等；

3. 由于年龄较大，他们更倾向于参加团队游，并希望有一名有耐心、脾气温和且能干的导游，同时，旅游时间不宜过长（以一周内为好），目的地不宜过远；

4. 老年旅游产品应以安全、方便、可靠为主要特征。

据此分析，旅行社应努力设计符合老年人以上需求的旅游产品。

（三）千名长者温馨结伴游港澳产品的开发

深圳中国国际旅行社有限公司曾推出"千名长者温馨结伴游港澳"，由于独具特色的产品策划，在市场上一炮而红。

案例 3-5 千名长者温馨结伴游港澳

线路特点：

- 更便利的交通（直通巴士皇岗口岸过港，免除罗湖过关拥挤之苦；豪华空调旅游大巴）
- 更贴心的服务（专业领队、随团医生全程报务，保障旅游顺畅，营造轻松愉快的旅途气氛）
- 更周到的行程安排（三星级酒店、中餐及特色餐、线路新颖，意外保险）
- 更难忘的旅游经历（赠送团体纪念照，精美生日礼物）

第一天早上 08:20 于市博物馆西门集中，由专业领队带领办理出境手续，转乘豪华巴士游览市容。午餐后游尖沙嘴文化中心及游览世界上最长的公路及铁路两用吊桥——青马大桥（观景台），之后往香港岛游览，途经原港督府（现称礼宾府），继续参观亚洲第二大会议展览中心和香港回归祖国主权移交大典的会场"金紫荆"广场，晚餐后乘车往太平山观香港夜景。

宿：龙堡酒店或同级。

第二天早餐后游览海洋公园，在此您可以观赏到世界上最大的珊瑚环礁水族馆——海洋馆，并观赏可爱的海豚、海狮表演，或者免费利用各种游乐设施。午餐后前往黄大仙祠、历史博物馆参观，之后前往香港著名的休闲度假地——赤柱，这里集中西文化、历史古迹及阳光沙滩于一隅，我们将参观香港少数保存完好的欧陆式建筑之一——美利楼，同时亦可享受蓝天碧海的天然景致。最后前往观赏投资2亿元的“黄金屋”和“金马桶”，将令你大开眼界。

宿：龙堡酒店或同级。

第三天早餐后搭乘飞翔船前往澳门（约1小时），乘坐豪华旅游巴士，由澳门导游带领游览澳门标志：大三巴牌坊（揉合了欧洲文艺复兴时期和东方建筑风格雕刻精细的牌坊）、澳门名胜——主教山，观赏规模宏伟、钟楼高耸、庄严肃穆的圣母堂，远眺珠海一带的自然胜景、澳氹大桥、妈祖庙，途经金莲花广场，继而参观澳门回归综艺馆、澳门博物馆。最后前往小飞象餐厅，享用特意安排的葡国大餐，品尝一下异国风味。

宿：富华酒店或同级。

第四天早餐后参观东方蒙地卡罗之称的葡京大酒店赌场及葡式住宅区。午餐后经珠海乘巴士返回深圳博物馆散团（约17:30），结束愉快的旅程！

长者全程费用：2180元/人。

（包子. 深度聚焦旅游赢销. 广州：广东旅游出版社，2004：115～116）

1. 策划背景

2001年初，广东省公安厅决定在广东四个地市进行暂住人员赴港澳地区旅游的试点，其中一项政策就是子女户口在这四个地市的，其父母便可在其子女户口所在地办理赴港澳旅游的手续，深圳市就是其中之一。

深圳国旅早在2000年就看准老年人这个潜力巨大的旅游消费群体，成立了“温馨结伴行”长者旅游俱乐部，专门为深圳的离退休人士提供量身定做的与同龄人结伴同行的旅游服务。俱乐部以会员制方式，人性化地为老年人营造温馨的活动空间，使每一次旅游都是老年人一生难忘的经历。

2. 顺势而为

深圳是一个移民城市，大多来自四面八方，经过多年打拼，有些人已在深圳成家立业，他们常定期或不定期地将父母接到深圳来居住，而他们本人却工作繁忙没时间陪父母，“如何让老年人在深圳安心、充实地生活？”一直是深圳子女为之苦恼的问题。如果能让辛苦了一辈子的老人去香港、澳门旅游一趟，这可是在离香港最近的深圳工作的儿女给父母最好的孝礼，但老人旅游子女如果不陪又放心不下，那怎么办？旅行社充分考虑上述因素，成功地策划了“千名长者温馨结伴游港澳”的旅游方案。

首先，完全站在顾客的角度，人性化地设计行程。一改传统的从罗湖口岸出境，乘火车赴香港的交通方式，变为乘直通巴士过港，避免了在罗湖边检排队苦等几个小时，乘火车又可能出现走失及无座位保障的情况。

其次，不仅改变传统的香港游不派领队的惯例，安排专业领队带团，而且每团有一名医生随行，行程中也充分考虑到老年人的特点，不安排无意义的购物，松紧适度，饭菜的安排也尽量对老人的胃口，当月过生日的老人还幸运地得到一份惊喜礼物。

广告策划也对深圳子女孝敬父母的脉把得很准，真正以情动人。另外，旅行社还成功地说服了香港地接针对性地调整价格，并共同致力于开发老年人这一新的细分市场。半年时间，仅深圳一地，旅行社就成功组团近两千人次。

广告临门一脚的作用也在这个策划案体现了传神的魅力，尤其是广告语真正说到了读者的心里去了，真正激发了他（或她）对父母的孝心，让每一个深圳人看了都有一种说不出的牵挂感。

文案赏析

给爸妈一个惊喜
上次爸妈来深圳，想去香港看看，
就因为办手续很难，所以很遗憾地回家了。
我很不是滋味，父母来深圳一趟不容易，
说不准真会是一辈子的遗憾。
现在好了，“千名长者温馨结伴游港澳”，
让爸妈和我不再有遗憾了！

案例分析

这是一个典型的策划出来的产品，在政策出台的一段时间内，其他旅行社均未能看到这一潜在的市场，一般旅行社如果不创新仍按传统手法来操作，市场反应估计仍会冷淡，组团寥寥，这样政府实施新政策的真正目的还是无法达到落实。

该旅行社通过深入研究在产品策划上可以说是独具匠心，在严格控制成本的同时，坚决走价值路线，以至于该产品成了长者港澳游的标准：医生陪同、乘直通巴士过境等，团队虽然利润很高，但消费者仍纷至沓来，因为他们看中的不是几百元的价格差异，而是能充分满足其孝心，对老人有保障，人性化的服务，这方面的价值远远高于金钱。同时配套为细分市场目标群体量身定做的宣传策划，充分体现服务人性化和人情味，通过以上从产品线路策划到后期宣传策划的一体化策划，在市场上形成了“长者港澳游”的产品品牌，最终实现了消费者、旅游目的地、旅行社三方共赢的局面。

（包子. 深度聚焦旅游赢销. 广州：广东旅游出版社，2004：118~122）

思考与练习

1. 简述旅行社产品的构成及分类。

2. 简述奖励旅游产品的特征及其产品开发要点。

3. 简述自驾车旅游者的行为特征及其产品开发要点。

4. 简述老年旅游者的行为特征及其产品开发要点。

5. 新疆幅员辽阔，地大物博，山川壮丽，瀚海无垠，古迹遍地，民族众多，民俗各异。《天地英雄》可以说是为新疆大美不言的大山大水作了一个绝妙的广告，请以影片《天地英雄》为主题设计一条新疆十日游线路，写出你的策划要点，并为其设计一份行程单。

6. 案例分析题：

以下是浙江某旅行社推出的水乡乌镇一日游产品的行程单：

水乡乌镇一日游

上午：游东栅传统作坊区、传统民居区及中市传统文化区。

主要景点有：逢源姐妹廊桥—财神湾拳船表演—香山堂老药店—财神堂—竹根雕作坊—陶艺坊—绘扇作坊—制笔作坊—糕点作坊—铜匠坊—裱画坊—箍桶店—纺纱织布作坊—刨烟作坊—公生糟坊（酒作坊）—宏源泰染坊（即蓝印花布作坊）—丝棉作坊—江南百床馆—乌镇民俗风情馆—江南木雕馆—余榴梁钱币馆—立志书院和茅盾纪念馆（是全国重点文保单位，可以顺便买点旅游纪念品）—古戏台花鼓戏表演—修真观—翰林第—皮影戏馆。

下午：游览传统商铺区和水乡风情区。

主要景点有：应家桥—访卢阁—阮恒德药店—汇源当—古玩店—蓝印花布店—姑嫂饼店—杭白菊店—小桥、流水—水阁、廊棚。

返程：沿河南岸踏着上个世纪初的青石板，悠悠慢行，一路观赏茅盾笔下之水乡风情，从容地返回景区停车场出口。结束一天愉快的游览。

价格：128 元

请分析这张行程单遗漏了哪些旅行社行程单应包括的要素，并将其补充完整。

第四章　旅行社的采购管理

本章提要

采购是关系到旅行社产品成本的重要因素。有条不紊地采购各项服务并有效地保证淡旺季的采购效率是采购管理的主要目标。本章对旅行社的服务采购进行了简要的概述。分析了集中采购、分散采购、建立采购协作网络等常见的采购策略。从交通服务采购、住宿服务采购、其他旅游服务采购等三个方面阐述了旅行社服务采购的程序。论述了旅游服务采购管理应注意的事项。

第一节　旅行社服务采购概述

一、旅行社旅游服务采购的概念

旅行社的产品是一种形式特殊的产品，为了满足旅游者在旅游过程中的各项需要，将旅行社的各项承诺和服务融入其中，为其提供各种有偿服务的总称。旅行社的产品是一个行业的产物，而不是某个企业的产物。在向旅游者提供的种种产品之中，除了导游服务等极少数的项目旅行社自身可以提供以外，旅游者在旅游过程中所涉及饮食、住宿、交通、游览、娱乐等方方面面都依赖于旅游服务企业及相关企业提供。旅行社作为一个中介组织，从其他旅游服务企业采购产品，经加工组织后出售给旅游者。旅行社要提供产品给旅游者，就必须向其他相关的行业部门购买服务项目，按照产品的设计构思将其组合起来，形成产品投放到相应的目标市场上进行销售，使旅行社的基本业务得以顺利展开。

对于旅行社的旅游服务采购这一概念的理解，要区别于传统采购的理解，传统意义上的采购是对有形产品的采购，是一手钱、一手货，购买的是物品的所有权，表现出物质的转移和流动。旅行社所采购的旅游服务不是具体的商品或某一件实物，而是旅游服务设施或某一种服务在一个特定时间内的使用权。之所以是特定时间内的使用权，是因为旅行社产品的生产和旅游者的消费常常发生在同一时空背景下，即旅游者消费之时旅行社产品开始生产，旅游者消费结束时旅行社产品生产也告终止。旅行社产品既有物质形态的成分，也有非物质形态的成分，与其他旅游产品一样具有不可转移性的特点。即便是购买后也不表现为物质的流动转移。

综上所述，旅游服务采购是指旅行社为了组合旅游产品，以一定的价格向其他旅游企业及与旅游业有关的部门购买相关服务项目的行为。旅行社旅游服务采购的内容主要涉及交通服务、住宿服务、餐饮服务、景点游览服务、娱乐服务、保险、入出境手续等内容。

二、旅行社旅游服务的类型

旅行社旅游服务是围绕着旅游活动的食、宿、行、游、娱等方面展开的，因而航空公司、铁路、轮船公司、汽车运输公司等的交通服务，饭店、宾馆、度假村等的住宿服务，餐厅、饭庄、酒楼等的餐饮服务，景点、景区等的游览服务，娱乐场所、歌舞厅等的娱乐服务等，也就成为旅行社的采购对象，对于组团社而言，还要采购地接社的接待服务。

（一）旅行社的交通服务

旅游是人们暂时离开自己的居住地，前往异地异域的旅游目的运动和逗留在该地的各种活动。无论从旅游者的居住地到旅游目的地，还是在目的地的暂时逗留期间各旅游点间的往返，都需要发生空间位移，交通承担着运输旅游者进行空间位移的任务。交通不仅要解决旅游者往来不同旅游点间的空间距离问题，更重要的是解决其中的时间距离问题。人们更愿意利用有限的时间去观光游览，而不希望占用大量的时间去乘坐交通工具浪费光阴。因此，安全、舒适、便利、快捷、经济是旅行社采购交通服务时需要考虑的因素，旅游者乘用的交通工具主要有飞机、火车、汽车和轮船。短途交通人们倾向于利用汽车，500 公里以上距离时人们多愿意乘火车出游，上千公里的远距离为节省时间更乐意乘飞机。旅行社必须与包括航空公司、铁路运输部门、轮船公司、汽车公司在内的交通部门建立密切的合作关系。

1．采购航空运输服务

航空交通是世界上远程旅游中首选的交通方式，具有快速省时的突出优点。世界上各航空公司的大中型喷气式飞机的时速高达 700～900 公里，超音速的客机其最高时速已达 2176 公里。而且空中运输是直线距离，有了飞机后，在旅游者的眼里，地球空间变得狭窄了许多。乘用飞机可大大缩短出游地与旅游目的地的时空距离。因而在旅行社所推出的中远途的旅游线路产品中，飞机作为各城市间的主要交通工具。

采购航空服务时要了解航空公司的分类、飞机的机型、舱位等级、飞机是否直达等。

在我国航空公司依据所在地经营方式分总公司（如我国的国航、南航等）、分公司（如南航设在新疆的分公司）、总代理（即航空公司有时指派一家公司或一家旅行社来全权代理其驻在地的各项业务，如一家旅行社代理澳航的业务）。

在我国国内航线上飞行的一般有 4 种机型：波音居多，空客、麦道次之，运 7 用于支线。

机位（座）依机型不同而有所区别：波音 737-200 型有 120 座，波音 737-300 型有 145 座，波音 737-500 型有 150 座，波音 757 有 198 座，波音 767 有 246 座，波音 777 有 380 座，波音 747（双层）的最大载客可达 464 人。国内用的空客-320 有 150 座，麦道-82 型及麦道-90 型有 168 座，运 7 有 40 座。

舱位等级一般来说分为头等舱、商务舱和经济舱。头等舱设在飞机的最前面，因远离飞机引擎较安静，所以其价格最贵，约为经济舱票价的 2 倍。商务舱在头等舱之后，其价格低于头等舱，约为经济舱的 1.5 倍，有时比照经济舱提高一定的幅度。

飞机飞行时分为直达、经停、联航。直达是指点到点，不需要技术支持的航班；经停是因技术原因，需要增加降落（如加油等），也有从经营考虑；联航是指从始发点开始，连续向前环行航行，最后回到始发点的一种方式。如：北京→新加坡→巴黎→罗马→北京。

2．采购铁路运输服务

火车运输承运能力大，具有价格便宜，又可以饱览沿途风光的特点，特别在包价产品中具有竞争力。近年来，我国铁路加大力度改善交通运输环境，通过几次提速后，高铁的时速高达到 300 公里，动车组（使用 CRH 和谐号列车）时速达到 200 公里以上，特快列车的时速也达到了 160～200 公里。目前已形成的 1000 公里左右区间的半天内到达，1200～1500 公里区间内的“朝发夕至”或“夕发朝至”，2000～2500 公里左右范围内的“一日到达”的铁路快速运输网络，使火车运输仍具优势。火车目前仍是国内多数旅游者出游的首选交通工具。

旅行社向铁路部门采购，要了解列车的运输分类等。列车按运输分类分为：高铁、城铁、动车组、特快列车、快速列车、普通列车 6 类，在客运高峰时还增开临时列车。

3．采购公路运输服务

公路运输灵活便利、富有独立性，而且旅游点之间已连成公路网络，人们能够乘汽车前往任何有公路的旅游景点观光游览。乘用汽车已成为人们普遍采用的旅行方式。但是乘坐汽车时，长时间限制在狭小空间且保持一个姿势，人们很容易产生疲劳和无聊的感觉。因而采购公路运输服务要注意乘汽车旅游的距离不宜过长，最好是景点之间控制在 50 公里的短距离内，一般乘车 1 小时左右到达；城市之间控制在 300 公里以内，也就是乘车时间不超过 4 小时，否则旅游者会感觉疲劳。

4．采购水路运输服务

水路运输具有其他交通工具无可比拟的优越性。船舶的运载能力是各种交通工具中最大的（如运行在烟台到大连之间的棒棰岛号客/车滚装船，共 8 层，仅底部可以装 60 辆左右的大卡车，船的载客量为 1600 人）。船舶上设有不同的舱位供人们选用。船舶上还设有餐厅、酒吧、健身房、舞厅等休闲场所，大型的邮轮上甚至还设有游泳池。旅游者在悠闲舒适乘船的同时还可以观赏不断变幻的风景，正如古人在诗中所赞誉道：“满眼风波多闪烁，看山恰似走来迎。仔细看山山不动，是船行。”

只是鉴于我国大陆的地形特点，除去三峡、桂林等内河及少数海路，轮船不是外出旅游的主要交通工具。旅行社向邮轮公司采购水路交通服务，关键是做好票务工作。

（二）旅行社的住宿服务

住宿服务设施是为旅游者提供休息与享受环境的场所。住宿服务设施保障着旅游者常规生活消费需求（即安全、住宿、饮食）之一的住宿的基本功能。所以旅行社住宿服务是旅行社产品中的一个重要的组成部分。

在各类旅游者中探亲访友的旅游者可能下榻在亲朋好友家里，其他类型的旅游者都需要在旅游目的地寻找合适的住宿场所。住宿的饭店、宾馆是旅游者每天滞留时间最长的地方，尤其是团体旅游者在此滞留的时间可能是会占全天时间的一半以上。为旅游者寻找到一个理想的下榻地点是旅行社的住宿服务的主要宗旨。

住宿服务设施有着不同的分类方式。按功能可分为：商业饭店、旅游饭店、会议饭店、度假村等；根据其档次可分为：1~5星五个等级。旅游者可以通过这些标准，了解到将要享受到什么样的饭店服务。

（三）旅行社的餐饮服务

餐饮属于旅游者基本常规生活消费。正如民间的俗语所说的“民以食为天，食以味为先”，美味可口的餐饮，再配合幽雅的就餐环境会让旅游者对旅行社提供的接待服务及旅游目的地留下美好的印象。

旅游者一般从餐饮质量、价格与价值、卫生条件、就餐环境及餐厅服务人员的服务态度、服务水平等方面来评价旅游餐饮服务的质量。

旅游目的地有众多的餐饮部门乐意向旅游者提供餐饮服务。旅行社需要从中遴选出适合旅游者就餐的餐厅、饭庄、酒楼。

（四）旅行社的接待服务

旅行社接待服务是旅行社产品中的主要内容之一。旅游者经历一次旅游活动之后能否留下美好的印象，在很大程度上取决于是否满意旅行社的接待服务。旅行社接待服务包括的内容很多，主要是接站服务、导游服务、代订当地的住宿与餐饮设施、代订或代为确认交通票据、安排文娱活动、提供行李运送服务和托运服务等。

（五）旅行社的游览服务

吸引旅游者离开居住地出游的主要因素是旅游景观。作为旅游者审美对象的旅游景观必然具有一定的欣赏价值。旅游景观也可说是包罗万象，既有大自然的造化之功，又有人类文明的遗迹；既有自然自在的景物，也有人工雕凿的艺术作品。在旅行社提供的种种服务中，旅游者最为关注的是游览服务。旅游景观吸引力大的时候，可以使旅游者怀有包容的心态对待接待设施不足和服务态度不好的问题。所以游览服务是旅行社产品中的核心内容。做好游览服务的采购对保证旅游者的旅游计划顺利实施具有举足轻重的作用。

（六）旅行社的其他旅游服务

除上述的各项服务以外，旅行社经营的产品中还包含有向旅游者提供旅游咨询服务、代办旅游保险服务、代办签证服务。

作为组团社而言，向旅游者销售的旅游线路，通常有一至多个旅游目的地，需要采购异地接待服务，其目的是使旅游计划如期如愿实现。

三、旅行社旅游服务采购的任务

旅游服务采购是旅行社经营中的一个初始环节，对旅行社产品的供给、经营、销售起着至关重要的影响。采购到的产品质量、数量、价格以及其能否按时到位，都会影响到旅行社产品的销售及盈利水平的高低，从而影响到旅行社在业界的竞争能力。所以服务采购是旅行社经营中非常重要的一个环节。

旅行社的旅游服务采购主要有两大任务：及时供给旅游者所需要的各类服务和降低旅行社产品的成本。

（一）保证及时供应

保证及时供应，首先是保证及时提供给旅游者所需要的各项服务。这是旅行社在旅游服务采购中所必须遵循的原则。在旅行社出售给旅游者的产品中，绝大部分是旅游企业和相关部门的企业所提供的。旅行社产品是先出售给旅游者。旅行社产品在销售和消费两个环节出现了两个时间差：销售和消费之间的时间差，承诺和实现承诺之间的时间差。这两个时间差有时是重叠的，有时有所交叉。团体旅游者从购买旅行社的产品到实际出行有一段时间。在这一预留期内旅行社需要从相关企业采购到已出售产品中所包含的全部服务。而散客旅游者随意性大，需求的种类不多、数量又较少，而且多采用现购的形式。这样的购买给旅行社的预留期就更短。无论是团体旅游购买的还是散客旅游购买的都要求旅行社及时采购。如果采购不得力，不能保证旅行社产品中所需旅游服务项目的供给，无法兑现在旅行社产品中许下的各项“承诺”，就会造成无法履约的不良后果。势必会导致旅游者的不满甚至引起投诉。可能给旅行社带来经济损失及声誉损失。造成“赔了夫人又折兵”的不利局面。有一家旅行社曾在2010年的十一黄金周期间，准备向湖南张家界发一个旅游专列团。在对目的地的旅游服务采购未完全落实时，在旅行社的所在地已着手将产品投放市场，进行广告宣传。因十一黄金周张家界风景区旅游者超饱和，预订不到客房，不得不停止运作，好在及对果断地作出了应对措施，未造成经济损失。

保证及时供应还包含着按旅游者的需求进行采购。即按照旅游者购买产品时与旅行社所签订的合同中约定的内容及相应标准向旅游者提供旅游服务。在旅游合同中通常会对旅游者在旅游过程中的食、住、行、游等方面所享受的服务内容、等级、次数详细标明。旅行社的采购要依据于此，保质保量地进行。如果旅行社只是关心其所购买旅游服务项目的数量，而忽视其项目的质量，将同样会招致旅游者的不满和投诉。

我们都知道旅游业是一个季节性波动很强的行业，有的地方甚至出现半年爆满半年闲的情形。淡旺季客流量的变化很大，在旺季经常出现一票难求、一房难求的供应紧张状态，要确保及时采购不是一件容易的事情。但不管怎样，旅行社要想办法获得各种信息为其采购提供信息支持，保证及时供给旅游者所需要的各类服务，体现出在旅游市场中的竞争力。

（二）降低旅行社产品的成本

在旅行社的采购管理工作中努力保证供给，是为了满足旅游者的需求。目的是通过满足旅游者的需求而获取商业利润。利润主要来源于买进卖出时的流通差价，利润的多少取决于旅行社产品出售的价格和各项旅游服务的购入价格。

目前国内的旅行社行业面临着价格和服务的双重压力，旅行社的竞争突出地表现在价格的竞争上，利润率呈不断下降的趋势，旅行社行业的利润已处于微利的境地，所以需要将降低成本放在一个重要的位置上。在旅行社的产品成本中，直接成本占很大部分，因此，旅行社降低成本的关键在于采购价格。

如果旅行社的采购工作做得很到位，旅游服务项目的采购价格比别的旅行社低，其生产出的产品价格就有竞争优势，在旅游市场中就有可能挫败竞争对手，保证了旅行社在激烈的市场竞争中获得更多的市场份额。

另一方面，由于旅行社的销售是一个预先交易，从报价到成交有一个时间差，在这期间会因为供求关系，市场环境等因素以及汇率变动等原因造成某些旅游服务的价格变动。如果在旅行社报价与成交期间，某些旅游服务价格大幅度提高，将给旅行社带来不少的困难。如果随之上涨，可能是会导致旅游者的不满而取消行程，使旅行社失去客源；如果自行消化，按原价出售，就会降低利润甚至出现亏空。因此，如何尽可能保持产品的成本相对稳定，也是采购工作的一项任务。

第二节　旅行社服务采购的策略

旅行社在进行旅游服务采购时与其他旅游服务供应部门或企业之间的关系是一种商品交换的关系。在市场经济条件下，购买方和供应方都应该按照市场规律办事，在互利双赢的基础上完成双方的供求合作。在不同的情况下采用不同的策略，旅行社将竭尽全力为自己谋求最大的经济效益进行压价。讨价还价时需从长计议，不要只图眼前的利益伤害对方，更不要乘人之危迫使对方牺牲太多的经济利益。即使现在瞬间内对方同意降价给你，对方以后也会有理由要求你承担相应的代价。杀价这种单方面的要求是采购过程中最低级的策略。只有建立互惠互利的合作关系，才能长此以往地合作。

在采购活动中，要经常研究市场的变化，分析供求情况，应该根据具体情况灵活运用采购策略。淡季和旺季，采购的策略就应该不一样；热点城市和温点城市，采购的策略应该有所区别。总之，旅行社应采取各种切实可行的措施以最低的价格和最小的采购成本从其他旅游服务供应部门或企业先期购买各种旅游服务，组合到旅行社产品中，降低自己的产品成本，以获得最大的经济效益。采购策略常见的有以下几种。

一、集中采购

集中采购是旅行社常用的一种方法，是以最大的采购量去争取最大的优惠价格的一种采购策略，分为三个方面：第一，旅行社把各个部门的采购活动集中起来统一对外采购；第二，旅行社把一个时期内（如一个月、一个旅游旺季、半年等）所需的某种旅游服务集中起来，全部或大部分投向经过精心挑选的一个或少数几个旅游供应企业，以最大的购买量获得最优惠的价格；第三，几家旅行社联合，把一个时期内所需的某种旅游服务集中起来，统一投向经过精心挑选的一个或少数几个旅游供应企业。

集中采购的主要目的是为了获得低于零售价格的市场批发价，通过扩大采购批量，减少采购批次，从而降低采购价格和采购成本。例如，广州的广之旅旅行社联合其集团分布在全国各地的近20家旅行社对云南、西藏的地接服务中的景点、饭店、餐厅、公路交通等旅游服务采用集团采购招标。从50多家竞标单位中优选10多家签订合作协议，作为广之旅集团在当地的全年固定的团队接待单位。这一次集中采购带来的好处是广之旅的地接成本比往年同期下降了三成。在线路产品上体现为报价大幅降低，例如，云南双飞6日游，推出的价格为1980元，比上一年下降1000元。西藏双飞八日游的特价线路报价仅为2980元，同比下降了2500元。这极大地增强了这两条线路产品在市场中的竞争力（资料来源：http：// www.946. com. cn/ index.html）。

二、分散采购

分散采购也是旅行社采购活动中经常使用的一种采购策略。分散采购主要适用于两种情况。一种是旅游市场上供过于求十分严重的情况下，旅行社采取近期分散采购的策略。对于提供旅游服务的企业而言，旅行社的集中采购虽然数量大，但多为远期预订。而远期预订存在有旅游者的不确定因素，实际的采购量可能减少很多，产生较大的取消率。而近期采购的数量多是确切不变的数目。所谓近期分散采购，是指旅行社在旅游团队或旅游者即将抵达目的地时，利用旅游服务供应部门或企业无法在近期内通过其他渠道获得大量的购买者，而旅游服务又不能够加以储存或转移，迫切需要将其大量空闲的旅游服务项目售出以获得急需的现金收入的处境而采取的一团一购的采购方式。近期分散采购能尽量将采购的价格压低，以最小的代价获得所需的旅游服务供给。另一种是当旅游服务因旅游旺季的到来出现供不应求的情况时，旅行社无法从一个或少数几个旅游服务供应部门或企业获得其所需的大量旅游服务供应，为了降低市场采购的风险，旅行社应该采取分段购买、分散采购的采购策略。所谓分散采购，就是旅行社设法从许多同类型旅游服务供应部门或企业获得所需的旅游服务的一种采购方法。

三、建立采购协作网络

建立采购协作网络是旅行社在采购活动中采用的第三种策略。旅行社的采购协作网络是指旅行社和其他旅游企业以及与旅游相关的行业和部门之间，通过洽谈有关购买服务项目合作的内容、形式，并签订有关的经济合同或协议书，在明确双方的权利、义务以及违约责任等基础上，形成旅游市场中互利互惠的购销网络，从而保证旅行社所需旅游服务的供给。

旅行社为了达到保证供应和降低采购价格及采购成功的目的，应该通过与其他旅游服务的供应商建立友好且有效的关系，建立起广泛且相对稳定的协作网络，为企业建立一个宽松有效的资源环境。

旅行社在建立采购协作网络的过程中，必须坚持三个原则：

（一）建立覆盖面较广的协作网络

当一个地区存在大量的旅游服务供应部门和企业时，旅行社根据客源市场的需要、自身生产产品的种类和企业的经营实力，尽量同各种旅游服务供应部门和企业建立各层次的联系，设法获得它们的合作，建立广泛的协作网络。这样，旅行社就能够获得比较理想的供应渠道，保证旅行社能够以比较合理的价格采购到所需的旅游服务。

（二）在互利互惠的基础上长期合作

旅行社建立采购协作网络的目的是发展同相关部门和企业的长期合作关系。因此，旅行社在与这些部门或企业的交往过程中，必须坚持互利互惠的原则。旅行社不能只顾眼前利益而伤害对方的利益，也不可乘人之危，利用供应商的不利处境迫使其作出太多的让步。因为只有合作的双方都能够获得利益，这种合作关系才能够长期保持下去。

（三）加强公关活动建立良好的人际关系

旅行社的采购工作要靠本旅行社的采购人员与旅游服务供应部门或企业的销售人员及其他相关人员的通力合作才能够完成。因此，旅行社的有关部门领导和相关人员应该加强公关活动，设法与对方的相关领导和部门建立起良好的人际关系，使旅行社的采购协作网络能够不断加强和发展。

第三节　旅行社服务采购的程序

采购是旅行社经营过程中一个极其重要的环节。采购位于旅行社业务运作的中枢位置，因为采购业务连接内外，可谓是“牵一发而动全身”。采购的质量、数量、价格直接决定着旅行社的经营效果。以下介绍旅游服务采购的程序和方法。

一、交通服务采购

任何一个旅游产品的构成中，交通服务所占的比重最大。国内有不少的旅行社专门成立了票务中心，为旅游者代订、代办各种交通票据服务。旅行社的旅游交通服务采购业务主要包括航空、铁路、公路和水运交通服务采购。

（一）航空交通服务采购

航空交通服务采购是指旅行社根据旅游团队的旅行计划或散客旅游者的委托，为旅游者和旅游团队代购旅游途中所需的飞机票。采购航空交通服务，必须掌握有关航空交通服务的知识，包括航空公司使用的各种设施设备、提供的各种服务项目、各条线路的机票价格、国家关于民航运输的有关法律和规定及航空公司的各种相关规定等。在此基础上，旅行社采购人员才能够开展航空交通服务的采购。

飞机票是航空公司承诺为旅客提供航空交通运输及相应的行李运输服务的契约，是旅客乘机的凭证。航空公司同意按照飞机票上规定的条件向乘客提供航空交通服务，而乘客则以购买该航空公司飞机票的方式接受飞机票上所规定的各项条件。

机票分普通票（又称为标准机票，其有效期限为一年）、折扣票（以普通票为基准而打折的机票，依使用者的身份不同而有不同的折扣优惠）、特别票（航空公司在淡季或针对特定的航线、特定日期、人数，为鼓励度假旅行或基于其他原因所给出的机票优惠。如旅游票）。旅行社的交通服务采购中接触到旅游票的机会较多，所以需要了解可能包含的限制。旅游票一般会包含如下的限制：最低、最高停留天数的限制；使用季节及时间的限制；停留城市的限制；不可退票，如果退票要付退票费的限制。

飞机票上应该完整地记录飞行的路线、所付的金额、飞机票价格的构成以及各种相关的特殊要求和规定。因此，旅行社采购人员在购买飞机票时必须十分细致，应仔细检查飞机票上的各项内容。如果机票信息与使用者不符，机票往往会失效。任何看上去微不足道的马虎或失误，都可能给旅游者的旅行带来严重的麻烦，并可能给旅行社造成重大的经济和声誉损失。

航空交通服务采购分为两种形式，即定期航班飞机票的采购和旅游包机的预订。

1. 定期航班飞机票的采购

定期航班飞机票的采购业务包括飞机票的预订、购买、确认、退订与退购、补购与变更五项内容。

（1）飞机票预订

无论是团体还是散客旅游者，旅行社采购人员在预订其飞机票之前，必须了解两个方面的信息：旅游者方面的信息，有乘机人姓名，包括旅游者姓名的全称、同行人的有关信息、旅游者的联系电话、旅行目的地、日期、支付方式、特殊要求等；航空公司方面的信息，有飞行设施设备方面的信息、机票价格方面的信息等。

旅行社采购人员在掌握了所需全部信息后，向航空公司提出预订和购买飞机票的要求。预订时，旅行社采购人员将填好的“飞机票预订单”按照航空公司规定的日期传真或用网络发送至航空公司的售票处。然后，采购人员按照航空公司规定的时间，到航空公司的售票处购买飞机票。购票时，采购人员须持现金及乘机人的有效身份证件或旅行社出具的带有乘机人护照号码或身份证号的乘机人名单。现在航空公司已取消纸质机票而采用电子客票。在取票时领取到的是“电子客票行程单”，采购人员应认真核对机票上的乘机人姓名、航班、起飞时间、票价金额、前往目的地等内容。

（2）飞机票购买

根据旅行社的经营业务，旅行社采购的飞机票主要为团体机票和散客机票、国内段机票和国际段机票。

① 团体机票购买

团体旅游者机票的购票一般只开一张团体客票。具体事项如下：先与航空公司的票务部门取得联系，说明要乘坐的航线、出发的日期、舱位和乘客姓名，进行预订。团体旅游者可预订 1 个月内的航班座位，订座后至迟应在航班规定起飞日前 1 天 12 小时以前购票，否则所订座位不予保留。团体旅游者订座后自愿取消和变更，民航方面按下列办法收取退座位手续费：在航班规定起飞日 7 天以前提出，不收取费用；在航班规定起飞时间前 7 天以内、72 小时以前提出，每人收取票价 10%的退座手续费；在航班规定起飞时间前 72 小时至规定起飞日前 1 天中午 12 时前提出，或到此时限不购票，均收取票价 20%的退座手续费。

团体旅游者购票后自愿退票，民航方面按下列规定收取退票费：在航班规定起飞日 7 天以前，每人收取 4 元；在航班规定起飞时间前 7 天以内、72 小时以前，在航班规定起飞时间前 72 小时至规定起飞日前 12 小时以前提出退票的分别按票价 10%和 20%收取退票手续费；在航班规定起飞日前 12 小时以后至航班规定起飞时间前退票的，收取票价 50%的退票费。

团体旅游者误机，客票作废，票款不退。

② 国内客票

国内客票是指旅游者乘坐国内航班旅行的客票，普通票的有效期从开始旅行之次日（开始旅行的当天不算）起算，1 年之内有效。未使用的机票自填开客票之日起算，即填发之日起 1 年内有效。客票只限票上所列姓名的旅客本人使用，不得转让和涂改，否则，客票无效，票款不退。国内客票分为成人客票和儿童客票。成人客票的价格为全额价格，儿童客票的价格根据儿童年龄的不同按照成年人客票价格的一定比例计算。已满 2 周岁未满 12 周岁的儿童，按成人全票价的 50%付费；不满 2 周岁的婴儿，按成人全票价的 10%付费，但不得单独占一个座位。每位成人旅客只能有一个婴儿享受这种票价；年满 12 周岁的少年，按成人全票价付费。

③ 国际客票

国际客票包括国际间旅行的单程客票、来回程客票和联程客票，有效期均为 1 年。

国际客票同国内客票一样，也分为成人客票和儿童客票两种，客票价格的计算与国内客票相同。根据我国民航部门的规定，对每一个从中华人民共和国国际机场出境的国际旅客，收取机场建设费人民币 90 元；对持有外交护照的旅客，24 小时内过境的旅客，以及 12 周岁以下儿童，免收机场建设费。

（3）飞机票确认

有些旅游者事先已自行购买了飞机票，对于这类旅游者，旅行社提供的服务是为旅游者确认机位。

航空公司为确实掌握订位的情况，在航班起飞前 3 天进行订位清舱过滤作业。一方面是统计出这个航班载客的详细人数，另一方面是整理出尚有多少余额，是否可以补充旅客。

我国民航部门规定：在国内旅行中，凡持有订妥座位的联程或来回程飞机客票的旅游者，在联程或回程地点的停留时间超过 72 小时，须在该联程或回程航班飞机离站前 2 天的中午 12 时之前，办理座位再证实手续。否则，原订机座不予保留。在国际旅行中，已订妥续程或回程国际、地区航班座位的旅客，如在上机地点停留 72 小时以上，应最迟在班机起飞前 72 小时对所订座位予以再证实，否则所订座位将自动取消。如在续程或回程地点的停留时间在 72 小时以内，无需办理座位再证实。

（4）飞机票退订与退购

旅行社采购人员在为旅游团队或旅游者预订或购买飞机票后，有时会遇到因旅游计划变更造成旅游团队的人数减少或旅游团（者）取消旅行计划等情况。遇到此类情况时，采购人员应及时办理退订或退票手续，以减少损失。旅行社退订飞机票，一般按照旅行社事先同有关的航空公司达成的协议或口头谅解所规定的程序办理。

旅行社因为民航或者旅游者的原因，不能按飞机票中规定的条件完成任何航空运输时，为避免造成时间和经济的损失而进行退票。退购飞机票，则应按照民航部门的规定办理。根据我国民航部门的规定，在客票的有效期限内，旅客凭机票，限定在机票的出票站，航班的始发站及终止航行的航空站办理。旅客在客票上注明的航班飞机离站时间 24 小时以前申请退票，需支付原票款的 5%退票费；在航班飞机离站时间前 2 小时至离站时间前 24 小时以内申请退票，需支付原票款 10%的退票费；在航班飞机离站时间前 2 小时以内申请退票，需支付原票款 50%的退票费。

（5）补票与机票变更

在旅游过程中，因为各种原因，会发生机票丢失的情况。当这种情况发生后，旅行社采购人员应该立即协助旅游者处理这类问题，主要是挂失和补票。如果因为旅游行程发生变动，要求变更乘机日期、航班或更换乘机人时，都需要进行机票变更。则采购人员须在飞机起飞之前 48 小时提出变更申请。按照规定，每张机票只能变更一次。

2．旅游包机的预订

旅游包机是旅行社因无法满足旅游者乘坐正常航班抵达目的地的要求而采取的一种采购方法。这种情况多选择在旅游旺季的旅游热点地区或正常航班较少的地区。另外，旅行社在接待过程中发生误机事故后，也会采取包机的方式将旅游者尽快送达目的地。

（1）包机手续

凡需要包机的旅行社应事先与民航联系，填写包机申请书，说明任务的性质、旅游者的人数和身份、包用机型和架次、使用日期及航程等事项。

旅行社的包机申请经民航同意后，应签订包机合同。民航和包机的旅行社应严格履行合同所规定的各自应承担的责任。民航凭包机合同，按飞行架次填写客票，以此作为乘坐飞机的原始凭证。包机可乘坐的人数和可利用的载运量，应以包机合同上填写的座位数和吨位数为限。包机如有剩余座位和吨位，包机旅行社不得载运其他人员和货物；民航如需利用时，需征得包机旅行社同意。

（2）包机变更

包机合同签订后，如果包机的旅行社要求取消包机，需按规定交付退包费。包机的旅行社在提出变更或取消包机前，如民航已发生调机等费用，应由包机的旅行社承担。

（3）包机费用

按民航规定，包机费用根据包用机型的每公里费率和计费里程或包用机型的每小时费率和飞行时间计收。

（二）铁路交通服务采购

旅行社采购铁路交通服务的主要内容是各种火车票。近几年来，随着我国铁路运输发生巨大的变化，在一般情况下，火车票的采购已经不再是旅行社交通采购中突出的问题。

1. 火车票的有关客运规定

儿童乘火车时按照其身高购买相应的火车票，身高超过 1.5 米时，需购买全价票。身高在 1.2 米至 1.5 米之间的，可随同成年人购买车次相同的半价客票，但其行程不得超过随同的成年人的到站。每位成年旅客可免费携带一名身高在 1.2 米以下的儿童。超过一名时，超过的人数应购买儿童票。身高不足 1.1 米的儿童占用卧铺时，要买全价卧铺票。

2. 火车票采购业务

旅行社火车票的采购业务主要是火车票的预订与购买、退票。

（1）火车票预订与购买

旅行社采购人员在采购铁路交通服务时应首先向铁路售票处提出预订计划，包括订购乘车人的姓名和身份证号（因为购买火车票实行了实名制，乘客在购买火车票时需要登记、核查个人的真实姓名和身份）、火车票的数量、种类、抵达车站名称、车次等，然后采购人员到售票处购票。

（2）退票

旅游者的旅行计划变更或取消时，旅行社采购人员应根据铁路部门的下列规定办理退票手续。

① 火车票可以在全国各火车站办理通退或通签。对开车前 15 天（不含）以上退票的，不收取退票费。票面乘车站开车前 48 小时以上的，退票时收取票价 5%的退票费；开车 24 小时以上，不足 48 小时的，退票时收取票价 10%的退票费；不足 24 小时的，退票时收取票价 20%的退票费。

② 开始旅行后一般不能退票。但旅游者如因伤、病不能继续旅行时，或其同行人生病，在客票有效期间内，凭医疗单位证明或经车站证实后，可办理退票

手续。旅游者在始发站的，退还全部车票票价款；在中途站的，退还已收票价同已乘区间车票票价的差额。

由于铁路责任致使旅客退票时，旅行社采购人员应按下列规定办理，并免收退票费。

① 在始发站，列车开车前，按票价全额退还，但最迟在开车后2小时以内办理。

② 在中途站，退还已收票价与已乘（已使用）区间票价差额，已乘区间不足起码里程时退还全部票款，未乘（未使用）区间不足起码里程时，按起码里程计算。

（三）公路交通服务采购

在我国沿海经济发达地区，旅行社采购公路交通服务主要是用于市内游览和近距离旅游目的地之间的旅行。而在内陆航空交通服务和铁路交通服务欠发达的地区，公路交通服务则是主要的旅游交通方式。旅行社采购人员在采购公路交通服务时，除了价格之外，应对旅游用车单位的一些情况做必要的了解，这些情况是：所拥有的车辆数目、车型、车况，驾驶员的技术水平和服务规范，在旅行社游览线路所覆盖的范围内汽车公司是否获得准运资格，租车的费用以及公司的管理状况等。在综合了解上述情况并经过谈判后，才可以同用车单位签订用车协议。

旅行社采购人员在每次接到旅游者或旅游团队用车计划之后，应根据旅游者的人数及收费标准向提供公路交通服务的汽车公司提出用车要求，约定行程中过路过桥费、停车费由谁支付，并向汽车公司通报旅游者或旅游团队的旅游活动日程，以便使汽车公司在车型、驾驶员配备等方面做好准备。为了避免差错，采购人员应在旅游者或旅游团队抵达前的2～3天内，再次与汽车公司联系，核实车辆落实情况，并将所用汽车的车型、驾驶员的姓名等情况通报旅行社的接待部门。

（四）水运交通服务

旅行社采购人员在采购水运交通服务时，应根据旅游者或旅游团队的旅行计划和要求，向邮轮公司等水运交通部门预订船票，并将填写好的船票订票单在规定日期内利用网络发送至船票预订处。采购人员在取票时，应根据旅行计划逐项核对船票的日期、离港时间、航次、航向、乘客名单、船票数量及船票金额等内容。购票后，如因旅行计划变更造成乘船人数增加、减少、旅行计划取消等情况时，采购人员应及时办理增购、减购或退票手续，保证旅游者能够按计划乘船，同时减少旅行社的经济损失。

二、住宿服务采购

旅游住宿服务的费用在旅行社产品总费用中位居第二，住宿服务是旅行社采购中又一重要内容。旅行社能否兑现自己的承诺，采购到使旅游者满意的住宿服务，将直接影响到旅行社产品的质量。住宿服务的采购业务主要包括选择住宿服务设施、选择预订渠道、确定客房租住价格和办理住宿服务预订手续四项内容。

（一）住宿服务设施的选择

选择住宿服务设施的主要目的是为了给一路奔波疲劳的旅游者提供舒适的休息场所。旅行社的采购人员要为旅游者采购到良好的住宿服务，保障其在旅游的过程中得到良好的休息，以充沛的精力进行游览观光。旅行社采购人员要严格考察宾馆、饭店、旅馆等住宿服务设施，并从中遴选出一批质量好、价格公道、愿意为旅游者提供优质服务的住宿服务单位与之建立长久、稳定的合作关系，以便能够确保旅游者在旅游过程中的住宿需要。旅行社采购人员应该从饭店位置、饭店的市场定位、饭店设备条件、饭店营造出的氛围和所提供的服务等方面考察住宿服务设施。

1. 饭店位置

饭店的位置是指饭店距机场、车站的距离，周围的环境，距风景区和商业中心的远近等。对于采购旅行社来说，饭店所处的位置有这样两方面的意义：所处地段不同，饭店的价格往往大不一样，即使同属一个档次、一个星级；不同类型旅游者对于饭店的位置有着不同的要求和偏好（例如，喜欢购物的旅游者，偏好于坐落于商业中心附近的饭店；商务旅游者喜爱下榻在市中心的饭店）。饭店的采购必须兼顾房价和旅游者的喜好。

2. 市场定位

在卖方市场下，许多饭店都有自己的经营定位。有的以接待散客为主，有的主要接待商务客人。采购人员在采购住宿服务时，应该针对不同旅游者的住宿要求做到有针对性地采购。必须考虑将要采购的饭店所接待的对象主要是哪一类旅游者，是以散客旅游者为主，还是以会议旅游者为主，或者是以旅游团队为主等。

3. 饭店设备

饭店的设施设备情况是旅行社采购人员需要考虑的问题。采购时首先要考虑客房的状况，是否宽敞舒适、清洁卫生；还要考虑饭店配备各具特色的餐厅、康乐设施、会议室、商务中心、多功能厅、宴会厅等的状况。

4. 饭店氛围

旅游者下榻到饭店后能确切地感受到饭店的氛围。选择饭店时要注重装修设计与周围环境的协调，包括店内各处布置的不同格调、不同档次的壁画、艺术品，室内外的绿化设计，乃至服务人员的着装都可以成为旅游者的观赏对象。所以饭店的氛围也是采购时需要考虑的因素。

5. 服务水平

饭店的服务水平和整个产品质量密切关联。采购饭店服务时要关注饭店的服务人员是否训练有素、端庄大方、懂得礼仪、恭敬待客。良好的服务能让旅游者产生宾至如归的感受。饭店的安全保卫工作要加以重点考查，因为旅游者出门在外，安全是第一位的。饭店还需要提供良好的行李服务，才能有助于旅游团队的入住。

6. 泊车场地

对于团队旅游来说，采购时一定要考查饭店是否拥有一定面积的泊车场地。因为团队旅游者多乘用大型旅行客车。饭店拥有较大面积的停车场能为旅游者的出入提供方便。

（二）饭店预订渠道的选择

旅行社主要通过组团社、饭店预订中心和地方接待社三个渠道预订饭店。

1. 直接预订

直接预订或称自订，它是指组团社直接向旅游目的地饭店提出预订要求，因此也叫组团社预订。组团社直接订房时，一般用面谈、传真、网络的方式向饭店提出订房要求。

2. 代订

代订就是组团社委托旅游目的地的地接社预订饭店，所以也叫委托预订。

3. 委托饭店预订中心预订

一些知名的国际连锁饭店，拥有一个共享的客房预订中心。旅行社采购这类饭店，就可以采取向预订中心预订的方法。如香格里拉、希尔顿、喜来登等都有饭店预订中心。

任何一种预订渠道都有它的优点，也有它的缺点。在选择预订时，组团社必须分析自己的长处、短处，做到扬长避短，选择最恰当的渠道进行预订，从而把双赢和利润最大化完美地结合在一起。

阅读材料 4-1　如何减少“No Show”造成的损失

经常遇到在客房供应紧张的时候，已经预订的某批客人却没有来，使酒店当日的出租率和经营收入受到不同程度的影响，这种情况叫“No Show”。对“No Show”现象实施控制，也是收益管理的重要内容之一。

一般来讲，因不可控因素造成的“No Show”，酒店得不到赔偿。除此以外的其他原因造成的“No Show”，买方都应向酒店赔偿。但是，由于酒店市场长期处于买方市场，作为卖方的酒店在竞争中被迫放弃了应有的权利。使得“No Show”带有的损失有增无减。实际上，酒店通过自身的努力，可以使“No Show”情况出现降到最低，损失也减少到最小。

1. 团队“No Show”

团队“No Show”与旅行社有直接关系，可以做以下预防：

（1）要求旅行社在团队抵达前 15 天给酒店发接待计划，计划逾期未到，视为该团预订自动取消。

（2）团队抵达前 5～7 天应与旅行社再确认核对预订。

（3）团队抵达当天，销售人员应随时掌握团队的入住情况，并及时与旅行社联系，询问未到团队及人数的动向。

（4）在旺季，尤其是几个国家法定 7 天假日期间。对国内旅行团的预订，要求旅行社交纳足额订金，以防虚占客房。

（5）对“No Show”情况登记和分析，划出旅行社预订信誉等级，以使今后接受预订时掌握主动。

2. 散客“No Show”

对散客“No Show”可采取以下措施：

（1）接受预订时，必须了解相关信息，如预订人的姓名、联系方式、入住客人的姓名、联系方式、预订抵达时间等。

（2）声明并坚持没有确切入住时间的预订只保留至当日 18：00，逾期不到视为自动取消。

（3）视情况收取一定比例的订金。如在抵达当日才通知预订取消的，预付款应视为赔偿金来处理。

（4）建立预订信誉等级，使预订信誉等级与订金款额挂钩。

（刘伟. 前厅与客房管理. 北京：高等教育出版社，2007：27～28）

（三）客房价格的确定

饭店客房的租住价格是采购住宿服务必须考虑的因素，客房的租住价格种类很多，常见的有门市价格、团体价格、协商价格、净价格等。采购人员熟悉这些价格的内涵，根据旅游者的要求、旅行社与饭店的协作关系、当地旅游服务市场上住宿的供求情况、团队的人数及入住的时间、将要采购的饭店给予同行的价位等。以便与饭店进行“知己知彼”的谈判，只有这样，才能获得主动权，拿到理想的优惠价格。

（四）饭店客房预订程序

1. 提出租房申请

旅行社可以通过面谈、传真、网络等方式将租房申请提交给饭店的预订部门，如销售部或市场部、营销部等。申请时，旅行社的采购人员应提供下列信息：

（1）旅行社名称、所需客房数量和类型、抵达日期及时间、所乘航班或车次、离店退房时间、结算方式。

（2）旅游者国籍（海外旅游者）或居住地（国内旅游者）、旅游者姓名或旅游团队代号、旅游者性别、夫妇人数、随行儿童人数及年龄。

（3）旅游者的特殊要求，如楼层、客房朝向等。

（4）预订人的姓名、单位或地址。

旅行社一般采用电话或网络邮件的形式向饭店提出租房申请。饭店在接到旅行社租房申请的传真或网络邮件后，负责预订的人员按宾客的订房要求填写订房单。通常还会向旅行社发出确认传真或网络邮件。得到宾客的订房确认后，饭店会提供确认号码，即旅行社的预订号码（这意味着饭店保证在特定的日期内向旅行社提供住宿服务）。旅行社导游人员凭确认传真或预订号码带领团队入住饭店。

2. 缴纳预订金

每个饭店都有关于预订金缴纳的时间、预订金缴纳的比例、取消预订的退款比例等事项的规定。旅行社和饭店也有这方面的协议。采购人员必须熟悉这些规定协议。如果旅行社未能按规定协议执行，则饭店有权取消预订。

3. 办理入住手续

旅游团在预定时间抵达饭店后，通常由地陪凭旅游团的团号或饭店的确认传真等办理旅游团队的入住手续。

三、其他旅游服务采购

（一）餐饮服务采购

餐饮服务是指为了满足旅游者在旅游过程中对餐饮方面的需求，旅行社所进行的相应的饮食服务方面的采购。

旅行社采购人员在采购餐饮服务时要考虑许多因素。如餐馆、酒楼所在的位置，靠近主要参观游览点或住宿的地点为佳。如泊车的车位，旅行团队总是乘用旅游大巴出入，餐馆、酒楼最好有自己的停车场地。如餐馆、酒楼有风味特色，虽说旅游者来自五湖四海，而且众人的口味不尽相同，但所采购的餐饮服务所擅长的风味特色要与旅行社主要客源地人们的饮食习惯相一致。总之安排旅游者到饮食安全卫生、服务规范热情、价格合理公道、饭菜美味可口的餐馆、酒楼就餐。

目前旅行社多采用定点采购的方式来采购餐饮服务。定点采购是旅行社首先将餐馆、酒楼进行了初步筛选，然后对选中的几家餐饮设施进行实地考查后，与被选择的餐馆、酒店进行商谈，就有关旅游者就餐、各类旅游者和旅游团队的就餐标准、付款方式、合同的期限等进行磋商并达成协议。在合同期间，这些餐馆、酒楼将作为旅行社的定点餐厅，旅行社负责安排旅游团前去用餐。定点餐厅按合同规定及旅游团的就餐标准向旅游者提供相应的餐饮服务。

以下是旅行社与餐饮部门所签的协议合同，主要包括八个方面的内容：

关于旅游团（者）用餐协议书

旅行社（以下简称甲方）与____________餐馆（以下简称乙方）就旅游团（者）用餐事宜经双方友好协商，达成如下协议：

1. 旅游者便餐用餐标准。

标准等：10人以上_______元/人；
6～9人________元/人；
2～5人________元/人；
1人________元/人；

豪华等：10人以上_______元/人；
6～9人________元/人；
2～5人_______元/人；
1人________元/人；

乙方需保证旅游者够吃，如菜不够吃，添菜不再另收费。

2. 旅游者用餐标准。

最低标准：_________元/人（酒水在外）。

3. 陪同、司机用餐标准。

地陪、司机：_______元/人（便餐）；_______元/人（风味）。

全陪：旅游者一同用餐，按旅游者标准计付；

与地陪一同用餐，按地陪标准计付。

4. 酒水。

便餐酒水提供啤酒_______元/瓶；
可乐_______元/瓶；
汽水_______元/瓶；
矿泉水_____元/瓶。

除上述饮料外，饮用其他酒水的费用旅游者现付。风味餐的酒水，除上述饮料外可提供红、白葡萄酒及中档白酒（不提供茅台）。

5. 结账。

甲方陪同以餐饮结算单向乙方结算每餐费用。

甲方财务人员凭陪同填写的结算单核对发票向乙方结账付款。

6. 报损。

两小时前退餐，不收损失费；

两小时内退餐，收取50%费用。

订餐后未去用餐，收取100%费用（饮料不计）。

7. 本协议书有效期自____年____月____日至____年____月____日止。

8. 本协议书正式文本一式二份，甲、乙双方各执一份，签字或盖章后生效。

甲方：________旅行社（盖章）　　　　　　乙方：________餐馆（盖章）

_____年_____月_____日　　　　　　　　_____年_____月_____日

（崔卫华. 现代旅行社实务. 沈阳：辽宁科学出版社，2000：58～59）

（二）游览景点和参观单位服务采购

游览和参观是旅游者出游的主要目的。如果参观游览的需求得不到满足，其他的服务做得再好都将于事无补。因而游览景点和参观单位服务的采购工作，是旅游服务采购工作的重中之重，只有在保证旅游者的参观游览活动顺利进行的前提下，才会有旅游者的“乘兴而来，满意而归”。

旅行社采购人员对本地区的游览景点和参观单位服务采购主要依据旅行社与旅游者所签的合同中所列出的旅游项目而展开。当地著名的景点一定要保证采购，辅助性的景点进行考察和比较后进行筛选，并根据不同景点和单位的特点展开相应的公共活动。分别同这些景点、单位进行洽谈协商，对价格和支付方式等关键性问题达成协议。保证旅游者的正常游览参观。如有可能，旅行社应在双方自愿的基础上，同它们建立互惠的长期合作协议，争取获得价格上的优惠。

特别是像九寨沟这类限制每天的入园人数来保护环境的风景区，更需要加强与游览单位的联系，以保证旅行社所组织的旅游团队当天能进入风景区游览。

（三）娱乐服务采购

娱乐是旅游活动六要素之一。组织好旅游者游览之余的娱乐活动，不仅能满足旅游者的这方面的需求，提高其对旅行社接待工作的满意程度，还给旅游目的地的人们创造了就业机会和增加了经济收入。采购娱乐服务时旅行社要对当地的娱乐场所进行调查，考察其是否涉及毒、赌、黄等政府严格禁止的项目，还要考虑价格及规模。选出有地方特色和民族特色的项目，并与相应的单位进行磋商就预订票以及演出内容、日期、演出时间、票价、支付方式等达成协议。

（四）异地接待服务采购

旅行社向旅游者销售的旅游线路，通常有一至多个旅游目的地。组团社为了使旅游计划顺利实施，需要向旅游目的地旅行社采购接待服务。在当地从事接待服务的旅行社，在行业内通常称之为地接社。可以说旅游产品的质量在很大程度上取决于地接社的接待质量，因为地接社所提供的服务往往不是某个单项，而是一项综合服务。它除导游服务外，常常包括当地的住宿服务、餐饮服务、旅游交通服务等。如有不慎，组团社可能因地接社的原因被牵连遭受旅游者投诉。因此，选择高质量的接待旅行社，是采购到优质接待服务的关键。

1. 合作意愿

选择地接社时首先考虑的因素是对方旅行社是否具有合作的意愿。组团社与地接社两者之间能在追求长期的最大经济效益和双方共赢方面达成共识，就构筑了两社合作的坚实基础。即便是对方处在成长阶段，开始还不能出色地完成接待任务，但具有发展的潜力和合作的诚意也可以考虑作为合作伙伴。

2. 诚信

地接社作为提供接待服务的合作伙伴，要具备良好的信誉。应当有可偿付能力和履行合同的信誉。一旦与组团社达成了合作协议，就必须不折不扣执行接待协议，向旅游者提供优良的接待服务。

3. 较强的接待能力

地接社必须具有一定的业务量。业务量的大小是一个旅行社的接待能力的具体体现。除此之外，还要考查这家旅行社的出票能力、提供特殊服务的能力以及在职导游的数量和文化素质。具备接待能力的地接社，能够采购到组团社委托其采购的各项旅游服务，并提供优质的导游服务。

4. 报价合理

“双赢”是地接社和组团社长期合作的基础，合理的报价关系到旅行社产品在旅游市场上的竞争力，关系到组团社的收益，因而是组团社物色地接社的最重要因素之一。地接社的报价要以市场为依据，不能超过组团社的承受能力。当然，也不是报价越低越好，组团社不仅要关心报价，还要关心报价中包含的服务项目。所接受的地接社报价以提供的服务保证组团社的信誉不受损害为原则。

第四节　旅行社旅游服务采购管理

旅行社旅游服务采购管理应注意以下几个方面。

一、建立广泛的采购协作网络

既然旅行社产品的构成大部分来自其他企业或部门，为了达到保证旅行社产品供应的目的，旅行社就应该和有关的旅游服务供应企业，如饭店、餐馆、航空公司、火车站等建立广泛的相对稳定的协作关系。当旅游服务供不应求时，协作网越广泛，旅行社取得这些紧缺服务的能力就越强；供过于求时，采购工作的重点是转向取得优惠的价格，而这也同样需要有一个广泛的协作网络才能获取更多信息以达到目的。旅行社要建立和维持广泛的协作网络，一是协作网络覆盖面要宽，只有这样才能够获得比较理想的供应渠道，保障旅行社以较为理想的价格获取所需要的旅游服务；二要善于运用经济规律，与协作企业建立起互惠互利的协作关系；三要善于开展公关工作，促使企业领导人之间及有关购销人员之间建立起良好的人际关系，以巩固和发展采购协作网络。

二、正确处理保证供应和降低成本的关系

保证供应和降低成本是旅行社采购工作中同等重要的两大任务，但在实际工作中是始终存在的一对矛盾。保证供应与降低成本这对矛盾的主次地位，会随着旅游市场环境的改变而不断发生变化。旅行社要视不同情况在这两者之间选择不同的重点，或者说采取不同的策略，处理好保证供应和降低成本之间的关系。

当某种旅游服务供不应求时，哪家旅行社能获得它，就能在市场上具有更强的竞争力。例如，当航空运力不足、机票十分紧张时，许多旅行社都无法采购到足够的机票。如果哪家旅行社能够得到比别家更多的机票，它就可以接待更多的旅游者，安排更多的团队，从而获得更多的利润。在此情况下，为了获得紧缺的服务，即使比别人支付更高的价格也是值得的。也就是说某些服务在旅游供应市场上出现一时性短缺时，旅行社采购工作应该以保证供应作为主要的采购策略，而降低成本则成为次要的方面。反之，某种服务出现供过于求时，保证供应已经不成问题，旅行社可利用旅游服务产品不可转移和不可贮存的特点，致力于尽量压低价格，设法获得更多的优惠待遇。通过降低成本来增加自己的竞争力和获得更多的利润。也就是说，在供应充足时，应该以降低成本作为主要的采购策略。通过淡季的低价采购，降低旅行社全年的营业成本弥补在旅游旺季为确保供应付出的较高采购价格所带来的损失，从而增加旅行社的经营利润。

三、正确处理集中采购与分散采购的关系

旅行社是旅游中介组织而不是旅游消费者，只是把旅游者的需求集中起来向旅游服务供应企业采购，这是典型的批量采购行为。按照商业惯例，特别是在买方市场的条件下，批发价格应低于零售价格，而且批发量越大，价格也就越低。因此旅行社应集中自己的购买力以增强采购时还价能力。所谓集中购买有两个方面的含义：一是把本旅行社各部门和全体销售人员接到的全部订单集中起来，通过一个渠道对外采购；二是把集中起来的订单投向精心挑选的某一家或尽可能少的几家旅游服务供应商进行采购，用最大的购买力获得最优惠的价格和供应条件。

分散采购也是旅行社在采购旅游服务时常常使用的一种采购策略。在供不应求的情况下，分散采购可能更容易获得旅游者所需的服务。另一方面，在供过于求十分严重的情况下，分散采购又反而能够得到便宜的价格。这是因为集中采购数量虽大，但中远期预订较多，而中远期预订具有较大的不确定性。供应商会对买方计划的可靠性缺乏信心，也就不愿意以低价出售。

例如，当旅行社和供应单位谈判第二年的采购合同时，旅行社可能提出一个很大的采购计划，但到了来年，可能由于种种原因使实际采购量比计划采购量减少很多。也就是说，计划量大，取消率可能也高，卖方会对中远期预订缺乏信心，因而所给出的价格折扣也是有限的。反之，分散采购多是近期预订，预订时旅行社一般已有确定的客源，卖方迫于供过于求的压力，常常愿意以低价出售。对于这个问题，旅行社可以采取两种策略：一是和卖方商定适当的数量折扣，采用这种办法后，不论今后的实际采购量如何，对买卖双方都有利；二是当旅游旺季来临时，为获取所需的旅游服务供应，采用分散采购的策略。如果旅行社判定来年将出现严重的供过于求，也可以用分散采购的策略，用近期预订的办法获得优惠的价格。但是，不论买方采取集中还是分散的采购策略，旅行社都应该把内部的购买力集中起来统一对外。

四、正确处理预订和退订的关系

旅行社产品的销售是一种预约性的交易。与其他商品不同，旅游者只有在购买了该种旅游产品之后，随旅游团前往目的地实地消费，才能实现价值与使用价值之间的转换。而在这样一个时间差里，由于旅游团（者）自身的原因或其他一些人为或非人为的因素而导致取消原来预订的旅游线路。同时，旅游产品的销售具有预约性的特点，所以旅行社一般在年底根据其制定的计划采购量与旅游服务供应企业洽谈来年的业务合作事宜。计划采购量一般是由旅行社参照前几年的实际客流量，并根据来年的市场预测来确定的。如果出现实际的需求量小于订购量时，旅行社就要退订；当实际的需要量大于订购量，要增订。在实际经营过程中，旅游者个人因一些不确定的因素，取消其旅游计划。由于旅游行业目前法规尚不健全，旅游从业人员的法律意识不强，旅游客源地的旅行社因各种原因和理由要求临时增加或取消旅游计划的现象屡见不鲜。出现临时增加旅游计划或临时取消旅游计划，旅行社就必须向有关的旅游服务供应部门或企业提出临时增订或退订旅游服务项目的要求。而临时的增订或退订有时间限制的，因为临时的增订或退订会给这些相应的企业或部门造成一定的压力或产生一定的经济损失。当增订或退订超过一定的时间限制需支付一定的罚款，有时罚款额高达售价的 100%。因此买卖双方的增、退要求截然相反，这就要求双方通过协商，达成一致意见。双方协商的结果一般受市场供求状况和旅行社采购信誉的影响。

五、加强对采购合同的管理

旅行社为购买各种旅游服务项目而与旅游企业或相关部门订立各种购买契约即签订旅游服务采购合同。采购合同的条款构成了采购合同的内容，应当在力求具体明确、便于执行、避免发生纠纷的前提下，具备以下主要条款：所采购的服务项目的品种、质量和数量、价格和付款办法、合同期限、违约责任。旅游服务采购就是在适当的时候以适当的价格从相关部门买回所需的旅游服务的活动，主要围绕“价”“质”“量”“地”“时”等基本要素来展开工作。旅行社的采购不同于一般企事业的“一手钱、一手货”的采购。旅行社是以一定的价格向其他旅游企业及与旅游业相关的其他行业和部门购买相关的服务行为，是一种预约性的批发交易，是一次谈判多次成交的业务，谈判和成交之间既有时间间隔又有数量差距。这种旅游采购特点决定了旅行社同采购企业或部门签订经济合同显得更为重要，以避免和正确处理可能发生的各种纠纷。但是，由于目前旅游业竞争激烈，加之我国的法制还不够健全，旅行社一般没有相对固定的采购协作网络，因此较少使用采购合同，或者是使用了不完善的合同，这是购买双方经济纠纷不断产生的一个重要原因。随着我国旅游业的不断发展，旅行社与其他旅游企业都应积极推行合同制，以利于我国旅游业走上更加健康发展的道路。

思考与练习

1. 何谓旅行社旅游服务采购？
2. 旅游服务采购的基本原则是什么？
3. 旅行社应采用怎样的服务采购策略？
4. 为什么要建立采购协作网络？
5. 简述住宿服务的采购的程序。
6. 结合实例说明旅游服务采购与旅游产品开发的关系。
7. 怎样有效地进行旅行社旅游服务采购管理？

第五章　旅行社的营销管理

本章提要

旅行社的营销需考虑营销组合的4个可控因素：产品、价格、销售渠道和促销，它们是营销管理的核心。根据不断变化的市场需求调整产品的结构、数量和质量，进行适当的定价既满足旅游者的需求又达到自身的获利目标，选择恰当的促销方式及销售渠道将产品介绍给旅游者，并使其找到方便的途径最终将消费意图转换为购买行为。旅行社建设和管理好自己的营销渠道，可以有利于旅行社品牌建立，可以利用自己的独享渠道获得竞争优势，可以减少中间环节而降低产品成本，使旅行社在竞争中处于有利的地位。

第一节　旅行社市场的细分

市场竞争越来越激烈的今天，任何一家旅行社既没有精力，也没有足够的实力面向整个旅游市场，全方位满足旅游者的所有需求。这就要求企业选择好自己的目标市场，并从中选择一个或几个细分市场作为本企业的营销对象，并根据目标市场的细分确定与之相适应的产品及其市场开拓策略和市场营销组合。市场细分对旅行社开展营销活动、提高综合竞争能力有着十分重要的作用。科学合理的市场细分，有助于旅行社了解整个旅游市场及每一个细分市场的情况，从而发现新的市场机会，制定适当的市场营销策略，更好地满足旅游者的需要，使旅行社能更加合理地使用人力、物力、财力资源，增强竞争能力，提高营销效益。

一、旅行社市场细分的定义

市场细分是20世纪50年代中期美国市场学家温德尔（Smith Wendell）在总结了企业界市场营销的实践经验后提出的一个新概念。半个多世纪来，市场细分一直是西方营销学术界与实业界关注的热点问题。营销大师科特勒曾说过，现代战略营销的中心，可定义为STP市场营销——就是市场细分、目标市场和市场定位。

旅行社市场细分是按照旅游者在市场需求、购买动机、购买行为和购买能力方面的差异，运用系统方法将整个市场划分为几个不同的消费者群（子市场），然后选择合适的子市场作为旅行社经营服务的目标市场的过程。

二、旅行社市场细分的原则

旅行社在进行市场细分时，可根据单一因素，亦可根据多个因素对市场进行细分。选用的细分标准越多，相应的子市场也就越多，每一子市场的容量相应就越小。相反，选用的细分标准越少，子市场就越少，每一子市场的容量则相对较大。旅行社市场细分必须遵循以下几条原则：

（一）可衡量性

可衡量性是指细分的市场是可以识别和衡量的，亦即细分出来的市场不仅范围明确，而且对其容量大小也能大致作出判断，旅行社据此制定出相应的营销策略。

（二）可进入性

可进入性是指细分出来的市场应是旅行社营销活动能够抵达的，亦即旅行社通过努力能够使旅游产品进入并对旅游者施加影响的市场。一方面，有关旅游产品的信息能够通过一定媒体顺利传递给该细分市场的大多数旅游者；另一方面，旅行社在一定时期内有可能将产品通过一定的分销渠道运送到该细分市场。否则，该细分市场的价值就不大。

（三）有效性

有效性即指细分出来的市场，其容量或规模要大到足以使旅行社获利。进行市场细分时，旅行社必须考虑细分市场上旅游者的数量，以及他们的购买能力和购买旅游产品的频率。如果细分市场的规模过小，市场容量太小，细分工作繁琐，成本耗费大，获利小，就不值得去细分。

（四）差异性

差异性是指各细分市场的旅游者对同一市场营销组合方案会有差异性反应，或者说对营销组合方案的变动，不同细分市场会有不同的反应。旅行社针对此分别制定出独立的营销方案。

三、旅行社市场细分的程序

美国市场学家麦卡锡提出细分市场的一整套程序，这一程序包括七个步骤，可以引入到旅行社的旅游市场细分中。

（一）选定旅行社经营的旅游产品的市场范围

旅游产品市场范围应以旅游者的需求，而不是旅游产品本身特性来确定。旅行社必须在旅游营销调研的基础上，根据旅游市场的需求情况，并结合自身的资源条件和经营能力，选择适合自己经营的市场范围。

（二）列举潜在旅游者的基本需求

在选择好旅游市场范围后，旅行社在进行大量充分的市场调研基础上，充分了解旅游市场范围内现实和潜在旅游者的目前需求和潜在需求，并列举出潜在旅游者的基本需求，为旅游市场的进一步细分提供可靠的依据。

（三）了解不同潜在旅游者的不同要求

对于列举出来的基本需求，不同旅游者强调的侧重点可能会存在差异。通过差异比较，不同的旅游者群体即可初步被识别出来。

（四）抽掉潜在旅游者的共同要求，以特殊需求作为细分标准

细分的各个市场，有着不同的需求因素，旅行社首先应找出各个细分市场都具有的共同需求因素，确定需求因素的重要程度，删除那些对旅游市场细分影响不大的共同因素。

（五）划分为不同的群体或子市场

根据潜在旅游者基本需求上的差异，将其划分为不同的群体或子市场，并赋予每一子市场一定的名称。例如，老年旅游市场、青年旅游市场等，并据此采用不同的营销策略。

（六）进一步分析细分市场需求与购买行为特点

进一步分析每一细分市场需求与购买行为特点，并分析其原因，以便在此基础上决定是否可以对这些细分出来的市场进行合并，或作进一步细分。

（七）估计每一细分市场的规模

即在调查基础上，估计每一细分市场的旅游者数量、购买情况，并对细分市

场上旅游产品的竞争状况及发展趋势作出分析，最终确定旅行社的目标市场。

阅读材料 5-1 旅游市场细分

现在的旅游市场可谓五花八门，旅行社为了招徕游客，常常会通过各种方式出奇制胜，游客细分也许是今后旅行社努力的方向。

现在已经不是“一招鲜，吃遍天”的时代了，竞争达到白热化地步的旅游业自然也不例外。进行市场细分、针对不同消费者推出量身定做的旅游产品与服务成为各大旅行社的基本功，只是不同旅行社在产品设计时的切入点不同，力求使自己精心打造的产品具有卓尔不群的魅力。

比如在九九重阳节，为使老年朋友们开怀一笑，许多旅行社抓住这一良机，在老人的身上下功夫，推出了系列老人团。这些团队的特色重在适合老年人的特点，配有队医，行程安排缓慢等。那么，对于年轻人会不会也有这样的待遇呢?

比如已推出的分团行的概念，就是把前来报名的游客按照年龄进行分类。游客在报名时，不光需要选择出团日期，还可选择出团的类别，比如年轻人参加“非常男女团”、带孩子的三口之家可参加“快乐家庭团”等。这样的分类，在出境游、澳洲游、日本游和韩国游中都有体现。据介绍，推出分团行后，反映非常好，各条线路中最先报满的都是这几个团，这样区分后游客在旅游中的兴趣爱好大致一样，可以避免许多不必要的麻烦。比如“非常男女团”的节奏会较快，行程安排较满，而老人团可能就会舒缓一些，这样一来，有些行程无法避免的麻烦就解决了。例如，年轻人想多爬爬山、游游泳，老年人可能就会觉得在耽误时间，而分团以后，这样的问题就不存在了。

一些旅行社在市场细分方面的策略则是从线路设计开始便针对不同的消费群体进行产品设计，围绕特定的目标客户推出各具特色的旅游产品和服务，使行程安排更具有针对性，便于游客“直奔主题”，实现“适合的便是最好的”的理念。

比如寒暑假针对孩子的夏令营、冬令营便是这一想法的初期体现。目前在旅游市场上流行的丽人行、太太行等，则是针对女性客源而制定的线路。这种线路设计的分类对于大多数年轻人来说，要享受这样的待遇，机会并不是很多，婚礼团也许是最适合年轻人的了。旅行社喜欢在婚礼上大做文章，或是到美丽浪漫的海边度假，或是组织大型活动，为新人留下终生的纪念。而对于爱玩的人，自助旅游应该是最好的选择，出境游由于签证上的限制不太容易实现。国内旅游的优势就显现出来了，旅行社此时最大的作用就是帮助游客购买最实惠的机票和预订优惠酒店，这种功能在网上实现的可能性也非常大。

记者从旅行社得到的最多的信息则是，游客细分当属旅行社今后的发展趋势，但就目前来说由于操作上的可行性，也许这样的细分工作还有待考虑，只有节假日时可操作性较强，因为分团行对旅行社来说最基本的要求就是要有充足的客源。

（李丽，范智军. 旅游学概论. 广州：广东经济出版社，2007：165～166）

第二节 旅行社目标市场的选择

在市场营销活动中，任何企业都要选定目标市场。这是由于市场上消费者的需要是多种多样的，即使同类产品，因消费者的收入水平、生活方式的不同也有差异，企业从事市场营销活动首先碰到的是市场上消费者对产品的需要，谁是购买者，他们的爱好与消费行为特点是什么？以便选择对某种产品需要的消费者或用户作为自己的经营对象。选择和确定旅游目标市场，是旅行社制定旅游营销策略的基本出发点。

一、旅行社目标市场的定义

旅行社目标市场是指在旅游市场细分的基础上，为满足现实或潜在旅游者的需求，依据旅行社自身的经营条件而选定或开拓的特定需要的市场。

从旅游需求的角度来看，旅行社要获得最佳经济效益，就必须把满足旅游者的需求放在首位。只有充分满足旅游者的各种需要，旅行社才能生存与发展。由于旅游者的需求存在着差别，旅行社受企业资源和管理能力的制约，不可能满足所有旅游者的需要，而只能满足特定旅游者群体的需要。因此，旅行社只有从本企业的条件出发，用特定的产品和服务去满足特定旅游者的需要，才能实现旅行社的经营目标。与此同时，并非所有的市场机会对旅行社都具有同等的经营吸引力，或者说，并不是每一个细分市场都是旅行社所愿意或能够进入的。旅行社只有选择经营吸引力大，且能够进入的细分市场作为自己的目标市场，才能充分发挥企业资源优势，并在此基础上形成市场竞争的优势。

二、旅行社目标市场的策略

旅行社在选择旅游目标市场时，一般有无差异性市场策略、差异性市场策略和集中性市场策略三种。

（一）无差异性市场策略

无差异性市场策略，也称为整体市场策略，即把所有的旅游市场看作是一个市场，旅行社只需一种单一的营销策略即可。这种策略，可以降低营销成本，但往往不能满足旅游者的不同需求与欲望，难以适应旅游市场需求的发展变化。随着经济的发展，人们的需求日趋多样化，无差异性市场策略，容易失去那些追求个性的旅游者。因此，我们在选择这一策略时，一定要谨慎。

（二）差异性市场策略

差异性市场策略，也称个性化市场策略，是指以旅游市场细分为基础的旅游目标市场策略，即旅行社根据旅游者的需求差异，对整个旅游市场进行细分，并针对每个细分市场，分别设计和提供不同的旅游产品，采取不同的市场营销组合，以满足每个细分市场的具体需求。差异性市场策略比无差异性市场策略更有利于市场的渗透。虽然营销的成本有可能大幅度提高，但由于差异营销具有很强的针对性，因而是旅行社进入市场的首选策略。

（三）集中性市场策略

集中性市场策略，即在旅游市场细分化的基础上，旅行社选择一个或几个性质相似的细分市场作为自己的目标市场，然后集中其所有力量，确定一种市场营销组合来适应目标市场的需求。这种市场进入方式有助于旅行社充分利用有限的资源，采用专业化的生产、分销和促销策略，以实现集约化经营，有利于旅行社节省营销费用，并在细分市场中占有较大的份额。

三、旅行社目标市场的定位

只是确定了目标市场是远远不够的，因为这时旅行社还只是处于“一厢情愿”的阶段，令目标旅游者也同样以旅行社的产品作为他们的购买目标才更为关键。为此，旅行社需要通过一系列营销活动向目标消费者传达这一定位信息，让消费者注意到这一品牌并感到它就是自己所需要的，这样才能真正占据他们的心。有人非常形象地将市场细分和目标市场抉择比作是寻找“靶子”，而定位就是将“箭”射向靶子。

（一）旅行社市场定位的定义和作用

1. 旅行社市场定位的定义

哈佛大学的迈克尔·波特教授提出，企业获得竞争优势的两个途径是低成本和差异化，市场定位的关键就在于寻找差异。企业要根据目标市场上的竞争者现有产品所处的位置以及企业自身条件，创造本企业区别于竞争对手的独特性，在本企业产品与竞争对手产品之间制造差异，填补市场空档，并通过有效的“定位沟通”，使这种差异在目标旅游者心目中获得一席之地，形成心理占位。

营销大师科特勒对定位所下的定义：定位是对企业的产品和形象的策划行为，目的是使它在目标旅游者的心目中，占据一个独特的有价值的位置。因此，营销人员必须开发所有的营销组合因素，使产品特色确实符合所选择的目标市场（即实体定位），并在此基础上进行心理定位。

旅行社市场定位，是为了让旅行社的产品在目标市场旅游者的心目中树立明确、独特及深受欢迎的形象所进行的各种决策和展开的各项活动。

科学的市场定位，有助于让旅游者更清楚地认识旅行社的产品，旅行社可以通过正确定位将自己的旅游产品或服务与竞争对手区分开来，以便确立独一无二的形象。

2. 旅行社市场定位的作用

（1）市场定位能突出旅游产品的差异性

旅行社通过向旅游者传达相关的定位信息，在旅游者的面前突出其产品的差异性，从而引起旅游者的注意，并产生联想。若定位与旅游者的需要吻合，那么你的品牌就可以留在旅游者的心中。

（2）市场定位是制定各种营销策略的前提和依据

各项营销策略直接影响到旅行社经营目标的实现，而这些策略的前提和依据是否正确是能否成功的关键。只有以市场定位作为制定各种策略的依据，各种手段相互配合，协同向旅游者传达旅游产品的定位信息，营销策略才能发挥最大效用。

（3）市场定位形成竞争优势

在营销时代，关键的不是对某一产品本身做些什么，而是你在消费者的心目中做了什么。单凭质量的上乘和价格的低廉已难以获得优势。今天，成功品牌的竞争优势主要来源于市场定位。旅行社可以通过正确定位将自己的产品或服务与竞争对手区分开来，以便确立独一无二的形象，形成竞争优势。

（二）旅行社市场定位的策略

1. 避强定位策略

避强定位策略是指旅行社力图避免与实力最强或较强的其他竞争对手直接发生竞争，而将自己的旅游产品定位于另一市场区域内，使自己的旅游产品在某些特征或属性方面与最强或较强的竞争对手有比较显著的区别。

避强定位策略能够使旅行社较快速地在目标市场上站稳脚跟，并能在旅游者心目中树立起一种形象，市场风险较小，成功率较高。其缺点主要是：避强往往意味着企业必须放弃某个最佳的市场位置，很可能使旅行社处于较差的市场位置。本策略较适用于实力较弱的中小型旅行社。

2．领先定位策略

领先定位策略，是指旅行社根据自身的实力，为占据较佳的市场位置，不惜与市场上其他竞争对手发生正面竞争，而使自己的旅游产品进入比对手领先的市场位置。领先定位可能引发激烈的市场竞争，因此具有较大的风险性。但另一方面，由于竞争对手是最强大的，因此竞争过程往往相当惹人注目、甚至产生所谓轰动效应，旅行社及其产品可以较快地为旅游者所了解，易于达到树立市场形象的目的。领先定位策略要求旅行社有较强的竞争实力。

3．适应变化定位策略

影响旅游市场的主客观因素很多，旅行社可利用自身经营的灵活性，根据国家政策的动向适时调整或转换市场定位的方向，在经营中掌握主动。旅行社要随时关注市场需求的变化，如有需要就应对旅游产品进行新的定位，以适应市场的变化。

第三节 旅行社的价格策略

价格策略是旅行社营销组合策略的一个重要内容，也是不断开拓市场的重要手段。旅游产品价格的合理与否，很大程度决定了旅游者是否接受这个产品，直接影响旅游产品和旅行社的形象，影响旅行社在市场竞争中的地位。因此，从营销角度出发，旅行社要尽可能合理地制定价格，并随着市场的变化，及时对价格进行修订和调整。

一、旅行社产品价格的概念

菲利普·科特勒认为，在营销组合中，价格是唯一能产生收入的因素，其他因素表现为成本。价格也是营销组合中最灵活的因素。

旅行社产品价格是旅游者为满足旅游活动的需要，所购买的由旅行社提供的旅游商品的货币表现，包括旅游目的地向旅游者提供的食、住、行、游等服务的价格及这些部分应交税金。

旅行社产品价格既是其提供的旅游产品质量档次及管理水平的市场表现，更是其在市场经济条件下，与其他旅行社展开竞争的重要手段之一。

二、影响旅行社产品价格的主要因素

影响旅行社产品价格的因素是多方面的，包括产品成本、企业目标、供求关系等，在此，我们对这些主要因素进行分析。

（一）产品成本

成本是影响定价的基本因素，通常也是旅行社在给旅游产品定价时考虑的第一要素。产品成本是旅行社核算盈亏的临界，许多旅行社采用成本加成定价方法，即在成本之上加一定的利润率。成本通常被看作是产品价格的下限。

（二）企业目标

企业目标对旅行社的定价策略有很大的影响。如旅行社以提高利润为目标，则要采取高价策略；若旅行社以扩大市场份额为目标，一般采取低价销售，提高市场占有率；若旅行社以适应竞争为定价目标，采取略低于、略高于或等于竞争者的价格销售商品。

（三）供求关系

某种产品的最高价格取决于市场需求，最低价格取决于这种产品的成本费用。当市场供给规模一定时，市场需求的增加会导致市场供给的短缺，价格就会上涨；而市场需求减少就会导致产品供给的充足，价格就会下降。

（四）产品特点

旅行社产品本身的特点和质量也是影响制定产品价格的一个因素。一个特点突出、能够提供优质服务并且深受旅游者喜爱的旅游产品，其价格就可以定高些；相反，则价格就不应定得太高。

（五）汇率变动

汇率是两种不同货币之间的比价，就是一国货币单位用另一国货币单位来表示的价格。两种货币间汇率受到多种因素的影响在不断地上下波动，汇率变动的影响，主要表现在旅行社对外报价无论用本国货币还是用客源国的货币报价，其报价之时与结算之时的汇率总有一个变动的数量，这样旅行社实际收入与报价的价格总有一定的差额。当旅行社经营出入境旅游时，对外报价就涉及汇率的问题。由于汇率的变动，使得产品在不同时期用同一种货币表示时发生变化。为避免由于汇率变动带来的损失，旅行社定价也随之波动。

（六）通货膨胀

通货膨胀指当货币供应量超过货币需要量时，引起的货币贬值、物价上涨的现象。出现通货膨胀时，旅行社只有提高价格，才能弥补由于物价上涨带来的成本支出增加。当然，旅行社提价前，必须进行深入的市场调查，合理掌握提价的幅度，提价不能过快、过高。随着通货膨胀的缓和，旅行社的价格也应相应回落。

三、旅行社定价方法

（一）成本加成定价法

成本导向定价，就是以旅游产品的成本为基础的定价方法。常见的有成本加成定价法和目标收益定价法：

1. 成本加成定价法

成本加成定价法是最简单的一种定价方法，就是在单位产品成本的基础上，加上预期的利润作为产品的价格，计算公式为：

$$\text{单位产品的销售价格}=\frac{\text{总成本}+\text{预期利润}}{\text{旅游产品数量}}$$

成本加成法对旅行社来说操作简单，对旅行社和旅游者来说都比较合理。但这种方法只考虑了成本因素，而没有进一步分析市场需求的特点，因而存在着一定的不足，难以使旅行社取得最佳的经济效益。

2. 目标收益定价法

目标收益定价法，是根据旅行社预期的收益率作为定价标准的定价方法。公式为：

$$\text{单位产品的销售价格}=\frac{\text{固定成本}+\text{单位产品变动成本}\times\text{旅游产品数量}+\text{目标利润}}{\text{旅游产品数量}}$$

用这种方法来确定旅游产品的价格，需先确定目标利润是多少，才能计算出最后的价格。估算出旅游产品的总成本，估计计划期能达到的销售量，然后确定预期达到的利润率，从而制定出旅游产品的销售价格。这种方法能使企业成功实现利润，但在实际操作中会由于目标利润不实际，这样定出来的价格不一定能被旅游市场所接受。

（二）需求导向定价法

需求导向定价法，就是以市场对旅游产品的需求情况为依据的定价方法，是一种市场导向的营销观念下产生的定价方法。包括下面两种定价法：

1. 理解价值定价法

理解价值定价法，是指旅行社通过了解旅游者对其产品价值的认识和理解，相应制定产品价格的一种方法。这种方法所制定的价格，不是产品的实际价值，而是综合了消费者的多种因素，是其心理所能接受的价值。估计过高，则定价会偏高；估计过低，定价自然就会偏低。所以，这就要求旅行社通过各种手段，来了解市场，从而正确把握旅游者对产品的认可价值，并制定出合理的价格。

2. 需求差异定价法

需求差异定价法，是指根据不同的目标市场和不同的季节对同一种旅游产品制定出不同价格的一种方法。采用需求差异定价法的目的是使旅行社推出的旅游产品，能获得尽可能多的旅游者的购买，从而给企业带来尽可能多的利润。采用这种方法，旅行社要特别注意满足下面的条件：旅游者对旅游产品价值的理解有明显的差异，不能引起竞争对手的过度反感，价格不能过高等。

（三）竞争导向定价法

竞争导向定价法，就是以竞争者旅游产品的价格作为定价的依据。主要有下面两种定价法。

1．随行就市定价法

这是一种常用的定价方法。所谓随行就市定价法，就是指旅行社参考主要竞争对手旅游产品的平均价格来决定自己的价格。随行就市定价法往往受中小旅行社的青睐，此方法的运用将减少定价风险，保证适当的收益。

2．主动定价法

主动定价法是指旅行社全方位综合其产品的特点和品牌优势，不考虑竞争对手的情况而制定价格的方法。这种定价方法主要适用于大型或有突出特色旅游产品的旅行社。

四、旅行社的价格策略

旅行社定价策略是指旅行社为了实现自己的经营目标而制定的价格策略。旅行社根据目标市场旅游者需求情况、产品成本、竞争状况等因素及其变化趋势，采取相应的价格策略，以适应旅行社的营销目标。旅行社产品价格的制定，是一个非常复杂的过程，必须根据不同的产品和市场情况，采取各种灵活多变的价格策略。

（一）心理定价策略

心理定价策略是为了满足旅游者的购买心理所采用的定价策略。针对不同的旅游产品和不同的旅游者，通过定价来激发旅游者购买某种旅游产品的积极性。心理定价策略主要包括以下几种策略：

1. 尾数定价策略

尾数定价策略主要是依据旅游者认为零数价格比整数价格更便宜的消费心理而采用的一种定价策略。这种定价策略也称为非整数定价策略。例如，广州康辉旅行社推出的“香港精彩 2 天游”报价是 199 元，给旅游者的感觉是还不到 200 元，挺便宜的，因而乐于购买，达到了促进旅游者购买、增加旅行社销售的目的。

2. 声望定价策略

这是一种利用旅行社及其产品的声誉，对产品高定价的策略。这种策略有助于吸引注重品牌的旅游者去购买。声望定价策略就要是利用“一分钱，一分货”和“价高质优”的心理，来进行定价的。

声望定价策略适用于知名度较高，且确信自己的产品和服务在消费者心目中具有良好影响力的旅行社。

（二）新产品定价策略

新产品定价策略是指旅行社的新产品在投入期所采用的定价策略。新产品定价策略选择是否恰当，关系到它能否顺利进入目标市场，并赢得旅游者们的青睐。主要包括取脂定价策略和渗透定价策略两种。

1. 取脂定价策略

取脂定价策略是指新产品上市时以高价格投放市场，力求在较短时间取得高额收益的一种策略。它主要是针对市场上没有竞争对手的情况而制定的一种高价策略。

2. 渗透定价策略

渗透定价策略是指新产品上市之初，将其以接近成本的价格推出，以吸引旅游者并迅速打开销路，占据一定市场份额的一种策略。在旅游市场中，一些具有较大替代性的旅游产品适用于渗透定价。

（三）折扣定价策略

折扣定价策略是一种减价策略，即在原定价格的基础上，实行一定幅度的降价策略。采用折扣定价策略的目的，在于刺激需求，扩大旅行社销售量。折扣定价策略主要有以下几种：

1. 现金折扣

现金折扣是对按约定日期付款的旅游者给予一定的折扣，对提前付款的旅游者则给予更大的折扣。采用这种策略的目的是鼓励旅游者提前付款，以加速资金周转。

2. 数量折扣

数量折扣是根据旅游者购买数量多少而相应降低销售价格，用以鼓励购买者多购买的一种方法。数量折扣分为累计折扣和非累计折扣两种。

累计折扣是指在规定的时间内，旅游者购买旅行社产品达到或超过一定数额时，按其总量的多少，给予不同的折扣。

非累计折扣是指旅游者购买的数量或金额达到一定标准时，给予一定的折扣优待。旅行社规定旅游产品和服务购买者每次购买达到一定数量或购买多种旅游产品达到一定金额时给予的价格折扣，一次性购买数量越多，折扣就越大。采用这种定价策略能刺激旅游者大量购买，增加盈利，同时减少交易次数与时间，节约人力、物力等开支。

3. 季节性折扣

季节性折扣是指旅行社在淡季时给予旅游产品和服务的购买者的折扣优惠。

在淡季，很多旅行社遭遇客源不足。为吸引旅游者、增加消费，旅行社往往会制定低于旺季时的旅游产品或服务价格以刺激旅游者的消费欲望。季节性折扣有利于调节供求，不仅对旅游者有利，总体上旅行社仍有利可图。

4. 交易折扣

交易折扣，也叫同行业折扣或功能折扣，是由旅行社向中间商提供的一种折扣。不同的中间商，旅行社可根据其提供的各种不同服务和担负的不同功能，给予不同的折扣。但对同一层次的渠道成员一般应提供同样的交易折扣。一般来说，旅游生产企业给批发商的折扣较大，给零售商的折扣较小，这有利于促进批发商产生大量进货的意愿。

第四节　旅行社的营销渠道策略

在旅行社产品销售业务中，营销渠道决策是管理层面临的最重要的决策之一，渠道选择将直接影响其他营销的决策。旅行社营销渠道是旅行社将其产品销售给旅游者的主要途径。它是一种由旅游企业构成的经营结构或经营网络。营销渠道也在随着旅游者需求的变化而发展演变，渠道要符合旅游者的购买习惯、订货数量、交货要求及服务需求。渠道中各成员所起的作用及合作的程度会随着具体情况而变化。旅行社通过选择合适的渠道，使自己在竞争中取得优势。

一、旅行社营销渠道的定义

美国著名营销学教授菲利普·科特勒（Philip Kotler）给出的定义是："营销渠道（Marketing Channels）是促使产品或服务顺利地被使用或消费的一整套相互依存的组织。"营销渠道也称贸易渠道（Trade Channels）或分销渠道（Distribution Channels）。营销渠道是产品从制造商仓库传至最终消费者手中所经过的中间商和个人联接起来的通道，它直接或间接参与商品所有权的转移活动。通常由制造商、批发商、零售商及其他机构组合在一起，参与整个流程的分工，使商品能够最终到达消费者手中。

旅行社的营销渠道是指旅行社将产品向最终旅游者转移过程中所经过的各个独立的组织。一个或多个旅行社环节和最终旅游者都构成一条旅行社的营销渠道。旅行社营销渠道的发展从对渠道成员的选择开始，一旦成员被选好，工作的焦点便转移到渠道的管理上。营销渠道的存在，简化旅行社与旅游者之间的交易过程，节约了销售时间、降低了成本，它们三者之间的关系如图 5-1 所示。

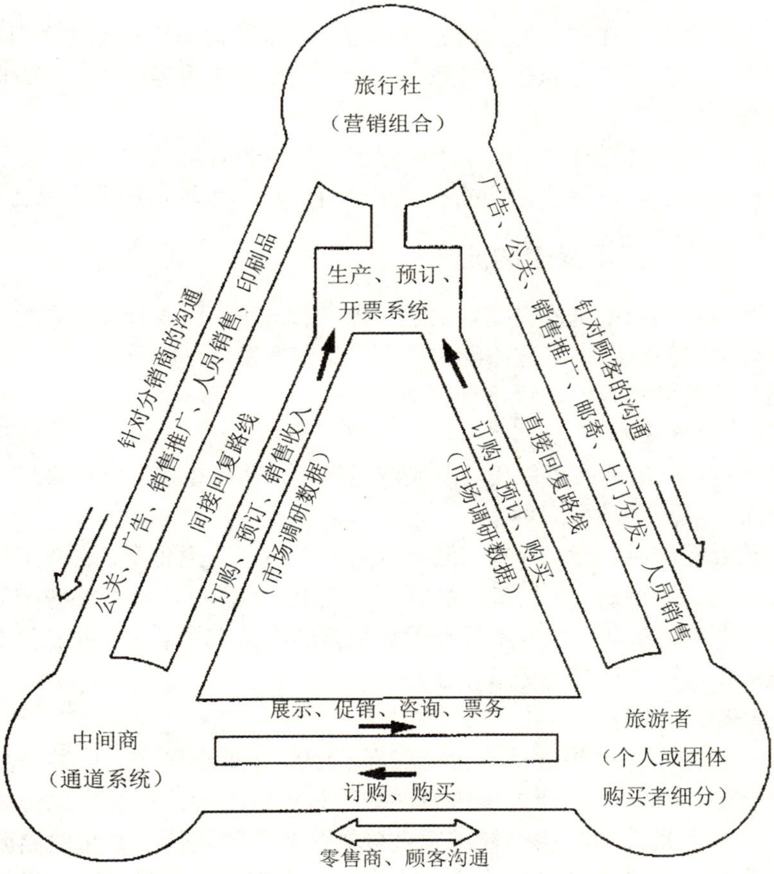

图 5-1 旅行社、旅游者、中间商之间的三角关系

（维克多·密德尔敦.旅游营销学.向萍，等译.北京：中国旅游出版社，2001：289）

二、旅行社营销渠道的作用

从表面上看，生产商把部分或全部销售工作委托给渠道中间商，意味着放弃对于如何销售产品以及究竟销售给哪些最终用户等方面的某些控制。然而这正是渠道存在的重要性之所在，因为通常情况下，生产商放弃直接销售并委托给渠道中间商销售能够获得更多的好处。旅行社的营销渠道主要有以下的作用：

第一，营销渠道的选择，将减轻旅行社由于进行直接营销所需的人财物各方面的压力，并且由目标市场的中间商进行旅游产品的代理，减少了旅行社的运营成本。

第二，渠道的存在在于他们能够更加有效地推动商品广泛地进入目标市场。渠道中间商凭借各自广泛的社会关系、经验以及专业知识等，比生产商直接做营销往往更加出色。

第三，营销渠道还能够广泛收集目标市场和旅游者反馈的信息，使旅行社及时了解旅游者需求，以便旅行社能及时组合符合目标市场的旅游产品。

三、旅行社营销渠道的成员

旅行社营销渠道的基本渠道成员包括旅游代理商、旅游批发商、旅游零售商等。在我国常用旅行社来统称旅游代理商、旅游批发商、旅游零售商。但这三种渠道成员的业务各不相同，以下分别阐述。

（一）旅游代理商

旅游代理商，也称旅游总代理或旅游经销商，是指在某个目标市场全权代表旅行社旅游产品销售的中间商。

旅行社委托旅游代理商全权处理在该地区的各项经营业务。它的主要职能就是对目标市场进行调研，运用最佳的营销组合手段，做好旅行社旅游产品的销售工作。它的作用是帮助委托方旅行社了解最新的旅游市场动态，并提供专职营销人员在该地区从事旅游产品的营销工作。

（二）旅游批发商

旅游批发商则是向旅行社或旅游代理商购买并组合现成的旅游产品，组成新的包价旅游产品，然后通过零售商网络销售给旅游者。在组合包价旅游产品的过程中，旅游批发商与旅行社进行直接的接触，购买特定数量的旅游产品，并享受批量折扣。旅游批发商一般不面向公众直接销售自己设计或组装的旅游产品。

（三）旅游零售商

旅游零售商，又称旅游零售代理商，是指从事旅游产品零售业务，直接面向广大旅游者销售旅游产品和提供旅游咨询等旅游服务的组织或个人。旅游零售商可以独立经营，也可以受某一批发商的指导和控制。

作为旅游者的决策顾问，提供有关旅游产品的信息，出售所需的旅游产品；受各旅游产品供应商的委托，按照合同的约定条款出售旅游产品。旅游零售商起到交易中间人的作用，并不承担任何风险，接受旅游产品供应商的酬劳方式主要是按照合同从旅游产品销售总额中提取一定比例的佣金。

四、旅行社营销渠道的结构

旅行社营销渠道的结构，可根据有无中介环节、环节的多少及每一环节中的中间商数量等几个方面进行划分。

（一）直接渠道与间接渠道

根据商品流通过程中是否经过中间商，将营销渠道分为直接渠道和间接渠道。

直接渠道是由旅行社直接将旅游产品卖给旅游者，没有中间商介入。旅行社直接在目标市场设立分支机构，或者通过电视、电话、网络等方式，直接向旅游者销售旅游产品。例如，在20世纪80年代中期，托马斯·库克公司决定在英国市场上取消大约2000家旅行代理商对该公司产品的代理权，而完全由该公司在英国各地自设的400多个零售点进行销售。此举不但可使该公司每年节省大约400万英镑左右的佣金，而且使该公司能够以较低的“出厂价”而向旅游者直销其旅游产品，备受旅游者的欢迎。

间接渠道是指至少含有一层中介机构，是消费市场上占主导地位的渠道类型。主要有下面几种结构（参见图5-2）：

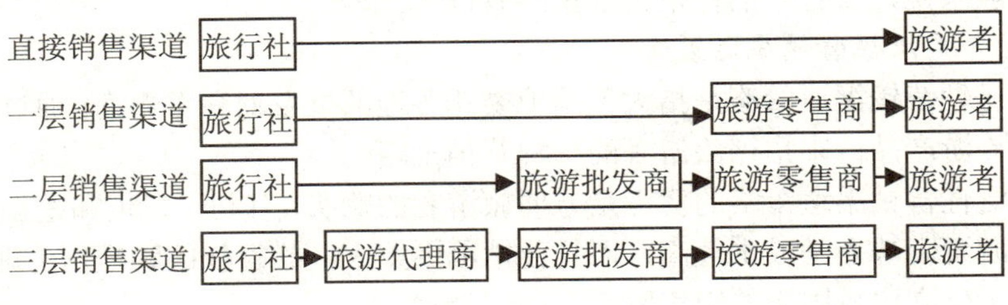

图5-2 旅行社销售渠道模式

（徐东文.旅行社管理.武汉：武汉大学出版社，2004：58）

1. 一层渠道。旅行社与旅游者之间只有一层中间环节。这一中间环节，就是旅游零售商。一般来说，充当这个中间环节的是目标市场的组团社，如团体包价旅游就是这一渠道销售的典型形式。

2. 二层渠道。旅行社与旅游者之间有两层中间环节。这两层中间环节就是旅游批发商和旅游零售商。旅行社先将旅游产品提供给旅游批发商，然后再由其委托各个客源地的旅游零售商，并由旅游零售商把产品出售给旅游者。

3. 三层渠道。旅行社与旅游者之间有三层中间环节。在二层渠道中间又多了一层批发。旅行社将各旅游产品批量发售给组团社，组团社将这些旅游产品编排组合成团体包价旅游产品后，批发给目标市场的旅游批发商，目标商场批发商在对这些包价旅游重新组合定价后，作为自己的产品提供给目标市场的旅游零售商，由其向旅游者出售。

（二）长渠道和短渠道

根据商品流通过程中所经中转环节的多少，将营销渠道分为长渠道和短渠道。

中间层次或环节越多，渠道越长。通常把三层及三层以上的渠道称为长渠道，二层及二层以下的渠道称为短渠道。当然，渠道的长短是相对的，是根据需要来设置的，不能由此判断优劣。同一种旅游产品，由于目标市场地理位置的远近不同，导致渠道的长短也不一样。远的需要长渠道，近处的短渠道即可。

（三）宽渠道和窄渠道

根据商品流通过程中每一层次选用中间商数目的多少，将营销渠道分为宽渠道和窄渠道。大众化的旅游产品如一日游、观光度假游，可以采取宽渠道策略，即在同一层次中多选用中间商。而一些较特殊的产品，如会议、商务旅游产品，市场较小，可采取窄渠道策略来销售产品。

五、旅行社的营销渠道策略

一般来说，旅行社的营销渠道策略有以下三种：

（一）广泛性营销渠道策略

广泛性营销渠道策略是指大范围地委托各地的批发商和零售商，通过销售旅行社的旅游产品，来招徕旅游者的一种营销策略。

广泛性营销渠道策略的优点是方便旅游者的购买，有利于发现和挖掘广大的潜在旅游者。缺点是成本较高，而且营销范围太大，旅行社的管理压力非常大，而且难于建立比较固定的销售网点。

（二）选择性营销渠道策略

选择性营销渠道策略是指根据旅行社所提供的旅游产品的特点，选择信誉好、推销能力强并适合旅行社特点的中间商，由他们向旅游者推销旅游产品的一种营销策略。

选择性营销渠道策略的优点是成本较低，有利于旅行社的管理。缺点是由于营销范围的缩小，可能会失去一部分潜在的旅游者，中间商的作用影响大，如果所选择的中间商不力，将影响到旅行社的营销策略。

（三）专营性营销渠道策略

专营性营销渠道策略是指在一个客源市场只选择一家中间商作为独家代理或总代理，由其全盘负责旅行社旅游产品的销售任务，同时要求中间商不能代销其他竞争对手的产品。

专营性营销渠道策略的优点是降低了旅行社的营销成本，并提高了中间商的积极性和推销效率。缺点是中间商左右着旅行社旅游产品在该地区的销售，若经营不力，可能导致旅行社失去该地区的市场。

案例 5-1 选择旅行社产品的销售渠道

20 世纪 80 年代，随着改革开放步伐的加快，越来越多的境外旅行社开始将目光转移到中国，组织本国居民到中国旅游观光。J 市 TF 国际旅行社在姚总经理的领导下，积极开展与欧洲旅游批发经营商的接触，寻求与他们的合作。对于销售渠道，姚总经理有个人的见解。他认为，广泛地接触大量旅游批发经营商，并同他们都保持合作关系，可能会导致客源的不稳定和销售成本的大幅上涨。因此，他决定采取专营性的销售渠道策略，选择一家实力雄厚、信誉良好、目标市场与 TF 国际旅行社一致或接近的旅游批发经营商作为长期合作的伙伴。

经过一段时间的考察，TF 国际旅行社发现欧洲地区 A 国的奥林巴斯旅行社基本上符合姚总经理对合作伙伴的要求，遂决定立即与其联系。由于 TF 国际旅行社在 J 市的旅行社行业颇有知名度和良好的信誉纪录，因此，奥林巴斯旅行社也欣然同意与其合作。这样，双方的合作关系便正式地确立了。一年后，TF 国际旅行社和奥林巴斯旅行社签订了长期合作的协议，约定 TF 国际旅行社授权奥林巴斯旅行社为其在 A 国旅游市场的唯一的合作伙伴，并不再同 A 国的其他旅行社进行业务方面的联系，也不再接待除了奥林巴斯旅行社之外任何一家 A 国旅行社组织的来自 A 国的旅游团队或散客。作为回报，奥林巴斯旅行社将其在 A 国组织的全部旅游客源交给 TF 国际旅行社接待，并且不再授权 J 市的其他旅行社为其接待旅游者。

在此后的 10 余年里，TF 国际旅行社和奥林巴斯旅行社一直进行着十分愉快的合作，并且都获得了良好的经济效益。

在欧洲市场上获得成功之后，姚总经理决定继续采取专营性销售渠道策略，打开北美地区的旅游客源市场。然而，TF 国际旅行社的市场开发部副经理小王却对此提出了不同的看法。小王认为，在 A 国的旅游市场上，旅游客源集中程度比较高，采取专营性销售渠道策略完全符合当地的市场条件，是一项正确的决策。但是，北美地区旅游客源市场条件与地处欧洲的 A 国不同。北美地区地域广阔，人口是 A 国的 3 倍，拥有 3 万多家旅行社，其中大型的旅游批发经营商不下百余家，它们都拥有较强的客源招徕和组织能力。另外，像美国运通公司这样的超大型旅行社不可能屈尊与 J 市的一家中型旅行社建立如同奥林巴斯旅行社与 TF 国际旅行社那样的排他性合作关系。因此，小王建议，TF 国际旅行社在北美地区的旅游市场上先采取广泛性销售渠道策略，同众多的旅游批发经营商建立起比较松散的合作关系，并通过一段时间的考察，逐步在该地区的不同州（省）

选择数家具有强烈的合作愿望、良好的市场声誉和企业信誉、较强的客源招徕和组织能力的旅游批发经营商建立较为稳定的合作关系。换言之，小王建议TF国际旅行社在北美地区旅游市场上采取选择性销售渠道策略，而不是采取专营性销售渠道策略。姚总经理对小王的建议不以为然，认为他是“嘴上没毛、办事不牢”，所提的建议是书生之见，不切实际。由于姚总经理在TF国际旅行社享有较高的威信，加上他本人历来十分自负，听不进他人、尤其是年轻人的不同意见。所以，小王的建议被轻率地否决了。TF 国际旅行社决定选择北美地区的一家旅游批发经营商作为在该地区旅游市场上唯一的合作伙伴。

在这种销售渠道策略的指导下，TF 国际旅行社很快就同位于美国旧金山的新大陆旅行社建立起专营性销售关系，并正式签订了对双方都有很大约束力的合作协议，规定双方不得在对方的旅游市场上与其他的旅行社进行合作。

在合作的初期阶段，双方都表现出一定的诚意，合作也是愉快的。但是，不久，TF 国际旅行社发现，新大陆旅行社只在旧金山有较大的影响，而对北美地区的其他州（省）的旅游者和广大公众则毫无影响力。因此，TF 国际旅行社无法通过新大陆旅行社打开北美地区的旅游市场。后来新大陆旅行社开始拖欠 TF 国际旅行社的旅游团费，使TF国际旅行社出现了坏账的风险。财务部的马经理多次提醒姚总经理，但是姚总经理总是以“疑人不用、用人不疑”为由不听劝谏。一年后，新大陆旅行社通知TF国际旅行社终止双方的合作关系，并拒绝偿还拖欠的旅游团费。这时，姚总经理才如梦初醒，后悔当初听不进别人的不同意见，导致TF国际旅行社既丢失了北美地区的旅游客源市场份额，又蒙受了重大的经济损失。

（梁智，刘春梅，张杰．旅行社经营管理精选案例解析．北京：旅游教育出版社，2007：95～96）

案例分析

本案例告诉我们，旅行社在选择产品的销售渠道时，必须根据旅游者客源市场的实际情况，全面、综合、客观地考察和选择旅游中间商。不同的客源市场，有着各自不同的市场条件。因此，在一个市场运用成功的策略，到了另一个市场就可能不再适用了。旅行社经营管理者必须按照当地的市场条件，选择最适当的销售渠道策略，而不能像姚总经理那样，将一个市场的成功经验照搬到另一个完全不同的市场上，所谓“橘生淮南则为橘，生于淮北则为枳”，说的就是这个道理。

第五节 旅行社的促销策略

旅行社为了取得经营活动的成功，不仅要以适当的价格，通过适当的渠道向市场提供适当的旅游产品，而且需要采取适当的方式促进产品的销售。积极的促销活动能够及时为旅游者宣传旅游商品的相关信息，使旅游者认识产品、熟悉产品，并激发购买欲望。因此，促销也是旅行社营销组合的重要部分之一。

一、促销的定义

所谓促销，就是营销者将有关企业及产品信息通过各种方式传递给消费者和用户，促进其了解、信赖并购买本企业的产品，以达到扩大销售的目的。因此，促销的实质是营销者与消费者和潜在的消费者之间的信息沟通，通过信息上的沟通缩短企业与消费者之间的距离。

二、旅行社促销的策略

（一）推式策略

推式策略是指旅行社通过专门的推销人员与中间商促销，将旅游产品推入渠道的策略。这一策略需利用大量的推销人员推销产品。推式策略风险小、推销周期短、资金回收快，但其前提条件是须有中间商的共识和配合。

推式策略常用的方式有：派出推销人员上门推销产品，提供各种售前、售中、售后服务促销等。

（二）拉式策略

拉式策略是旅行社针对最终旅游者展开广告攻势，把旅游产品的信息介绍给目标市场的消费者，使其产生强烈的购买欲望，形成急切的市场需求，刺激中间商主动要求经销。

拉式策略常用的方式有：价格促销、广告、展览促销、代销、试销等。

（三）推拉结合策略

在通常情况下，旅行社也可以把上述两种策略配合起来运用，在向中间商进行大力促销的同时，通过广告刺激市场需求。

在“推式”促销的同时进行“拉式”促销，用双向的促销努力把旅游产品推向市场，这比单独地利用推式策略或拉式策略更为有效。

三、旅行社促销效果的评估

促销效果的评估主要是通过获取的反馈信息，衡量某种促销组合或具体促销方案的效果。旅行社促销效果的衡量标准是采用促销措施实施之后旅行社产品销售量的增减幅度，产品销售的增量大，促销的效果就好；反之则差。在市场疲软或产品进入衰退期的情况下，通过促销的作用，产品销量降幅小，则说明促销效果好；反之则不佳。

对于促销效果的评价，旅行社最常用的方法是比值法。所谓比值法，是指通过销售量的增减幅度来测量促销成效的一种方法。其公式为：

$$R=\frac{S_2-S_1}{P}$$

式中，R——促销效率；

S_2——本期促销后的平均销售量（1月或1年）；

S_1——促销前的平均销售量（1月或1年）；

P——促销费用。

使用此方法时，要注意促销效率与销售量之间并非绝对呈正比关系，促销以外其他因素对评价的结果也会产生一定的作用，例如，市场变化、竞争对手的活动等。但这种误差估计是比较复杂的，因此，促销效果的测定往往很难绝对的精确，但可以成为我们制定促销策略的重要参考依据。

案例 5-2　某旅行社开发特色专业旅游的 4P 战略

目标市场：东南亚（新加坡、马来西亚、印度尼西亚）和阿拉伯地区信仰伊斯兰教的游客。

产品决策：

（1）旅游活动包括著名游览点、参与性活动及自由活动。

（2）特殊项目包括朝拜清真寺、参加当地的礼拜活动、瞻仰遗迹、走访当地家庭。

（3）特殊要求：清真餐食、早晚各一次祷告 15 分钟（相对安静的环境）、星期五不乘飞机、用马来语或印度尼西亚语翻译。

（4）首批参加的城市：广州、西安、银川、喀什、北京、上海。

（5）中方直达航班：

新加坡—北京	5 班／周	767
新加坡—广州	2 班／周	767
吉隆坡—北京	1 班／周	757
吉隆坡—广州	2 班／周	757

槟城—广州	1班／周	757
雅加达—北京	1班／周	767
雅加达—广州	2班／周	757
雅加达—泗水	2班／周	767

（6）产品形式：原则上为包价团体，但在活动内容的安排上给出较多的选择和自由活动时间，1～2周的中短线。

价格决策：

（1）马来西亚旅华市场上，以华人为主体的传统客源层中，旅华售价一直不高，马来西亚旅行社提出该国游客旅华价格不能比华人旅行团高，因而因对象不同的价格差不能过于明显。

（2）目标游客对饭店的要求不是很高，一般三星、四星足矣（但要保证质量，特别是卫生）。

（3）设有涉外清真餐厅的地方，如桂林，要向客户讲明专门服务的费用。

（4）晚间活动，如西安唐乐舞，客人反映很好，价格单列。

促销决策：

（1）编印一本专项旅游的小册子，译成英文、马来文、印尼文，并印刷出版，同时编辑录制一部录像带。

（2）以巡回促销为主要形式的产品推广将持续3年，但年年内容翻新。

（3）连续3年每年邀请4国组织该旅游项目的旅行商各一批，来华熟悉旅游。

（4）复制专项旅游录像片，供给办事处，以飨客商。

（5）配备一套专项旅游的资料。

销售渠道决策：

（1）由与本社合作的新、马、印尼当地旅行社代销路线。

（2）在新、马、印尼等国当地华裔机构的协助下，由本社在当地的办事处从事宣传、销售活动。

（3）通过新加坡、马来西亚、印度尼西亚等国当地华裔机构或采取与之合作的方法进行销售。

（朴松爱，吴鸣歧．旅行社管理．北京：中国旅游出版社，2007：117～119）

案例分析

旅行社促销是旅行社营销中的重要环节，促销成败关系到旅行社营销的成败。旅行社进行促销时要注重对消费者心理调研，针对旅游者的兴趣、爱好、欲望、需求来确定促销主题，有针对性地与中间商及潜在旅游者进行信息沟通。旅行社通过促销宣传，可以引导和调整旅游需求，激发旅游者的购买欲望，使市场需求朝着有利于旅行社的方向发展。

第六节　旅行社的品牌策略

在当今激烈的市场竞争中，争夺旅游者已不能仅仅停留在产品价格和品质这个层次上了。价格高而质量不好的产品当然不会得到消费者的青睐，但品质优良、价格适当的产品并不一定就能保持畅销，这其中还有重要的一环就是建立起企业的品牌，品牌是企业在旅游者心目中的形象。品牌不仅是产品的标志，更是产品质量、服务等方面的综合体现，凝聚着企业的科学管理、市场信誉等诸多文化内涵。

一、旅行社品牌的定义

与品牌相关的概念有许多，其中最为基本的概念包括品牌（Brand）、品牌名称（Brand Name）、品牌标记（Bran Mark）、注册商标（Trade Mark）、品牌内涵（Brand Concept）和品牌化（Branding）。

目前，对品牌的定义很多，不同的定义反映了对品牌这一概念理解的倾向性不同，同时也反映了对品牌重要性认识的演变过程。

世界著名的品牌策略大师大卫·奥格威对其进行了深刻、具体的定义："品牌是一种错综复杂的象征，它是品牌属性、名称、包装、价格、历史声誉、广告方式的无形总和。品牌同时也因消费者对其使用的印象，以及自身的经验而有所界定。"

美国市场协会（AMA）对品牌的定义为：用以识别经营者或经营者集团的产品或服务的名称、术语、象征、记号或设计及其组合，以便和其他竞争者的产品或服务区别开来。

著名市场营销专家菲利普·科特勒定义：品牌是一种名称、术语、标记符号或图案，或是它们的相互组合，用以识别某个销售者或某群销售者的产品或服务，并使之与竞争对手的产品和服务相区别开来。

综上所述，我们可以得出旅行社品牌的定义是：所谓的旅行社品牌是指用来识别某个旅行社的旅游产品或旅游服务，并使之与竞争对手的旅游产品或旅游服务区别开来的商业名称及标志，它通常由文字、标记、符号、图案和颜色等要素的组合构成。

二、旅行社品牌的特征

（一）独特性

旅行社品牌强调要具有特色和个性的名称，并能使其与竞争对手区别开来。这一点也是旅行社塑造品牌形象的目标之一。旅行社产品独特性是旅行社极具竞争力的武器。每一种特征都能吸引一部分旅游者的兴趣。我们有很多的旅行社在挖掘产品的特性、塑造自身的品牌方面还做得不够。往往产品的品牌都比较单一，经营的效果不是很好。

（二）灵活性

旅行社产品的品牌应具有灵活性。比如一条旅游线路，原先是旅行社的名牌产品，但随着社会的发展，可能已不适应旅游目标市场的需要，所以应及时进行必要的策略调整，树立新的产品品牌形象，体现灵活性。

（三）可记性

旅行社产品的命名，应遵循可记性的原则，这对建立品牌是必要的。冗长复杂或晦涩难懂的名称不利于旅游者的理解、使用和记忆，也不利于产品名称的流传。品牌名称是形成品牌的第一步，是建立品牌的基础，它在整个品牌中起着重要的作用，是消费者记忆品牌和品牌传播的主要依据。所以，在对产品品牌进行命名时，要强调简洁、标识语生动有效。

阅读材料 5-2　深圳国旅“新景界”品牌营销战略案例

旅行社找不着北！

旅行社普遍存在“小、散、弱、差”的状况，市场竞争秩序混乱，习惯于承包方式的经营者无暇顾及企业的品牌和长远利益，旅游者常怨声载道。

旅游市场低层次的营销竞争，市场普遍存在的问题是价格混乱、盲目压价、服务质量差，二者形成恶性循环，导致消费者对旅行社的信任危机。旅行社的营销和品牌意识较弱，产品、服务同质化现象严重，产品研发不细，旅游者个性化需求得不到满足。

面临着改制转型的发展问题和外资竞争的问题，部分国内旅行社龙头企业已开始行动，在全国范围内兼并、收购中、小旅行社。每一位经营者都在思考：下一步该如何做？

靠传统方式还能走多远？

传统的旅行社多以部门为经营单位，业务小而全，长于拉客户，代理无差异的产品和服务，典型的方式是一家旅行社下有几十个承包部门或个人。大家都做同样的业务，甚至互相压价争取同一个客户，导致的结果是，千军万马都挤在同一座独木桥上，这就是“大众化和成本导向”，而其他需求却因各种原因而鲜有人问津，价格越做越烂，消费者并没因此而说你好，该投诉的依然投诉。

很明显，传统方式已越来越走不通了。

是在做生意还是在做企业?

现在，我们已进入了一个“做企业而不仅仅是做生意”的时代!

既然是做企业，就要考虑做百年老字号店!

如果你的企业还没有建立共同的愿景和价值观，思考发展战略问题，制定相应的品牌战略及管理，全面建立营销意识，采取有效的管理措施，你真得停一停了，搞清方向再走，否则有可能事倍功半，甚至全盘皆输!

方向到底看清了没有?

旅行社和所有的其他企业一样，存在着企业经营共同要面对的问题：你是否已确定你的目标旅游者？你如何提供目标旅游者所需要的产品和服务？你如何让目标旅游者认识、了解、接受、喜爱你？如何管理好客户关系？你最终要在消费者心目中建立的形象是什么？你的推广策略怎样？你有怎样的销售渠道?

旅行社怎样从根本上走向健康、良性的发展道路?

应该说成功的道路千百条，不同旅行社应根据自身的条件、外部环境、经营者的理念而定，不应盲目照搬。

只有确定这些基本的方向、定位、战略，企业才能在“共同愿景”的指引下，方向明确，步调一致地向目标前进。

深圳国旅实施的新景界品牌战略，针对日渐成熟的旅游市场，根据目标客户的需求，走“价值旅游”路线，倡导“人性化”“个性化”旅游，企业理念清晰，方向明确。

在市场上，通过各种宣传推广，建立广泛的营业网络，直接面对消费者，走直接销售路线，同时，由于注重品质的形象建立，也赢得了看重质量的同行的信任。

一起放眼新景界!

旅行社普遍存在的问题深圳国旅也同样存在，市场上“××国旅”的品牌已经泛化；在这种背景下，经过对市场的周密调查和分析，针对行业自身的特点和存在的问题，深圳国旅决定推出“新景界”品牌战略，在激烈、低层次且无序的竞争环境下，导入品牌战略，走出一条自己的路来。

深圳国旅实施的新景界品牌战略，在目前激烈的价格竞争中无疑是给行业吹来一股扑面清风。

何为“新景界”?

新景界源于“新境界”，它带给消费者的是和以往“到此一游”“走马观花”完全不同的经历和感受，是每一次都有新发现的、一生难忘的旅游体验，是人性化、个性化的旅游，是旅行社业一道全新的风景线。

如图 5-3 所示新景界标志由鲜亮的红色和热烈的桔黄色组成，从整体上看简洁大气，具有强烈的现代感，与其他同业旅行社标志相比具有鲜明的识别性。视觉印象记忆最深的是“眼睛”，它紧紧地抓住了人的注意力。其实旅行就是要用眼睛和心去体验最真的美景和境界，新标志锐利灵动地表现了人们对新景界的美好憧憬和热切向往。

新景界标志细看还像导游带领着团队，在队伍的前面用手搭凉棚的手势眺望远方，眺望那美丽的新景界，恰到好处地表现了深圳国旅新景界核心宣传口号：“一起放眼新景界！”标志中的英文是“EACHTRAVEL”，是新景界的网址名称，它强调深圳国旅新景界关注每一次旅行，新景界的每一次旅行都是一生难忘的体验，每一次旅行都是个性化产品和人性化服务的标志。

图 5-3 新景界标志

整个视觉冲击力强，动感十足，充分体现了新景界朝气蓬勃，积极奋进，志向高远，富有冲劲的企业活力和精神状态以及立志创建中国新型现代旅行社的坚定信念！

新景界的品牌定位为“新时代，人性化的专业旅游”，其内涵为，“以新的服务理念、服务模式和崭新的形象展现在社会面前，提供高品质和富有特色的产品和服务，既是传统意义上的旅游服务企业，又是新型旅游文化的创造者、开拓者和传播者，更是现代生活方式的创造者：它强调人性的自由、自在、自我，强调对生态环境和特色文化的保护，强调人与自然的和谐新境界，强调生活的质量和品味，推崇积极向上的生活态度；它既充分尊重人，更强调大自然生态环境，注重人和自然的沟通，激发人的灵性和潜力，创造有意义的人生体验”。所谓“人性化”，即以人为本，处处从旅游者的需求出发，一切为旅游者着想，并以具体行动落实于各个服务细节。这是新景界的核心。举个例子，同样是去桂林旅游，有的旅行社为了直观上的低价，处处想办法降低成本，旅游者千里迢迢慕名而来，却为了省钱让他仅游半小时漓江，这是非人性化旅游。反之，处处设身处地为旅游者着想，让其所到之处，看到最有价值的景点，游漓江就要游完全程，不虚此行，哪怕是多花一点钱，这是人性化旅游。前者的焦点在简单的价格上，后者的焦点在对旅游价值的需求上，看似一个小差别，但在本质上是完全不同的。“千名长者温馨结伴游港澳”，成功之处就在于一点：整个的产品设计是站在做子女的角度去想的，哪怕是口岸和交通工具的选择。重要的是，旅游者从细微之中看到你是一家值得信任的处处为旅游者着想的旅行社，这可以带给你不可估量的回报。长久的、坚持的理念以及相应的行动铸就成功的品牌！

类似的“人性化”例子不胜枚举：中秋节出团送上一块月饼，重要的不是口味好不好，而是有没有心。澳大利亚进入冬季，南部日照短，气温低。此时将其行程进行调整，减少在墨尔本的观光，增加阳光明媚的悉尼的游览节目。采用奥克兰直航回香港而无需经停中间站，避免因航班飞行时间长，转机疲劳。偶乘深航飞机，也享受到“人性化”服务，除了空姐笑容亲切自然，一觉睡醒，发现前面椅背上贴着一张小纸片：“等您睡醒了，我们再给您供应膳食”……

在当今的旅行团服务中，有太多的非人性的东西。许多旅游者感觉，到是到了某个地方，却总显得匆忙，不尽兴，想停的景点时间不够，不想看的地方却老被带着去。最后得个“到此一游”。典型的例子是，参加海南游的旅游者指定要住凯莱，不想却被导游当日很晚才送进酒店，第二天很早又接去购物，凯莱是怎样的客人根本没看清。

基于上述企业核心价值理念，“新景界”所要做的，就是如何在旅游者接触到的、感受到的地方都将其理念一点一滴地传递给旅游者，而所有的产品、服务、推广，内部、外部的工作都是围绕着这一目标而定，最终在消费者心中形成明确、固定的“新景界”的品牌形象：这是一家真正为旅游者着想，提供物有所值的旅游，值得信赖的旅行社，它所做的一切均区别于“完全价格导向，漠视旅游者需求”的一般旅行社做法，是宁可多付一点钱，也要得到有价值的旅游，这是成熟消费者的最佳选择。

品牌战略指导下的产品和推广在这种理念指导下，“新景界”推出的一系列产品均获得了成功。

“新景界”按照细分市场的原则规划各项子品牌，如：难忘经典游（常规观光团）、逍遥度假游（度假产品）、成长之路修学游（修学团）、温馨结伴行（长者游）、自由天下（自助游）、情旅（单身游）等。

“新景界”在推广策略上，全方位推出新景界的新旅游概念、新形象推广、新产品包装、新服务体系、新促销举措。所有的媒体宣传、公关活动都围绕“新”字展开，一改旅行社在人们心目中无新意、无特色、无差异、无保障的陈旧形象，塑造国旅“新景界”的崭新品牌形象。

其推广口号是：一样的旅游，不一样的服务；一样的旅游，不一样的感受；一样的旅游，不一样的新景界！

深圳国旅实施新品牌战略，并非一蹴而就，而是有策略、有步骤地从“深圳国旅新景界”——到“国旅新景界”——过渡到“新景界”，并通过整合品牌营销的一系列手段，使新景界一步一步走向健康良性发展的道路。

（佚名. 深圳国旅“新景界”品牌营销战略案例. http：//www. deeptour. cc/Article. asp? id=148）

三、旅行社品牌的功能

（一）识别功能

旅行社在市场营销中，使旅游者对旅行社品牌产生一种整体感觉，这就是品牌的认知。品牌会帮助旅游者减少在选择旅游商品时所花费的精力和时间，具有明显的识别功能。旅行社通过对旅游产品的整体规划和设计所获得的品牌造型符号，具有特殊的个性和强烈的视觉冲击力，能够帮助目标消费群体来区别本产品和其他产品。

（二）控制市场的功能

品牌是旅行社的核心要素，是旅行社向目标市场传输信息的主要媒介。它具有的风格代表了自己与众不同、高人一等的经营理念，一旦迎合了目标市场的口味，它就具有了非常重要的地位，可以引领市场潮流，影响消费群体的价值观，这种能力是普通旅游产品所难以企及的。在大规模营销中，旅行社如果有了自己的品牌，就可以和目标市场直接沟通，有利于控制市场，提高市场占有率。

（三）追随功能

品牌和普通产品不同，它不只是靠广告和包装来打动消费者，它在消费者心中无可替代的地位是由其高质量、高价值、高信誉来决定的。一个好的旅行社品牌，很容易被旅游者注意，并为他们所追随。旅行社借此可以扩大其旅游产品的销售量。

（四）增值功能

品牌因其具有的优质性能及服务，成为一种企业的外化形象，并成为企业利用外部资源的契约主体，它在市场上的覆盖面广、占有率高，这些优势必然可以给企业带来巨大的经济利益。同时因其自身具有的知名度、美誉度等社会因素，又可以独立于产品外存在并形成一种可以买卖的无形资产价值，而这种价值要比它给企业带来的有形资产价值更重要。大量的市场调查表明，名牌产品比同类的一般产品的价格弹性小，并且其价格明显高于同类产品。高档次的旅行社品牌满足了人们追求优质生活的心理需要，所以消费者愿意为此付出更高的价格，品牌作为一种无形资产提高了旅游产品的价值。

四、旅行社的品牌策略

（一）质量策略

质量是通往品牌的第一道关口，确保名牌产品始终具有优于一般产品的优质质量，是世界名牌久盛不衰的首要秘诀。旅行社要树立自己的品牌，必须要从自己提供的旅游产品质量着手，做到“人无我有，人有我优”，为旅游者提供一个高质量的旅游产品。

（二）服务策略

旅行社在对旅游者提供优质旅游产品的同时，还要增强服务意识。只有优质的服务才能够使旅游者增加对该品牌的信任，才能树立起良好的品牌形象。

（三）市场策略

创造品牌的实质就是在创造市场。因此，实施市场策略必须紧紧跟随市场变化。通过市场调查，了解旅游者的需求变化，不断地组合、优化、创新，这样旅行社才能适应激烈的市场竞争。

（四）广告策略

广告在旅行社创品牌的过程中起着“推波助澜”的作用。只有不断地利用广告来宣传旅行社产品，才能使旅行社品牌的市场知名度提高，树立起良好的企业形象，使品牌意识深入人心。

广告媒介种类很多，所以旅行社在决定采取广告策略之前，应了解主要媒介的优缺点，并根据自身的情况正确选择广告媒介种类。

案例 5-3“环球行”品牌五大特色

1. 优秀品质保证

“环球行”品牌依托中国最大的旅游企业，全力提供最优质的旅游服务。从航班的选择，到饭店的档次和位置，餐厅的环境和菜单的内容，旅游行程的合理安排和安全周到的导游服务，“环球行”为客人出行提供了最放心的保证。

2. 严格执行的标准化服务

“环球行”的服务标准以客人的需求为核心，从行、游、住、食、购、娱的各个方面规定了严格的服务标准。根据不同的路线，客人将可以在旅游中享受到各具特色的体贴服务。

3. 个性化的产品设计

“环球行”针对不同的消费群体，设计丰富多彩的出游线路和个性化选择。观光游览、休闲度假、商务会议奖励、新婚旅游、健康老人系列，为不同的客人提供最合适的出游设计方案。

4. 合理化的市场价格定位

高品质的服务并不代表高昂的价格，“环球行”不懈努力为游客提供最具吸引力的旅游产品和最优惠的价格。通过模式化、网络化的运作降低团队成本，让游客在体验旅游魅力的同时，享受到最动心的价格。

5. 现代化的运作模式

“环球行”实现了与国际化、现代化的接轨，在经营运作中实行统一采购、统一销售、统一运作的流程模式，以规范化的年度旅游手册完整地向旅游代理商和旅游者介绍产品信息，公布并兑现自己的服务承诺。

（国家旅游局人教司. 旅行社经营管理. 北京：旅游教育出版社，2006：110～111）

案例分析

我国目前的旅行社品牌非常少，翻开各旅行社的宣传资料，很难从大同小异的产品中发现不同旅行社之间的差异。国旅总社的“环球行”，是我国旅行社开展品牌建设的初步尝试，为旅行社行业的品牌建设带来了一股清风。

思考与练习

1. 旅行社市场细分的作用是什么？有哪些原则？
2. 如何进行旅行社市场细分？
3. 旅行社目标市场的策略有哪些？
4. 简述旅行社的定价法。
5. 简述旅行社的定价策略。
6. 简述旅行社营销渠道的结构。
7. 旅行社促销的策略有哪些？
8. 旅行社的品牌策略包括哪些？
9. 案例分析题：

某市电视台办了一期“三色光”小记者培训班。当培训班即将结束时，暑假到了，电视台打算组织孩子们去旅游。该市的电视旅行社得知此消息后，联系到了这次组团业务。

该旅行社开发设计了以江浙地区为目的的“小记者修学7日游”产品。因电视台培训班的人数并不多，旅行社打算将“修学游”产品推向市场。根据实地调查，电视旅行社制定了“修学游”推广方案：

“修学游”的参加者是中小学生，能否参加旅游活动的决策权掌握的家长手里。于是，旅行社邀请家长们参加了“修学游”说明会，与家长们相互沟通，充分了解情况，为家长们解惑答疑，使他们安心送孩子去参加“修学游”。电视旅行社的外联人员还来到了其他培训机构，向他们介绍“修学游”旅游产品，就培训机构敏感的组团价格提出了切实可行的方案；电视旅行社还利用与电视台的良好关系进行广告宣传，打出“修学游，暑假生活真不同”的广告主题；在第一个团出发前，旅行社为让家长放心还组织了“发团见面会”，让导游跟孩子和家长见面，导游们年轻活泼，很快就跟孩子们打成了一片。第一个团回来后，旅行社搞了“修学游”图片展和“我的难忘经历”作品征集，让孩子们的“修学游”更值得回味。当孩子们结束愉快的旅程后，都惊喜地收到了导游的一份小礼物。电视旅行社“修学游”产品成功地打开了市场。（梁智，刘春梅，张杰. 旅行社经营管理精选案例解析. 北京：旅游教育出版社，2007：107）

思考：旅行社应如何选择适合自己的促销方式？

10. 案例分析题：

诺曼岛是德国康斯坦斯湖西北部的一个小岛，濒临瑞士的东北边界、奥地利的西部边界和德国的西南边界，岛屿面积有 45 英亩。在罗马帝国时代，诺曼岛是罗马指挥官 Tberius 的海军基地，在 15 世纪和 16 世纪成为 Alemannic 公爵的领地。

在 Tberius 骑士的监督下，岛上修建了城堡以及巴洛克风格的圣玛丽教堂，至今还保留着 1853 年后作为 Baden 公爵领地时建造的植物园。1974 年，诺曼岛成为一个慈善机构，建成为一个有丰富历史并且对户外活动有吸引力的旅游目的地。

每年的 3 月中旬到 10 月中旬是诺曼岛的旅游旺季，主要是因为“诺曼鲜花节”大受欢迎，吸引半径达约 200 公里，大约有 170 万到 200 万的旅游者到这里参观。而从 10 月持续到来年 3 月，对诺曼岛来讲则是旅游淡季，吸引半径仅有 50 公里。在这期间，最多只有几十万旅游者来到诺曼岛。从 1986 年开始的几年中，诺曼岛一直是一个很受欢迎的暑假旅游目的地，而从 1993 年后，到访旅游者连续下降，导致诺曼岛的经营出现了亏损。为此，诺曼岛的经营者采取了一系列措施来解决这一问题。

先是建造了一间聚集了多种珍稀植物的花房和一间种植柑橘的豪华温室，在淡季组织其他花展，收集更多的户外珍稀植物，完善已有的郁金香、杜鹃、玫瑰等花展，使诺曼岛更符合享誉海外的“花岛”形象。同时，密切与机船公司、饭店、老式列车旅游经营者、旅游代理商的合作，扩大旅游地与市场接触的机会。在秋冬季节，由于户外的鲜花展难以进行，于是加强了对文化和餐饮促销。1994 年“诺曼鲜花节”的门票为 14 马克，特别的附加展收费 1 马克，在秋冬淡季门票降至5马克，如果你预订了餐馆进餐则可以免费入园，其他展览一律免费。餐饮备有两种不同的风格：午餐是物美价廉的快餐；晚餐则是高档次高价位的，适用于诺曼岛晚间餐饮的需要。对于诺曼岛的宣传工作，经营者针对200公里以内的旅游者，采取的办法是借助报刊、海报、广播、直接信件和公关活动；对于200公里以外的国内国际市场，则通过公关活动与旅游组织的广告活动进行宣传促销。另外，公司雇用了36个户外销售代表，覆盖了英国、法国、西班牙、意大利、瑞士，以及东欧和斯堪的纳维亚。这些销售代表通过海报、宣传册、语音、录像等方式扩大了诺曼岛的知名度，并鼓励旅游经销商安排包括诺曼岛在内的康斯坦斯湖旅行。最终，诺曼岛通过努力得到了更广泛的市场发展空间。（柏杨．旅行社经营与管理．长春：东北师范大学出版社，2008：79）

思考：（1）诺曼岛的经营者在经营中采取了哪些营销策略？

（2）诺曼岛的经营者是如何巧妙地运用营销组合策略的？

第六章　旅行社的接待管理

本章提要

旅行社的接待管理是旅行社的基本任务之一。旅游接待的过程是旅行社产品的生产过程。旅游接待水平的高低反映出旅行社的管理水平。本章主要论述旅行社的接待工作特点、旅行社接待人员的管理。对团队旅游服务接待的原则、特点和旅游团队接待程序，同时对散客旅游服务的特点、类别及散客旅游接待服务的程序与标准进行了探讨。

第一节　旅行社接待人员的管理

一、旅行社接待工作的特点

（一）旅行社接待工作的内涵

旅行社接待工作是旅行社为已购买了旅行社产品而来到旅游目的地的旅游者提供一系列的实地服务工作。旅行社的接待工作包括选择和委派适合旅游团

（者）的导游，安排落实旅游活动日程，提供导游讲解、交通工具、住宿餐饮等方面的保证以及沿线各旅行社联络工作。

（二）旅行社接待工作的特点

1．接待工作的综合性

旅行社服务的综合性体现在旅行社产品所具有的综合性。旅行社产品的内容具有综合性，在特定的时空范围内向旅游者提供食、住、行、游多方面的服务。旅行社产品的提供具有综合性，旅行社产品的实现需要餐饮、住宿、交通、游览、娱乐等各种旅游企业、相关部门与企事业单位共同参与接待。也就是说旅游者在旅游过程中所需要的各种服务并不是旅行社一家单独提供的，而是通过旅行社的导游服务将旅游一线的各相关企业所提供的服务串联起来的，构成一个相对完整的旅游服务体系，为满足旅游者的需求按时、按质、按量提供服务。

2．接待工作的时效性

旅行社产品的生产与旅游者的消费是同步的，二者是在同一个时空背景的条件下进行的。旅游服务只有当旅游者到达旅游目的地之后才实际进行。旅游者直接参与旅行社产品的生产过程，并且与旅游从业人员产生面对面的直接接触。旅游者一次成功的旅游依赖于各相关企业的共同努力和协作，其中的任何一个部门出现差错，都会影响到旅行社所提供产品的品质。

3．接待工作的复杂性

旅游者的旅游活动涉及政治、经济、文化多个方面，因而旅行社的接待服务必然包含这许多方面，不仅要满足旅游者的物质需求，更要满足其精神需求。就其旅行社的导游接待而言，分为接团、带团、送团三大程序。要为不同类型的旅游团安排丰富多样的游览、生活、娱乐活动，需要导游人员纷繁复杂的工作。

4．接待工作联系的广泛性

现代人们的旅游已不是传统的游山玩水了，现今流行的生态旅游、商务旅游、智慧旅游、会展旅游、修学旅游、奖励旅游等都已突破了以观光、游览为主要内容，充满了丰富的社会性。因而旅行社为其提供服务需要与社会进行更为广泛的联系。旅行社要在旅游者与旅游目的地之间搭建联系的桥梁，发挥纽带作用，除了直接与提供旅游服务的部门和企业联系外，还要加强与更多相关部门之间的协作和信息沟通；做好相互配合和相互衔接的工作。使旅游活动顺利进行，旅游者能够乘兴而来满意而归。

二、旅行社接待人员的管理

（一）导游人员的管理

导游人员是按照《导游人员管理条例》的规定取得导游证，接受旅行社的委派，为旅游者提供向导、讲解及其他旅游服务的人员。导游是旅行社中人员最庞大的一支队伍，其中有专职导游员，也有兼职导游员。

1. 导游人员的分类

导游人员按其从事的业务范围可分为：海外领队、全陪、地陪、景区景点导游。

海外领队又叫国际导游员，是由组织出境旅游的旅行社委派的，是出境旅游团的代言人和领导者。负责陪同旅游团在境外的全程旅游活动，并协调与接待方旅行社的关系。国家旅游局 2000 年开始要求出境游、边境游、港澳游全面实行领队制度，而且规定担任领队的人员必须是旅行社的正式员工。

全陪是受组团社的委派，作为组团社的代表，对所带领的旅游团（者）的旅游活动负有全责。在领队和地陪的配合下实施接待计划，为旅游团（者）提供全程陪同服务的人员。

地陪是受接待旅行社委派，代表接待社实施接待计划，为旅游团（者）提供当地旅游活动安排、讲解、翻译等服务的人员。

全程陪同与地方陪同的业务范围不一样，全程陪同是带领旅游者在中国境内跨省、自治区、直辖市范围旅游，并为其提供全程导游服务工作。而地方陪同则在带领旅游者在其工作的区域内旅游，一般在本省、自治区、直辖市的范围内为旅游者提供当地导游服务。

景区景点导游又叫定点导游，受景点景区或旅行社的委派或聘用，在一个参观点（如博物馆、自然保护区）内为旅游者提供导游讲解服务。

2. 导游人员的管理

导游人员是旅行社的形象代表，导游人员的工作与旅行社的接待服务关联度很高。导游人员面对面地向旅游者提供安排旅游活动、向导讲解、旅途服务等多项服务，是旅行社产品的一线生产者。旅游团的接待成功与否很大程度上取决于导游人员的工作状况。导游人员的管理工作，是旅行社接待管理工作中一个重要的环节。

（1）导游人员的选聘

导游人员的服务对象来自天南地北、国内国外，而且旅游团是临时组合成的松散性的团体。导游人员要具备一定的专业素质和业务能力，才有一定的凝聚力、影响力和调控力，才能胜任旅游团的接待工作。因此挑选导游人员时，应考虑以下的因素：

① 持有导游资格证书。依据国务院颁布的《导游人员管理条例》的规定：在中华人民共和国境内从事导游活动，必须取得导游证。实施这种“持证上岗”的制度，是保障旅行社行业导游人员素质的一项主要措施。所以旅行社选聘导游人员的首要条件是必须持有省、自治区、直辖市人民政府旅游行政部门颁发的导游证。

② 良好的思想品德素质。爱国是导游人员必备的情操修养。因为导游人员不仅是旅行社的形象，而且代表着所在的地区，代表着中国。外国的旅游者往往通过导游人员的言行举止、道德观念、价值取向、文明程度来了解中国。作为导游人员要时时处处以国家利益为重，要维护国家和民族的尊严。遵纪守法、爱岗敬业，意志坚强、处事果断，待人真诚、热情开朗，有较强的事业心和责任感。自觉判断是非、识别善恶，抵制各种精神污染和物质诱惑，具有良好的社会公德。

③ 具有较高的文化知识素养。导游人员的服务对象来自不同行业、不同的阶层。而且旅游者出游时除了消遣之外，还想增长知识、扩大见闻、获取教益。为了适应不同旅游者的需求，导游人员必须积累各方面、各领域的知识。

④ 具有健康的身体素质和心理素质。导游工作是一项脑力与体力高度结合的工作。工作繁杂，面广量大，流动性强，可能上午在一个城市，下午又飞到另一个地方。各地变化着的气候、水土、饮食对导游人员的身体是一个严峻的考验。导游人员必须有一个健康的身体，否则难以胜任工作。心理素质也是一个重要的方面，导游人员的精神始终要愉快、饱满，表现出自信、随和、理性、自制和灵敏。即使受到外界不利因素的干扰，也能表现出积极乐观的心理，不能将丝毫不悦的情绪带入到工作之中。对于身体素质和心理素质的考查，可通过体检、面试、心理测试等方式进行。

（2）导游人员的培训

加强培训，确保导游人员的素质。导游人员素质的优与劣，工作能力的强与弱，服务质量的好与坏，直接影响到旅行社产品的质量，体现出旅行社的形象乃至于国家的声誉。导游人员的素质包括个人基本素质、文化知识素质、业务能力素质三个方面。个人基本素质表现在具有良好的个人品德和个人素养；文化知识素质包括导游过程中经常涉及的知识，至少掌握语言知识、史地文化知识、政策法律法规知识、心理学知识、美学知识、旅行生活知识、旅游客源地及旅游目的地的知识；业务能力素质主要包括独立工作能力、人际交往能力、组织协调能力、导游讲解能力。通过培训，提高导游人员的素质，特别是提高业务能力素质。因为只有具备了一定的业务能力，才是一名合格的导游人员。

（3）导游人员的报酬

在大多数人的眼里，导游是一份令人羡慕的职业，既可以免费游山玩水，又有高额的收入。其实不然，目前导游是高智力、体力付出，低工资福利保障的职业。

我国导游人员的报酬一般由少量的基本工资、带团津贴、小费、回扣构成。旅行社出于对成本的考虑给导游的基本工资都很低，而且也得不到保障。只有部分城市的部分旅行社给隶属于本社的专职导游发放底薪，绝大部分的导游没有。

导游工作是消耗大量的体力脑力，高付出性的工作。胜任导游工作的人员具有一定的能力和知识水平。旅行社一般不负责导游人员的住房、保险等福利性待遇。加上由于客流的季节性波动，导游人员在淡季无团可带，处于“半失业”的状态。就导游的职业要求而言，导游人员无论如何都不应是低收入者。因而在《旅游法》实施以前导游将眼光投向回扣实在属于一种无奈的选择。《旅游法》中规定：旅行社组织、接待旅游者，不得指定具体购物场所，不得安排另行付费旅游项目。所以现在旅行社在行程中一般不安排购物。经双方协商一致或者旅游者要求，安排定点商店购物时，旅行社不能存在不正当的获利行为。因而在 2013 年 10 月《旅游法》实施以后，回扣部分将趋近于零。所以需要改革导游的薪金制度。力求做到导游的工资构成与旅游者购物回扣彻底脱钩，旅行社按月发放底薪，领取与导游等级（分为初级导游、中级导游、高级导游）相称的带团津贴和旅游服务的中介费。底薪和带团津贴成为工资的主体，并保障导游的全年收入高于社会的平均水平。

（二）旅行社后勤人员的管理

旅行社后勤人员是指旅行社在接待旅游者的过程中为实施接待计划提供间接服务的工作人员。主要指旅行社的计调、采购等部门的人员。后勤人员的主要工作任务是落实接待计划，处理变更事项，为在一线工作的导游人员提供后勤保障。

1. 后勤工作的职能

（1）落实接待计划

后勤人员接到接待计划后，必须认真研究旅游团的活动日程，了解团队的人员组成，在餐饮、住宿方面有无特殊需求。在旅游团抵达本地以前，同提供旅游服务的相关企业取得联系，逐一落实交通、游览、餐饮、住宿等服务项目。如果遇到旅游活动日程、游览项目有所变更时，及时通知有关部门处理相关预订的变更事宜，还要及时通报给一线的导游。

（2）与导游人员密切联系配合

随时随地保持旅行社与一线导游人员之间的联系，处理好导游人员委托的各种接待事务以及协助处理旅游过程中发生的问题和接待故障。后勤工作还要对旅游活动中的各种情况变故进行分析，作出判断、汇报请示、及时处理，避免不必要的经济损失和造成不利的影响。

（3）及时收集相关信息

后勤人员因工作关系经常与提供各项服务的相关协作单位联系，可从各方面收集有关供需情况、价格波动、质量优劣等信息，及时整理记录并传递给旅行社的决策部门和业务部门。

（4）建立接待档案

后勤人员要建立三个方面的档案：接待资料、旅游者对接待服务的信息反馈、后勤人员的考核表。

接待资料是旅行社重要的业务资料，要注意归档保存。接待资料主要包含旅行社下达给导游的接待计划及各种通知、旅游活动日程表、接待实施情况表等。

旅游者的信息反馈主要有：旅游者填写的导游服务质量评价表、表扬信件、投诉信件及相关问题的处理结果。

后勤人员的考核表主要是考勤表、每个旅游团的接待记录表等。

2. 后勤人员的管理

首先要把对后勤人员管理的理念从以检查为主变为以预防为主，这样能从注重对结果的检查而飞跃到寻找形成结果的原因。在工作中事先预测出可能出现的问题，在这一基础上提高后勤人员的工作水平以及解决问题的能力，防患于未然。

其次要突出全员、全过程的质量管理。旅行社的后勤工作千头万绪，往往容易出现职责不清、互相扯皮、效率低下的问题。全面的质量管理在于让所有后勤人员了解管理是全体工作人员的事，不论领导还是普通员工都是管理链条中的重要环节，只有每个环节得到保证，才能保证总体的工作质量。

第二节　旅游团队接待工作的管理

一、团队旅游服务接待的原则

团队旅游服务接待，是指地接社根据组团社同旅游者签订的合同规定的内容，向其招徕的旅游团提供旅游服务的过程。旅行社的接待服务，是对旅行团的食、住、行、游等进行落实、安排、组织，即提供旅游者对所购买旅游产品的具体消费。

成团人数，一般是 10 人以上组成一个团队。在旅行社的实际操作过程中成团人数的划定会随消费标准和旅游者的需求而有所变动。旅游者的消费标准高，旅行社所获得的利润也高，成团的人数可适当降低。旅游者的消费标准低，旅行社所得到的利润会下降，成团人数会有所增加。例如，豪华团 10 人成团，标准团人数要稍多些，可能要求 16 人成团。

为了保证接待服务的质量，旅行社应对接待服务过程和内容实行规范化管理，另一方面，由于旅游团成员具有不同文化背景、不同生活习俗和不同个人爱好，旅行社在强调规范化的基础上，还应注重接待服务的个性化，以满足不同旅游者的需求。

（一）规范化原则

团队旅游接待服务的规范化是旅游团接待服务质量的基础和保障，它包含着标准化和程序化两项内容。

1. 标准化

团队旅游接待服务的标准化，是指旅行社按照一定的标准向旅游团提供旅游过程中的各种相关服务。旅行社服务的标准化是适应国际发展潮流的一种做法。国际标准化组织从 20 世纪 50 年代起在全球 80 多个国家和地区推广标准化，使世界贸易在全球各地得以公正、顺利进行。我国许多著名企业都建立了国际质量管理体系来提高自身的管理水平，适应国际经济秩序和世界贸易的需要与国际惯例接轨。

2. 程序化

团队旅游接待服务的程序化，是指旅行社根据接待服务的特点，对接待服务的每一环节和每道程序的操作制定出详细规定和相应的管理措施，并据此向旅游团提供接待服务。

接待服务程序化是旅行社保证团队旅游接待服务质量的有效措施。旅行社要参照国家的有关标准和旅行社自身的业务特点，制定出旅游接待服务的程序。接待服务程序化能使各环节间权责分明，保证接待过程中各项工作落到实处，部门间有效沟通协调，旅行社在接待过程中减少事故隐患，从而保证旅行社接待服务的质量。同时，接待服务程序化有利于旅行社的管理层对接待服务质量的监督和管理，使得接待服务和接待管理有章可循。

（二）个性化原则

旅行社所接待的旅游者来自不同地区和国家，他们的心理素质、文化教养、价值观念、生活环境和生活经历各不相同，会导致旅游者有明显的个人爱好。他们对旅游接待服务的要求也有不同程度的差别，旅行社应针对旅游团的不同特点，在坚持规范化原则的同时又在力所能及的范围内，根据旅游者的具体情况，善于提供个性化服务、富有成效和人情味的服务，以满足其特殊要求，使旅游者感受到温馨愉快。

二、团队旅游接待业务的特点

接待团队是旅行社接待业务的重要内容之一，旅游团队一般分为入境旅游团队、出境旅游团队和国内旅游团队。团队旅游接待业务相应地分为入境团队旅游接待业务、出境团队旅游接待业务、国内团队旅游接待业务。这些团队具有相同的特点，也有各自的特殊性，接待人员需要认真研究这些特点，搞好各种旅游团队的接待服务工作。

（一）团队旅游接待业务的共性特点

1. 计划性强。团队旅游接待的第一个显著特点是计划性强。旅游团的旅游计划是事先经过周密计划安排的一个环环相连的整体，旅行过程中上下环节之间的关联度很高。旅游计划中一旦出现差错，会影响到旅游活动的进行和旅行社产品的质量，会给旅行社带来经济损失，会影响旅游者对旅行社提供服务的满意程度。

团队旅游一般是在旅游活动开始前由旅行社同旅游者签订旅游合同或旅游接待协议。旅行社在旅游行程开始前向旅游者提供旅游行程单（旅游行程单是旅游合同的组成部分）。旅行社必须严格按照旅游合同或旅游协议上的内容，拟定、安排旅游团每天的活动日程、食宿地点、娱乐活动、上下站的衔接等。除山洪暴发、泥石流、暴风雨、沙尘暴、台风这一类非人力所能控制的原因外，旅行社不得擅自改变活动日程中的旅游线路、行程时间、住宿等级、餐饮标准、游览项目、娱乐活动等内容。如果的确因为实际原因，需要对旅行计划进行修改，旅行社接待人员必须事先征得旅游者的同意（对于日程活动安排不宜作大的变动。变更过大，会涉及旅行社的接待计划和各项工作的调整）。

此外，旅游接待计划还是组团社同各地接社之间达成的契约性文件。因此，对于旅游计划中所途经的各地接社来说，一旦接受了组团社的接待委托，就必须根据组团社下达的接待计划，全面安排和落实旅游团在当地的旅游活动。

2. 接待技能要求高。团队旅游接待对旅行社接待人员的接待服务技能要求比较高。由于旅游团是临时组合而成的一种松散性的团体，组成人数又较多。旅游者在旅游过程中可能一改常态变得有些散漫、不拘小节。有些团队的成员在加入旅游团之前素不相识，需要在有限的旅行期间内彼此适应。旅游者外出一般缺乏严密的组织性，如果不加以组织引导，旅游者各行其是旅游团内部则可能成为一盘散沙，这就给旅行社接待工作带来了更大的难度。因此旅行社在安排接待人员时，必须针对团体旅游的这一特点，选派接待经验丰富、责任心强，带团技能高的导游人员担任领队、全陪或地陪。

3. 协调工作多。团队旅游接待是一项综合性很强的业务，需要旅行社在接待工作开始前、接待过程中和接待工作结束后，进行大量的沟通和协调工作。首先，旅游团的成员人数较多，沿途游览的旅游目的地也不少，在旅游目的地停留的时间一般也比较长，需要由组团社、地接社和旅游目的地提供旅游服务的相关部门、企业协作才能圆满完成接待工作。因此，良好的沟通和协调是团体旅游接待工作的前提和保证。其次，在团队旅游接待的集体中，全陪、地陪和领队来自三方，领队是组团社的代表，全陪是接待方旅行社的代表，地陪是地接社的代表。他们有着共同的工作对象和任务，有各自的职责，有明确的分工。他们既要维护各自旅行社的利益，又要共同维护旅游者的利益。虽然分工有所不同，只有同舟共济，彼此鼎力相助，才能更好地完成接待任务。旅游团是一个临时组合起来的群体，旅游者可能来自不同地域，旅游者之间又存在着性别、年龄、性格、动机、兴趣、爱好、习惯、个人修养等方面的不同，难免产生分歧和矛盾。因此，旅行社的接待人员应该随时注意旅游团成员之间的关系，要善于协调旅游者之间的关系，增强旅游团成员的内聚力，促成从众行为。确立导游自己在团队中的主导地位，同旅游者友好相处，并具有一定的凝聚力、影响力和调控力，保持旅游团内的和谐气氛，以便顺利完成旅游的活动计划。

（二）团队旅游接待业务的个性特点

1. 入境团队旅游的接待

入境团队旅游，是指由旅行社通过海外旅行社或旅游中间商招徕和组织的海外旅游团队，到中国大陆旅行游览。入境旅游团队一般从其居住地启程，经我国对外开放的口岸入境，在中国境内进行一段时间的游览参观后从入境的口岸或另外的开放口岸出境返回原出发地。入境团队旅游接待的特点主要体现在以下几个方面：

（1）预订周期长。入境团队旅游的预订周期一般比较长，从旅游中间商开始向旅游目的地的接待旅行社提出接团要求起，到旅游团队实际抵达旅游目的地时止，海外旅行社或旅游中间商要经过询价、估算与报价、确认接团、正式发团等多个环节进行通信联系，不断地对线路的报价、旅游团队的活动日程、人员构成、旅行团的等级、付款条件及订金等事项进行磋商和调整。此外，海外旅行社或旅游中间商还要为旅游团队申请办理护照和签证等手续，进行前往旅游目的地的交通预订，组织旅游团队搭乘预订的交通工具前往旅游目的地。因入境团队旅游的预订周期一般比较长，接待旅行社可充分利用旅游团队抵达前的时间做好各种接待准备，落实各项旅游服务安排。

（2）接待计划细节多。在各种团队旅游接待工作中，入境团队旅游接待业务要求旅游计划最为细致严谨。入境旅游团在中国境内的经停城市多，在旅游目的地停留时间也较长。因此需要严格按照接待计划，就旅游目的地的各种相关旅游服务的每一个接待环节，制定出缜密的活动日程，避免在接待中出现重大人为事故。接待旅行社在与海外旅行社或旅游中间商接洽的过程中应密切注意旅游团活动可能出现的变化。及时调整接待计划，保证旅游活动的顺利进行。

（3）停留时间长。入境团队旅游的另一个特点是其在旅游目的地停留的时间比较长。大部分入境旅游团队来我国旅游期间，通常在数个城市，多则甚至可达十几个城市或风景区游览观光。由于入境旅游团队的消费较高，而且停留的时间也较长，所以能够给旅游目的地带来较多的利润。搞好入境旅游团队在各旅游目的地的服务接待，使境外的旅游者乘兴而来，满意而归。

（4）风俗习惯差异大。入境旅游团队多以外国旅游者为主体，其使用语言、宗教信仰、文化传统、价值观念、生活方式、审美情趣等均与我国有较大差异。要选择能够熟练使用外语、熟悉其风俗习惯和文化传统的导游担任入境旅游团队的全陪或地陪。

2. 出境团队旅游的接待

出境团队旅游的接待业务，是指具有经营资质的国际旅行社招徕组织中国境内居民（包括中国公民和长期在中国境内居住的外国人）到外国和中国香港、中国澳门、中国台湾地区旅游。目前，中国公民自费出国旅游主要以团队的形式进行。出境旅游团的接待业务比较简单，主要是委派经验丰富的领队负责。出境团队旅游接待业务的个性特点如下：

（1）活动日程变化小。出境旅游团的活动日程是组团社与旅游目的地接待旅行社多次协商后制定的，一般不宜变动。除非因不可抗拒的原因，旅行社接待人员在取得旅游者的同意后对活动日程进行变更。

（2）消费水平较高。目前参加出境旅游团的旅游者多是高收入者，可自由支配的收入较充裕，因而他们在境外的消费水平和消费档次一般比较高。再加上中国人又有“穷家富路”的习俗。出境团在旅途中通常乘坐飞机或豪华客车、下榻在温馨舒适的高级饭店，品味有当地特色的风味餐等。我国出境旅游的旅游者为了回忆旅游的经历、为了馈赠亲友或为了炫耀自己的富有等目的，较为大量的购物，采购商品的价值也比较高，有时甚至超过来自发达国家的旅游团，深受旅游目的地商店的欢迎。

（3）外语水平低。目前我国出境旅游团队中大部分旅游者的外语水平比较低。到达境外后，难以自如地与当地居民进行交流，需要领队在旅游者与当地居民之间搭建起沟通的桥梁。因此，旅行社应选派精通旅游目的地语言的导游人员担任出境旅游团的领队，在境外充当翻译，以帮助旅游者减少语言交流方面的障碍。

3. 国内团队旅游的接待。国内团队旅游的类型比较多，有观光旅游、文化旅游、商务旅游、休闲旅游、民俗旅游、乡村旅游等。近些年来随着我国国民经济的迅速发展和人民生活水平的提高，外出旅游成为一种时尚，成为人们一种全新的生活方式。国内旅游也随之呈现出强劲的发展态势，具有强大的发展潜力和广阔的发展前景。国内团队旅游在旅游接待的总量上占有绝对的优势，因而旅行社有必要认真研究其特点。

国内团队旅游接待业务主要呈现出以下方面的特点：

（1）成团时间短。国内团队旅游的预订周期一般不长，通常从旅游者开始咨询到成团出游只需半个月左右的时间。有时由于成团时间过短，导致客源地的组团社只好用电话联络，然后再补发书面旅游计划。在接待国内团队旅游时，旅行社的准备时间不可能像接待入境团体旅游或出境团队旅游一样有充裕的时间。

（2）活动日程稳定。国内旅游者一般都会在出游前对旅游目的地作较为深入的了解。国内旅游者在旅游中往往将旅行社是否严格遵守活动日程看成旅行社履行旅游合同的重要标志。所以，他们对在旅途中更改活动日程较为反感。因此，旅行社在接待国内团队旅游时，要注重旅游者的这一心理特点，尽量避免临时更改日程。

（3）消费水平参差不齐。参加国内团队旅游的旅游者生活水平参差不齐。既有收入水平较高的企业家、白领阶层，也有中等收入水平的工薪阶层，还有在校的青年学生。因此，旅游者在消费水平方面差异很大。高收入者所组成的豪华旅游团要求下榻高星级宾馆、旅途中乘坐飞机和豪华客车，有充裕的时间去购物、娱乐；而较低收入者组成的经济团则入住经济型酒店或青年旅馆，旅途中乘坐火车或一般客车即可，用尽可能多的时间参观游览。接待国内团队旅游时，应根据旅游者的消费心理和消费水平的特点，制定出让旅游者满意的日程。

（4）讲解难度小。国内旅游者在游览各地旅游景点时，往往会预先收集相关的资料，对将要游览景点有个大体印象。大部分国内旅游者具有一定的文化修养，导游人员在讲解时进行信息的传递，容易引起他们的关注。导游要同时接受旅游者的反馈，解答他们提出的问题，通过双向沟通引起旅游者的共鸣。对于导游人员在讲解过程中穿插的历史故事、成语、谚语、歇后语，旅游者不会觉得陌生，导游人员可以充分运用各种方法生动地向旅游者介绍景点的情况，激发出他们的审美情趣。

三、旅游团队接待程序

（一）组团社下发旅游接待计划的审阅

旅游接待计划是旅行社日常接待工作的重要依据。通常组团社以传真或邮件的形式下发到各地接社的计划，实质上是一个组团社与各地接社之间的契约性文件，也是组团社与地接社进行财务结算的依据。

入境团队的旅游接待是根据境外旅行社或旅游公司发给国内组团社的传真或邮件计划改写的（境外旅行社或旅游公司发来的传真或邮件计划又是依据其与境外旅游者所订的旅游合同制定的），国内旅游团旅游计划是组团社直接根据在当地参团的旅游者签订的旅游合同制定的。

地接社的接待部（计调部）接到组团社的计划后，应对计划的以下内容进行审阅：

1. 旅行团团名、团号、海外组团社的名称。

2. 旅游团人数、类别、所要求旅游服务标准及所需导游语言的种类。

3. 出入境的口岸、抵离本地的机、车、航班号、车次、时间及去向，下一站的接待单位。

4. 根据计划中的详细名单确认人数、性别，是否有夫妇，年龄、职业、国籍、护照号码。对所住饭店的要求、房费中是否含有早餐、早餐的类别、饭店是组团社自订还是委托地接社代订。

5. 全程陪同的人数、姓名、性别，返程票的日期、航班、车次（如无陪同人员，是否注明“该旅游团无全陪，请上下站接待社加强联系”）。

6. 组团社名称、地址、电话、传真及联系人姓名及电话。

7. 旅游线路及游览城市。

8. 旅游活动日程安排的要求，是否有风味餐或特殊项目，是否有旅游者中途离团或中途跟团。

计划审阅清楚，确认各事项无误后，及时以传真或邮件给组团社发送回执，给予确认。如对计划有疑问或不详之处，应及时向组团社询问。

同时要分析该客源地客人的特性及特殊要求，了解本旅行社采购计划能否满足该旅游团的需求，如果超出本社接待能力的旅游团一定要对组团社据实相告，迫不得已时要忍痛退团。先把旅游团接来，临时再去应付的作法是短视行为，只会毁掉旅行社的信誉。

（二）编制本地区旅游接待计划

地接社的“接待计划”就是在本地区向旅行团提供旅游服务的主要依据。接待计划编制是否合理，对于地接社接待好旅行团、保证接待质量、创造较好的经济效益以及社会效益都有着至关重要的作用。

在编制本地区接待计划时，必须按照组团社下发的总计划的要求、标准，同时遵循时间准确、路线合理、活动内容丰富多彩等原则。具体的内容包括：

1. 标明旅游团名、团号、类别（游览团、参观团、考察团、专业团、修学团、重点团等）。

2. 计划中要写清楚团队的人数、国籍、抵离日期、服务标准（豪华团、标准团A等、标准团B等、经济团）及所需导游翻译语言的种类。

3. 该团抵达本地所乘的航班号、车次、时间及前往下一站时所乘的航班号、车次、时间。

4. 所需房间总数，是否出现自然单间。

5. 旅行团领队、全陪的姓名和性别。

6. 所住饭店的名称，是组团社自订还是代订，早餐形式、标准。

7. 旅游日程安排。

将已编排好的计划分送各有关部门、导游及后勤人员。各有关接待人员需按计划提前作好一切接待准备工作。

四、团队旅游接待业务的运行与管理

团队旅游接待业务包括旅游团抵达前的准备、旅游团抵达后的实际接待和旅游团离开后的总结三个阶段。在这三个不同阶段中，旅行社应采取不同的方式进行管理，以确保接待工作圆满完成。

（一）团队旅游接待服务的程序

团队旅游接待服务的程序包括地陪、全陪和领队三个类型，每个类型的接待程序都涉及准备工作、接待工作、总结工作三个阶段。

1. 地陪的接待服务程序

地陪由旅游目的地地接社委派，并负责具体执行旅游接待计划。地陪旅游接待服务的目标是代表地接社，按接待计划组织好旅游活动，使旅游者如期如愿地完成旅游目的地的旅游消费。地陪人员在整个团队接待过程中起着关键的作用。地陪在当地的旅游接待过程中，应根据旅游接待计划组织安排旅游活动，负责导游讲解，排除旅游故障，确保旅游者在当地旅游消费活动顺利进行。服务程序分为准备、迎接、导游讲解及生活服务和结束四个阶段。具体如表 6-1 所示。

表 6-1 地陪的接待服务程序

		服务程序内容
准备阶段	业务准备	1. 熟悉接待计划 （1）了解旅游团成员的基本情况，如年龄结构、男女人数、职业特点，记住领队及全陪的姓名。 （2）了解团队的有关信息。如旅游团的类别、接待标准，费用结算方式，海外旅行社及组团社的情况。 （3）了解在本地旅游活动的内容及要求。抵达本地的时间、地点、交通工具。 2. 落实具体接待 （1）落实住房及用餐。 （2）落实旅游用车。
	知识准备	1. 更新常规知识 2. 了解、补充不熟悉的景点知识 3. 补充与本旅游团及本次旅游活动有关的知识 4. 接待入境旅游团时，对重点内容作好外语和介绍资料的准备
	物品准备	1. 备齐与本次带团有关的用品，如接团计划、导游委派单、导游证件、接站牌、结算单、话筒等 2. 准备好个人用品，个人常用药、换洗衣物、身份证
接待工作	迎接服务	1. 接站准备 （1）再次核实旅游团所乘交通工具抵达当地的确切时间。 （2）与司机联络，商定出发时间，确保提前 30 分钟到达接站地点。 2. 迎接 （1）认找旅游团。旅游团所乘的交通工具抵达后，持接站牌站在醒目的位置迎接。仔细观察，主动找寻。与领队、全陪打招呼，进行自我介绍，对他们表示热烈欢迎。 （2）核实人数、清点行李。核对旅游者实到人数，如果人数有增减，及时通知旅行社便于相应调整。 （3）集合登车。引导旅游者上车并协助其就座。清点人数，待全部人员到齐后，请司机发车。 （4）致欢迎辞。代表旅行社、司机及本人欢迎旅游者光临，表示尽力服务的愿望、预祝旅游愉快。 （5）沿途导游。介绍沿途的风光，简介本地的风土人情，到将要下榻的饭店时介绍饭店的概况。 3. 入住服务 （1）协助办理入住手续。引导旅游者进入饭店，陪同领队和全陪同办理入住手续。协助分发房卡。地陪介绍饭店的有关服务设施的位置及营业时间。 （2）照顾行李入房。将旅游团所住房间号码告诉饭店的服务员，协助其将行李送入房间。 （3）带领旅游团用好第一餐。趁用餐之际宣布有关日程。
		1. 出发 （1）至少提前 10 分钟到达集合地，与旅游者作一些交流，督促司机作出发前的准备工作。 （2）组织旅游者登车，清点人数。待大家到齐后，简要说明当天的日程安排及有关注意事项。 （3）发车。请司机发车。作沿途风光导游。如果车程较长组织在车上开展一些娱乐活动。

续表

		服务程序内容
	参观游览及生活服务	2. 景点导游讲解 （1）交待有关注意事项。游览的注意事项、游览时间，集合时间地点等。 （2）到达景点后，适时进行讲解。地陪应介绍景点的历史背景、风格特点、地理位置和欣赏价值等。繁简得当，边游边导，讲深讲透。 （3）留意旅游者动向，防止走失。在游览过程中，地陪应始终同旅游者在一起活动，注意旅游者的安全，随时清点人数，以防旅游者走失。同时，地陪还应使用生动形象的语言向旅游者讲解景点情况，使旅游者得到美的享受。 3. 其他活动服务 （1）餐饮服务。到达就餐点后，引导旅游者就座。介绍餐馆设施，督促检查餐厅服务员及时开餐。导游人员尽管不与旅游者同桌吃饭，至少要去那里巡视 1～2 次，询问旅游者的反应。 （2）文娱活动。若是接待计划中的项目，通知司机发车，导游陪同前往。导游要向旅游者介绍剧场情况及表演节目内容。若是旅游者自费项目，导游不必前往。但要提供必要的协助服务。 4. 送站服务 （1）核实与商定工作。旅游团结束在当地参观游览活动的前一天，地陪应向有关部门确认交通票据和离站时间，准备好送站用的旅游车，与领队或全陪商定第二天叫早、出行李、用早餐和出发的时间，并提醒旅游者处理好离开饭店前的有关事项。 （2）离店服务。提醒、督促旅游者结清与饭店的有关账目，办理退房手续。及时归还旅游者的有关证件。 （3）集合登车。引导旅游者上车，提醒旅游者在饭店不要遗忘物品，询问是否结清饭店的账目、是否带好证件和机票或车票。 （4）送别离站。到站后，地陪致欢送辞，注意要既动之以情，又娱之以乐。诚恳地征求旅游者对当地接待工作的意见和建议，并祝愿旅游者旅途愉快。如果旅游团乘坐火车、轮船离开当地前往国内其他城市或地区旅行，地陪须等到旅游者所乘的交通工具启动后，才能离开送别地点。如果旅游团乘坐国际航班离境，则地陪应在将旅游者送至海关前与旅游者告别。当旅游者进入海关后，地陪即可离开送别地点。
总结工作		1. 结算账目 在规定时间内与旅行社结清账目。 2. 处理遗留问题 下团后根据规定和旅行社的指示处理好旅游团在当地参观游览时遗留下的问题。 3. 作好总结 填写陪同日志，实事求是汇报接团情况。

2. 全陪的接待服务程序

全陪是旅游客源地组团社派出的旅游团接待人员，在旅游工作集体中起主导作用。他监督并配合地陪实施旅游接待计划，并在沿途照顾旅游团的生活，协调领队、地陪、司机等旅游接待人员的协作关系等。全陪的接待服务程序分为三个阶段，如表 6-2 所示。

表 6-2　全陪的接待服务程序

		服务程序内容
准备工作	业务准备	1. 熟悉接待计划 记住团队信息、了解旅游者情况。全陪与旅游者的接触时间比地陪更长，更需要熟知接待计划。具体内容与地陪的相同。 2. 熟悉衔接安排 各个旅游目的地之间的转移，全部由全陪提供导游服务，需要对上下站的衔接非常熟悉。 3. 熟悉各旅游目的地的安排 沿线的游览地情况、各处的收费情况及付款方式等。
	知识准备	1. 专题讲座所需知识 其内容可结合旅游景点情况而定。如华东线，收集园林方面知识。 2. 沿途导游所需知识 根据交通转移线路，准备一些沿途各地的概况等内容。
	物质准备	比地陪多带的是全陪日志以及更多的团款、换洗衣物和个人所用药品
	联系地陪	1. 对于入境旅游团 在旅游团抵达前一天，全陪应主动设法与负责接待的地陪进行联系；了解第一站接待工作的详细安排情况，并确定集合的地点和时间，以便在第二天准时前往旅游团抵达的地点迎接（如果在组团社所在地入境时，通常该地不再委派地陪，而由全陪兼任）。 2. 对于国内旅游团 要在旅游团出发前一天同旅游者取得联系，约好次日出发登机（车、船）的时间及地点。
接待服务	迎接服务	1. 入境旅游团的接待服务 （1）应与地陪（如系全陪兼任地陪，由全陪单独前往迎接）一起提前半小时到达接站地点迎接旅游团。 （2）在接到旅游团后，全陪应主动与该旅游团的领队联系，了解并核实旅游团的实际到达人数、旅游团有无特殊要求和需要给予特殊关照的旅游者。 （3）与领队、地陪一起清点和交接行李。 （4）待旅游者上车后，全陪要在地陪之前向旅游者致欢迎辞。代表旅游目的地组团社和个人向旅游团致欢迎辞，做自我介绍，表达向全体旅游者提供服务的真诚愿望并预祝旅行顺利、愉快。 （5）协助地陪带领旅游团乘车前往预订下榻的饭店。当旅游团所乘坐的汽车抵达饭店后，全陪应协助地陪和领队将旅游团带入店。 （6）协助旅游团领队办理入住手续，协助有关人员随时处理入住过程中可能出现的各种问题。 （7）商定日程。与领队核对并商定旅游团的活动日程；掌握领队所住的房间号，以便随时进行联系。 （8）掌握住房情况。掌握旅游团的住房分配名单和饭店总服务台电话号码，以及同地陪确定在紧急情况下的联系方法。 2. 国内旅游团的迎接服务 （1）在预先商定的集合地点等候旅游者。进行自我介绍，并代表组团社向旅游者表示欢迎。带领旅游团启程赴首站旅游目的地。

续表

<table>
<tr><td></td><td></td><td>服务程序内容</td></tr>
<tr><td rowspan="2"></td><td></td><td>（2）介绍旅游线路及沿线主要旅游景点概况、旅游目的地的风土人情、旅游线路沿途各城市或地区的接待条件、旅游目的地居民对外来旅游者的态度及旅游者应注意的其他有关事项等，向旅游团成员分发一些有关旅游目的地的资料。
（3）为旅游团分配饭店住房，介绍地陪，并请他向旅游团介绍在当地的活动日程；协助地陪办理旅游团入住。</td></tr>
<tr><td>各站陪同服务</td><td>旅游团在沿途各站旅游时，全陪主要配合各地的地陪进行导游服务。全陪需要做好如下的工作：
1. 做好旅游线路上各站之间的联络
通报旅游团旅游情况和旅游者在参观游览和生活上的特殊要求。
2. 协助各地地陪的工作
提醒他们认真落实旅游团在当地的抵离交通工具、饭店的入住与离店手续、旅游景点的导游讲解服务等。
3. 监督、协助各站服务工作并监督其服务质量，酌情提出改进意见与建议
及时与地陪通报情况，了解各站的行程安排。若有不妥，应向地陪及时指出并要求改正。
4. 留意旅游者动向，防止旅游者走失
参观游览时，负责注意观察周围环境，协助地陪完成讲解任务。注意保护旅游者的人身和财产安全，提醒旅游者保管好自己的随身物品和行李以及在旅游活动中远离危险地区和物品。
5. 离开时与办理相关财务手续
离开当地时与地陪按规定办理相关财务手续，并妥善保存财务单据。
6. 转移过程中照顾旅游者
在上下站转移过程中照顾旅游者的旅途生活，并解答旅游者提出的各种问题。
7. 征求旅游者对整个旅游接待工作的意见和建议
8. 在旅游团预定的离境口岸送别入境旅游团，或带领国内旅游团返回原出发地
9. 代表组团社对旅游者在旅途中的合作致以谢意，并欢迎他们再度光临</td></tr>
<tr><td>总结工作</td><td></td><td>1. 结清账目
到财务部门结清各种账目，退还多余的借款，上交在各地旅游期间向当地旅行社提交的旅游费用结算副本，说明途中所发生各种费用的具体情况。
2. 处理遗留问题
3. 填写全陪日志
4. 归还所借物品等</td></tr>
</table>

3. 领队的接待服务程序

领队是旅游团的领导和代言人，既是旅游团的服务人员，又是旅游者合法权益的维护者。领队在客源地组团社与旅游目的地组团社和地接社之间，在旅游团成员与全程导游人员和地方导游人员之间充当联系人和协调人的角色。领队的接待服务程序如表 6-3 所示。

表 6-3　领队的接待服务程序

		服务程序内容
准备工作	业务准备	1. 熟悉计划、了解旅游团情况 要求与地陪相关要求相同。 2. 核对旅游证件、交通票据和表格 （1）核对护照内容。旅游者的姓名、出生年月、出生地、发照日期。正文页与出境卡是否一致。签证有效期、签证水印及签字是否齐全。 （2）机票的核对。电子客票行程单上的姓名是否与护照相符。弄清是 OK 票还是 OPEN 票。 （3）查看旅游团预防注射情况。
	知识准备	1. 目的地国家概况 熟知旅游目的国家的政策、地理、历史、文化、风俗习惯、物产等情况。 2. 旅游专业知识 熟悉海关知识、旅行知识。
	物质准备	1. 团队计划、自费项目表、社旗、行李标签、客人胸牌 2. 各国出入境卡、海关申报单、出国手册等 3. 名片、领队证、身份证、护照或通行证、领队日志本、随身行李物品、常备药品
	行前说明会	1. 领队代表旅行社致欢迎辞 2. 详细说明行程安排 3. 提出旅行要求 4. 做好提醒工作 （1）提醒旅游者带旅行证件、身份证。 （2）提醒旅游者带齐自备生活品和在境外注意人身安全与财物安全。 （3）说明海关的有关规定、过关的程序和手续。 5. 卫生防疫 由旅行社联系检疫局人员在开说明会时来注射防疫针，并发给“黄皮书”，或在出境时领取黄皮书。 6. 有关事情 （1）分发行前须知。 （2）落实分房、交款、特殊要求事项。
接待服务	出境和出发	1. 询问交通工具离开的时间有无变化 在旅游团预定启程的当天，领队必须根据旅游计划提前到达预定的交通集散地，并电话询问有关部门交通工具离开的时间有无变化。 2. 集合并清点人数，向旅游者做自我介绍 3. 帮助旅游者办理出境手续 4. 买好机场建设费 若有进行海关申报的旅游者，让其持预先填写好的海关申报单走红色通道。 5. 托送行李过安检，办理登机手续 6. 过卫生检疫，出示黄皮书 7. 将《名单表》交边检官检查 《名单表》边检留存一份，另一份加盖边检章后，交领队收存，入境时依此检查。 8. 过安检、候机、登机 9. 途中照料

续表

		服务程序内容
	国外入境	1．领队事先填写好 E / P 卡和申报单 2．办理入境手续 带领全团迅速办好卫生检疫、证照查验、海关检查等入境手续。 3．到海关办公室报告有关事项 待旅游团全体入境，经检查行李无误后，到海关办公室报告团体性质、人数、国籍、行李件数。海关要求检查时可请求抽检，并请物主开箱受检。并提醒旅游者不要走散。 4．出关 与当地接待人员联络并将行李交其负责。然后带旅游者登车清点人数。
	境外导游	1．每到一地，马上与当地旅行社导游接洽，清点行李、人数，安排旅游者入住酒店 2．核实、商定日程 3．监督旅游计划的实施，注意维护旅游者的正当权利 4．沿途照料旅游者登机、食宿、游览等活动 5．与接待社的导游、司机密切配合，妥善处理各种事故与问题
	国外离境	一般先办理登机手续、再过边检、海关，最后登机。 1．告知旅游者航班号、登机门、登机时间 提醒旅游者切不可因逛免税商店而误了登机。 2．过关 提醒旅游者手持护照、该国移民局所要求的出境卡和登机牌。
	回国入境	1．告知旅游者中国边检及海关规定 2．领队将《名单表》（出境时边检已盖章）交给边检人员 3．通过海关 让旅游者手持护照、申报单、健康说明书，在机场人员的指挥下一一过关。 4．散团告别 请旅游者填写征求意见表。领队致欢送辞。提醒旅游者清点行李，注意安全，并一一与旅游者握手告别。
总结工作		1．填写领队小结 2．协助旅行社领导处理团队的遗留问题。认真处理旅游者的委托事宜 3．报账，归还所借物品

（二）团队旅游接待的管理

团队旅游接待是许多旅行社的主要经营业务之一，也是这些旅行社重要的经营收入渠道之一。搞好团队旅游接待，可以使旅游者获得良好的经历，旅游者有可能再次购买或影响动员亲朋好友购买旅行社的产品，从而也使旅行社获得最佳的经济效益和社会效益。因此，旅行社必须注重对团队旅游接待三个阶段的管理。在不同的阶段采用不同的措施，以达到有效管理的目的。

1．准备阶段的管理

旅行社接待部门在准备接待阶段所实施的管理包括以下两个方面：

（1）委派适当的接待人员

接待部门在接到本旅行社销售部门或客源地组团社发来的旅游接待计划

后，应熟悉了解计划，特别是对团队的人员组成、年龄结构、文化背景及从事的职业进行仔细的研究。根据旅游团的要求，寻找合适的导游人员。

这就要求接待部门的负责人了解社内导游的个人品质、性格特征、导游风格和各方面的专长。例如，对于一个教师旅行团，可能配备一名踏实稳重、工作态度认真的文化型导游。文化型导游具有较为广博的知识，用通俗的语言将景点景物的解说与辅助知识结合，讲解具备有一定的深度和广度，善于把深层次的文化内涵传递给旅游者。这样的导游能与教师旅行团融为一体，使旅游者满意。

（2）检查接待工作的准备情况

在准备阶段，接待部门应注意检查接受了接待任务而未正式上团的导游的准备工作进展情况。对于进展较慢的导游人员，应加以督促，用适当的方式给予必要的指导和帮助，接待部门应通过对接待工作准备情况的检查，及时发现和堵塞漏洞，防患于未然。

2. 实际接待阶段的管理

实际接待阶段是旅行社接待管理的重要环节，也是管理中最困难、最薄弱的环节。由于担任接待工作的导游人员往往单独带领旅游团活动，而导游本身的特殊性导致其工作具有随意性和主观性。接待部门难以随时保持对接待人员的控制。旅行社接待部门经理应该特别重视这个阶段的管理，建立请示汇报制度和接待现场抽查与监督制度，使旅游团的接待服务工作能够顺利完成。

（1）建立请示汇报制度

旅游团队接待工作是一项独立性很强的工作。导游在外独立带领一个团队，食、住、行、游等方面都要导游独立做主，作出妥善的安排。这种随意性和主观性给予导游充分展现性格的机会。因此要求担任旅游团接待工作的接待人员应具有较强的组织能力、独立工作能力和应变能力，以保证旅游活动顺利进行。但是，凡事擅自主张，不请示、不汇报，特别是遇到旅游接待计划发生重大变化的情况也不请示，甚至出了事故隐匿不报的做法是错误的。为了加强对旅游团接待过程的管理，根据旅行社的具体情况，制定出适当的请示汇报制度。这种制度可以允许导游人员将带有不确定因素的接待计划落实、转变为现实的各项旅游项目和接待服务时，发挥个人的主观能动性，以保证接待工作的高效率；同时又要求接待人员在遇到旅游活动过程中的一些重大变化或事故时，及时请示旅行社有关管理部门，以取得必要的支持和帮助。只有建立和坚持这种适当的请示汇报制度，才能保证旅游团的接待工作顺利进行。

（2）建立通畅的信息系统

在旅行社内部建立通畅快速的信息上报反馈机制，可以使旅行社的有关管理部门及时掌握各旅游团的游览活动进行情况，实施动态管理。将可能出现的接待服务缺陷消灭在萌芽状态，提高旅行社的接待服务质量，维护良好的声誉。

（3）建立现场抽查与监督制度

旅行社还应建立旅游团接待现场抽查和监督制度。由接待部经理等人在事先未通知的情况下，派出接待部门的管理人员或者领导层亲自到旅游景点、旅游团下榻的饭店、就餐的餐馆等旅游团活动场所，直接同旅游者接触。了解他们对接待工作及各项日程安排的意见，收集有关接待方面的信息。旅行社接待管理人员通过现场抽查和监督，可以迅速、直接地了解接待服务质量和旅游者的评价，为旅行社改进服务质量提供宝贵的资料。

3. 总结阶段的管理

总结阶段的管理，主要是通过对接待过程中发生的各种经验教训进行总结，处理旅游者对接待人员的表扬和投诉，增强接待人员的思想认识、知识水平和业务能力，以提高旅行社团队旅游接待的整体水平。旅行社在总结阶段的管理主要是建立接待总结制度、处理旅游者的表扬和投诉。

（1）建立接待总结制度

为了达到提高旅游团接待工作效率和服务质量的目的，旅行社应建立总结制度。要求每一名接待人员在接待工作完成后，对接待过程中发生的各种问题和事故处理的方法及其结果、旅游者的反映等进行认真的总结，必要时应写出书面总结报告，交给接待部门整理归档，这对积累经验、改进接待工作大有益处。

（2）抽查陪同日志和接待记录

通过抽查导游人员填写的陪同日志、全陪日志、领队日志等接待记录的方式，更好地了解对旅游者的接待情况和相关服务部门的协作情况，及时发现问题，采取补救措施，提高旅行社产品的质量。

（3）审查重大事件报告

通过审查重大事件报告，旅行社可以从中积累经验，最大限度地减少服务过程中的错误，有效地规避各种风险。

（4）处理旅游者的表扬和投诉

表扬是旅游者对导游人员工作的首肯。而投诉中透露出旅游者对接待工作中的一些不满。处理旅游者对导游人员接待工作的表扬和投诉，是总结阶段中旅行社接待管理的另一项重要内容。

对于表扬及时宣传，在接待人员中树立榜样，激发其他员工的工作热情。

对于投诉迅速处理。接到投诉后，重视旅游者的意见，并将其作为改进对旅游者服务的一次机会。尽快核实情况，属于旅行社接待缺陷的该赔偿的赔偿，该弥补的弥补，以便取得旅游者的原谅和理解，变不利因素为有利因素。

第三节　旅行社散客接待工作的管理

散客旅游，又称自助或半自助旅游，它是由旅游者自行安排旅游行程，零星现付各项旅游费用的旅游形式。散客旅游是相对于团体旅游的一种旅游产品，这两者的最大区别是产品的销售对象。散客旅游以零散的旅游者为主要服务对象。而散客又分为两类，第一类是自助旅游者，即旅游者出行时未委托旅行社，而是单独一人或与朋友、家人结伴而行。到达旅游目的地以后，依据自己的兴趣设计出旅游路线和游览项目，但有可能将一件或几件事件委托给旅行社。第二类是临时组织起来的散客团（通常人数不超过 9 人）或组团社委托地接社的 10 人以下计划旅游团。

一、散客旅游业务的特点

（一）批量小

散客区别于旅游团的一个重要标志是人数的差异。一般而言，10 人以下的旅游活动集体通常称之为散客。散客旅游多为旅游者本人单独外出或与其家属、亲友结伴而行，与团体旅游相比，散客旅游的批量一般比较小。旅行社进行旅游接待时分为 1 人级、2～5 人级、6～9 人级来安排。

（二）批次多

散客旅游的批量虽然比较小，但是采用散客旅游方式的旅游者日趋增多，加上许多旅行社大力开展散客旅游业务，更促使散客旅游呈迅速增长的趋势，所以散客的总量在不断增加。散客市场规模的日益扩大及其批量小的特征，使得散客旅游形式呈现批次多的特点。

（三）预订期短

散客旅游随意性较大，决定购买的过程比较短，旅游者多采用现购的形式，相应地使散客旅游形成了预订期短的特点。有时从预订到出发只有一两天时间，甚至上午预订下午出发或晚上预订第二天早晨出发。散客往往要求旅行社能够在较短的时间内，为其安排好旅游线路并办妥各种旅行手续，因而旅行社的接待和安排压力也很大。

（四）要求多

散客旅游的参与者很广泛。有商务客人、公务人员、白领人士、学者专家、在校学生以及寻亲访友者。其中的商务、公务旅游者的旅行费用多由所在的企业、单位全部或部分承担。另外，他们在旅游过程中有很多交际应酬活动和商务、公务活动。因此，他们的旅游消费水平较高且对旅游服务的要求也较多。各种不同职业的散客旅游者对旅游接待服务的要求不尽相同。

（五）变化多

散客在旅行前常缺乏周密的安排，往往依据个人的兴趣设计旅游路线，一般事先只订购交通票、住宿等少数服务项目。到达旅游目的地以后，常常是需要什么再作购买。有时还会在旅行过程中临时变更接待计划，提出各种新的要求或在旅行前突然由于某种原因而临时决定取消旅行计划。

（六）旅游产品价格高

散客旅游团人数不多，还经常单独购买某些旅游产品，不可能享受到旅游团队的优惠价格。所以旅游产品价格较团队旅游产品价格要高。由于散客旅游产品的中间环节少，销售所花的开销低，旅行社经营散客旅游产品所获得的利润也较为高。所以散客接待被旅行社所看好。

阅读材料 6-1　新兴职业——旅游咨询师

旅游咨询培训师的概念源自欧美发达国家，在美国、法国、瑞士等国，旅游咨询师已经逐步替代导游。在我国近几年才被提出，职业前景较好。在上海、安徽等省均可培训认证，要求至少三年旅游及其相关的工作经历才能报考，在薪酬上，刚入行的旅游咨询师月薪 3000 元左右，而资深的高素质管理类旅游咨询师，年薪高达 30 万元以上。

随着“自由行”日渐风靡，越来越多的旅游者不甘于跟着旅游团进行模式化的游览，高级订制化旅游项目成为市场新宠，催生了“旅游咨询师”这一新兴职业，为游客量身定做个性化旅游路线。工作内容从旅游前期准备一直延续到后期旅游服务保障，涵盖旅游线路设计、旅游健康咨询，旅游安全、帮助游客维权、景区市场推广等。需要提供出路线设计、建议意见、注意事项等。与只提供向导、讲解服务的导游不同，实际上，导游的工作内容只是旅游咨询师的一小部分。旅游咨询师根据职业、旅游经历、旅游目的，帮助不同的游客制订相应的旅游计划。

旅游咨询师进行考核及认证的单位是人力资源和社会保障部中国培训就业技术指导中心，目前，北京、上海等地已开展了旅游咨询师的职业培训。业内人士介绍，旅游咨询师虽然需要较强的专业知识，但是其报考门槛并不算高，有一定专业基础、工作经验再经过专业培训后，考试合格就可获得《旅游咨询师》证书。

（苏英，陈书星．旅行社经营与管理．北京：化学工业出版社，2011：56）

二、散客旅游业务的类别

（一）散客旅游接待服务的类型

1. 自助散客旅游接待服务

散客在到达本地前并未办理任何旅游委托手续，但当到了本地后，由于某种需要到旅行社直接办理在本地的单项旅游委托、多项旅游委托或全包价旅游委托。旅行社接待自助散客时应先问清旅游者的委托要求，并说明旅行社能提供的各项服务及相应的收费标准。据旅游者的申请，旅行社与旅游者双方签订合同。然后按合同约定提供服务。这种自助散客旅游服务内容可选择性强，但价格上不享受优惠折扣。

国内旅游“一日游”合同（示范文本）

国家旅游局制定

国家工商行政管理总局

国内旅游“一日游”合同

同合同编号：________

<table>
<tr><td>旅游者( )人</td><td>姓　名</td><td>身份证件号码</td><td>旅行社</td><td>名称</td><td>许可证编号</td><td>导游人员</td><td>姓名</td><td>导游证号</td><td>手机</td></tr>
<tr><td rowspan="9">行程安排</td><td colspan="3">成行团号</td><td colspan="2">出发时间</td><td colspan="2">出发地点</td><td colspan="2">返回地点</td></tr>
<tr><td colspan="3"></td><td colspan="2"></td><td colspan="2"></td><td colspan="2"></td></tr>
<tr><td rowspan="2">线路及景点</td><td colspan="5" rowspan="2"></td><td colspan="2">景点是否含购物</td><td>含购物景点名称</td></tr>
<tr><td colspan="2"></td><td></td></tr>
<tr><td rowspan="2">交通安排</td><td>使用形式</td><td colspan="2">车牌号码</td><td colspan="2">驾驶人员姓名</td><td colspan="3">标　准</td></tr>
<tr><td>合车游()包车游()</td><td colspan="2"></td><td colspan="2"></td><td colspan="3">空调( )无空调( )面包车( )中巴( )大巴( )</td></tr>
<tr><td rowspan="3">餐饮安排</td><td></td><td colspan="2">早　餐</td><td colspan="2">午　餐</td><td colspan="3">晚　餐</td></tr>
<tr><td>地点</td><td colspan="2"></td><td colspan="2"></td><td colspan="3"></td></tr>
<tr><td>标准</td><td colspan="2"></td><td colspan="2">___荤___素___汤(___人/桌)</td><td colspan="3">___荤___素___汤(___人/桌)</td></tr>
</table>

合同责任

第一条　旅行社

1.除法律另有规定外，旅行社对可能危及旅游者人身、财产安全的旅游项目未履行告知、警示义务，并采取防止危害发生的必要措施，造成旅游者人身损害、财产损失的，应承担相应的赔偿责任。发生危及旅游者人身安全的情形，旅行社未采取必要处置措施的，应承担相应的赔偿责任。

2.旅行社距约定出发时间12小时（含12小时）以上解除合同的，应向旅游者全额退还预付旅游费用；旅行社距约定出发时间12小时之内解除合同的，还应向旅游者支付旅游费用总额20%的违约金。

3.旅行社未按合同约定安排具有合法有效资质的旅游车辆、驾驶人员或导游人员的，应向旅游者全额退还已付旅游费用。如果因此给旅游者造成其他人身、财产损害的，旅行社还应承担相应的赔偿责任。

4.旅行社在行程中弃置旅游者的，应向旅游者全额退还已付旅游费用，并承担弃置期间给旅游者造成的必要的住宿费、餐饮费、返回交通费等实际损失。如果因此给旅游者造成其他人身、财产损害的，旅行社还应承担相应的赔偿责任。

5.旅行社违反合同包车游约定安排合车游的，应向旅游者支付旅游费用总额20%的违约金。出发前旅游者要求解除合同的，旅行社还应向旅游者全额退还已付旅游费用。

6.旅行社及导游人员、驾驶员安排旅游者在其指定的购物场所购物或以参观等形式变相安排购物的、强迫或者变相强迫旅游者购物的，每安排或强迫一次，旅行社应向旅游者支付旅游费用总额20%的违约金。旅游者要求退货的，旅行社应自旅游者向其交付货物之日起三日内承担退货责任。

7.旅行社及导游人员、驾驶人员安排另行付费项目的，旅行社应向旅游者全额退还另行付费项目价款。

8.旅行社及导游人员、驾驶人员擅自缩短游览时间、遗漏旅游景点、减少旅游服务项目的，应退还旅游者相应旅游费用（约定旅游服务项目未完成时间÷总游览时间×旅游费用总额），并支付旅游费用总额20%的违约金。

9.旅行社出现其他《旅行社服务质量赔偿标准》规定的需承担赔偿责任的情形，依照《旅行社服务质量赔偿标准》承担赔偿责任。

第二条　旅游者

1.旅游者不按约定支付旅游费用的，旅行社有权解除合同，旅游者应向旅行社支付业务损失费（最高不超过旅游费用总额）。

2.旅游者在距约定出发时间12小时（含12小时）以上解除合同的，旅游者应向旅行社支付实际发生的费用；旅游者在距约定出发时间 12 小时以内解除合同的，还应向旅行社支付旅游费用总额 20%的违约金（实际发生的费用与违约金总计最高不超过旅游费用总额）。旅游者未按约定时间到达约定集合出发地点，也未能在中途加入旅游团队的，视为旅游者在距约定出发时间 12 小时以内解除合同。

3.旅游者在行程中解除合同或者擅自脱离旅游团队的，旅游者应向旅行社支付实际发生的费用。因此造成旅行社其他经济损失的，旅游者还应承担相应的赔偿责任。

4.旅游者违反合同约定妨碍旅游行程，给旅行社造成经济损失的，应承担相应的赔偿责任。

5.旅游者采取拖延行程等不正当方式解决争议，妨碍旅游行程、造成损失扩大的，应就扩大的损失承担相应的赔偿责任。

6.旅游者其他过错行为给旅行社造成经济损失的，应承担相应的赔偿责任。

第三条　不可抗力

发生不可抗力等不可归责于合同任何一方的事由，按下述情况处理：

1.导致合同无法履行或继续履行的，旅行社和旅游者均有权解除合同。未实际发生费用的，旅行社应向旅游者全额退还已付旅游费用；已实际发生费用的，由旅行社与旅游者协商合理分担，剩余费用退还旅游者。

2.危及旅游者人身、财产安全的，旅行社应当采取相应的安全措施。因此支出的费用，由旅行社和旅游者协商合理分担。

3.造成旅游者滞留的，旅行社应当采取相应安置措施。因此增加的食宿费用，由旅游者承担；增加的返回出发地的费用，由旅行社和旅游者协商合理分担。

使用说明

1.本合同为示范文本，供在中华人民共和国境内的旅行社与旅游者签订国内旅游"一日游"合同时使用。

2.合同双方可根据具体情况，在协商一致的基础上以书面形式对解除合同的方式、退还旅游费用及支付违约金的期限等本合同示范文本有关条款的内容进行补充、细化，补充、细化的内容不得减轻或者免除应当由旅行社承担的责任。

3.本合同示范文本由国家旅游局和国家工商行政管理总局共同制定、解释。

（http：//www.law-lib.com/htfb/htfb_view.asp/2013-3-8）

2．旅行社散客接待服务

旅行社散客接待服务是指地接社根据与组团社的长期协议或临时约定，向外地组团社发来的 10 人以下的散客旅游团提供旅游接待服务。只要是组团社发来的散客，即使只有 1 人也可享受散客旅游团的待遇。组团社发来的散客旅行团虽然人数不多，但多为全包价的线路产品，也有半包价、小包价等其他形式的产品。旅游者加入散客旅游团的行程多是在组团社处购买的线路产品，可以享受部分房费、机票的折扣优惠，但折扣的标准低于团体旅游。

3．组合旅游团接待服务

组合旅行团是地接社将本社驻外地各联络点或本社在外地的各分社发送的零星散客或不同的组团社发来的散客旅游团在旅游目的地组合而成的旅游团。这种组合旅游团可以是 10 人以上的，也可以不超过 9 人。这些来自各地的散客抵达旅游目的地的时间和方式可以自便，但必须在指定的时间报到参团。10 人以上级的旅游团成团以后，在饭店、景区进行旅游消费时，可以享受标准旅游团队的优惠折扣，但地接社通常只给这类旅游者享受散客旅游团的折扣比例，其差额部分转入地接社的营业利润。

（二）旅游咨询业务

旅行社咨询服务的范围很广，主要包括旅游交通、饭店住宿、餐饮设施、旅游景点、各种旅游产品价格、旅行社产品种类等方面。虽然旅行社在提供旅游咨询服务时并不向旅游者收取费用，但是，通过提供咨询服务，往往可以引导旅游者购买本企业的产品。因此，旅游咨询服务是扩大产品销售和提高经营收入的一条重要渠道。

旅游咨询服务业务分为电话咨询服务、网络咨询服务和人员咨询服务三种。

1. 电话咨询服务

电话咨询服务，是指旅行社工作人员通过电话回答旅游者关于旅游产品及其他旅游服务方面的问题，并向其提供购买本旅行社有关产品的建议。旅行社工作人员在提供电话咨询服务时应注意以下两点：

（1）尊重顾客。旅行社工作人员在接到旅游者打来的咨询电话时，应该表现出对顾客的尊重，要认真倾听他们提出的问题，并耐心地予以恰当的回答。回答时声调要友好、和气，语言应礼貌、规范。

（2）积极主动。旅行社工作人员在提供电话咨询服务时应积极主动，反应迅速。在圆满地回答顾客问题的同时，应主动向旅游者提出各种合理的建议，抓住时机向他们大力推荐本旅行社的各种产品。

2. 网络咨询服务

网络咨询服务，是指旅行社工作人员以网络的形式答复旅游者提出的关于旅游方面和旅行社产品方面的各种问题，并提供各种旅游建议的服务方式。

3. 人员咨询服务

人员咨询服务，是指旅行社工作人员接待前来旅行社门市柜台进行咨询的旅游者，回答他们提出的有关旅游方面的问题，向他们介绍本企业的散客旅游产品，提供旅游建议。在提供人员咨询服务过程中，旅行社工作人员应做到以下两点：

（1）热情友好。在咨询过程中，旅行社门市柜台的接待人员应热情友好，面带微笑，主动进行自我介绍，仔细认真地倾听旅游者的询问，并耐心地进行回答。与此同时，要认真地将旅游者的问题和要求记录下来。此外，还应向旅游者提供有关的产品宣传资料，让旅游者带回去阅读，以便加深旅游者对本旅行社及其产品的印象，为旅行社争取客源。

（2）礼貌待客。旅行社门市柜台的接待人员必须坚持礼貌待客，给旅游者一种宾至如归的感觉。礼貌待客显示了旅行社工作人员良好的素质和对顾客的尊重，会给旅游者留下良好的第一印象。

三、散客旅游接待服务的程序与标准

（一）自助散客旅游接待服务的程序与标准

当自助散客通过电话或网络咨询或来到旅行社门市部时，接待人员应予以热情接待，了解清楚旅游者的情况和需求，耐心仔细地向对方宣传、展示本社的服务项目、旅游线路产品，讲清楚收费标准，开展促销工作。

如果自助散客决定委托旅行社提供某一项或几项服务的时候，接待员要讲清应该办理的手续、双方的权利和义务、监督投诉电话。查看对方证件后，请旅游者签署委托合同并缴纳相关费用。此阶段的服务要细心准确，不能发生错误。

然后，接待人员及时将合同转交至散客部有关接待人员手中，便于他们立即根据合同展开工作，并按合同要求提供规定的旅游服务。

如果在签署的合同中规定提供导游服务，应根据自助散客的特点派出与之相适应的导游人员。导游人员接到任务后，根据合同向自助散客提供规定的导游接待服务，其单项服务标准与团队大同小异，但服务项目少得多。

（二）旅行社散客旅游接待服务的程序与标准

作为旅行社团队的散客旅游接待，其接待服务的程序、标准与同团队的程序、标准相差不大。通常有接站服务、带团服务、送站服务三部分，也有以下的具体业务：接团准备、接站服务、饭店服务、餐饮服务、景点讲解服务、参观会见服务、娱乐服务、送站服务、其他服务。这些业务在以下方面与团队接待稍有区别。

1. 由于散客团的行程及包价程度与标准团不尽相同，在作接团准备工作时，导游人员要特别注意该散客团购买的旅行社产中包含了哪些计划内服务项目以及选择性项目的付费方式（是已经预付，还是进行消费时现付）。

2. 导游人员接站时所用的接站牌要直接写出客人姓名。

3. 对于散客旅行团，即便是 9 人以下的入境散客团，送站时在宾馆饭店不必安排出行李。导游需要做的工作是提醒旅行社租（派）座位有富余的旅游车（即租用的旅行车其座位数应多于旅行团的人数）。

4. 接待人数不多的散客团，游览时就游览线路的选择提出合理化建议，请其自行决定。采用对话形式的导游讲解，营造出温馨亲切的氛围。

5. 接待散客团应特别重视与客人商谈日程，如有变动应及时通知旅行社相关部门。如果涉及费用或组团社与地接社的利益，地陪不能擅自作主，应请示旅行社决定。

6. 接待散客团的过程中适时地推销旅行社的旅游服务项目，并表示愿意竭诚为其提供服务。争取该团购买本旅行社的更多计划外可选择性服务项目。

7. 无论是接、送还是游览，地陪要弄清楚本散客团是用专车还是与其他小团合并乘一辆车。如需要并团，应弄清由哪位导游人员跟车。有时也会出现并车不并团的现象（同车转移，到景点才分团导游）。如旅行社安排并团，导游人员要安排好开车到不同宾馆饭店接客的顺序与时间，通知客人与司机，准时前往接客。

8. 送站前应仔细查阅接待计划，明确所送散客姓名、人数、离开当地的时间、地点、所乘航班及散客下榻的饭店。地陪要提前一天与客人取得联系，确定送站的时间和地点。散客团队通常无领队、全陪，地陪要自带本团机票，在机场带领旅游者办理行李托运手续，并将行李牌、登机牌直接交给客人，并致欢送辞为旅游者送行。

（三）组合旅游团旅游接待程序与标准

组合旅游团的接待程序与标准旅游团基本相同。但由于客人抵达的时间不同，通常不需要迎接服务。地陪只要按合同规定的时间前往事先指定的饭店集中旅游者，然后统一开始行程。

组合旅游团的带团接待程序与标准和标准旅游团完全相同。

组合旅游团在结束当地游览后，有在当地散团的，也有要求送机（车、船）。由于组合旅游团的客人有时来自同一城市，有时来自四面八方，如属于后者，送站工作较为复杂，必要时可请求旅行社派员协助。

思考与练习

1. 团队旅游服务接待的原则是什么？
2. 团队旅游接待业务的共性特点有哪些？
3. 入境团队旅游与出境团队旅游接待业务分别有哪些特点？
4. 什么是散客旅游业务？它有哪些特点？

第七章　旅行社的发团管理

本章提要

发团管理是旅行社业务的一个重要方面。发团管理作为兑现旅游合同的一个关键环节，理应受到更多的关注。本章对发团的概念及旅游团分类进行简单的概述。重点介绍怎样选择理想的地接社，以案例的方式说明旅行社发团作业流程。

第一节　发团的概述

旅行社的各项业务中发团管理和接团（接待）管理是旅行社业务最重要的组成部分。特别是发团管理，是旅行社通过销售产品实现利润的有效途径之一。旅行社组团过程中不论是国内旅游团还是出境旅游团，不论是团体还是散客，通过销售旅行社产品并与旅游者签订旅游合同，收取团费后，接下来就是团队的输送。将团队发给国内或国外旅游目的地的一家或几家旅行社，进行旅游接待。

发团的管理工作，贯穿旅游团旅行的全过程，涉及方方面面的工作。从与旅游者签订合同后开始准备工作、选择地接社、旅游者出游直至旅行结束后的售后服务。目前的发团管理与传统发团管理相比，内涵有所延伸。这是旅游市场激烈竞争的结果，也标志着旅行社行业的成熟与进步。

一、发团的概念

发团是指将组团社通过各种招徕手段形成的旅游团队或散客委托给旅游目的地的地接社，并通过他们去完成组团时与旅游者所签订的合同中规定的旅行游览活动。

发团管理工作是指组团社对这一过程的管理。包括根据与旅游者所签订的合同，制订出接待计划；就旅游团的接待工作与地接社进行多次洽谈协商，对旅游团的旅行游览全过程进行质量监督管理；旅游结束后进行工作总结和对旅游者的售后服务。

旅行社在发团的过程中，存在着以下几种不同的形式。

（一）将入境旅游团发给国内旅行社

旅行社在国外通过直接或间接的渠道销售本旅行社产品成功后，将招徕形成的旅游团发给国内各旅游目的地的地接社接待。对于旅游目的地相距较远的情况，可以分别与各地的接待社联系，进行发团；对于旅游目的地相距不远的情况，既可以将旅游团发给各旅游目的地的地方接待社，也可以在相邻近的旅游目的地中选择一个接待旅行社，让其负责旅游团在所在地及周围地区的接待业务。为了便于控制旅游服务的接待质量，更倾向于后一种形式。如来华东旅游的入境旅游团，可以选杭州、上海、苏州、无锡这几个城市的某一家旅行社作为地方接待社。同样，通常去北京、天津、秦皇岛、承德的旅游线路，一般将团队发给北京的一家旅行社办理。

例如：上海某国际旅行社招徕到一个日本旅游团，在中国观光 15 天，途经上海、杭州、苏州、南京、北京、西安等六个城市。除上海一地组团社负责上海、杭州、苏州的接待外，在南京、北京、西安等地均应将旅游团发给各地的相关旅行社接待。详见下图所示。

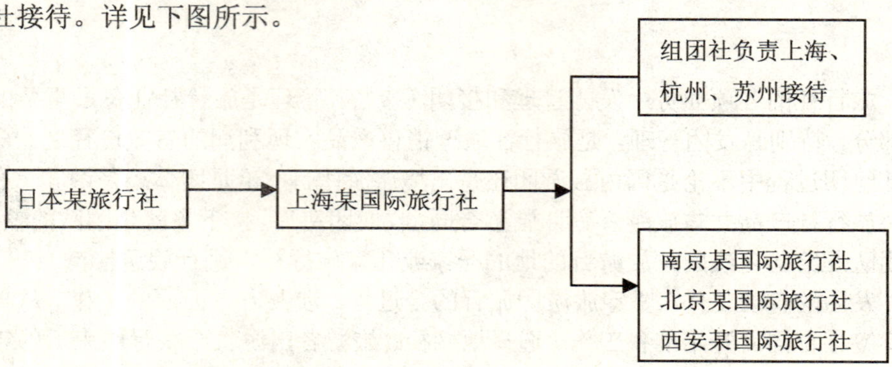

（二）将中国公民出境旅游团发给国外旅行社

组织中国公民出境游，将出境旅游团发给国外某旅行社接待，或是在同一线路中包含多个国家和地区，也可以发给不同国家和地区的旅行社。具体情形要视旅游线路涉及的国家而确定。比如到欧洲旅游，由于欧盟是一个共同体，许多方面是统一的，就可以只选一家旅行社办理全部业务。

例如：北京某国际旅行社组成一个欧洲四国浪漫之旅（法德瑞意）旅游团，就要将旅游团发给法国、德国、瑞士、意大利四个国家的相关旅行社接待。有时也可以将团发给境外某一家旅行社，通过这一家再往其他各家旅行社发团，例如，把旅游团整个行程发给德国的一家旅行社，再由这家旅行社发给法国、瑞士、意大利的旅行社。但为了减少中间环节，让旅游者获得更多的实惠，采用第一种方法更为妥当。详见下图所示。

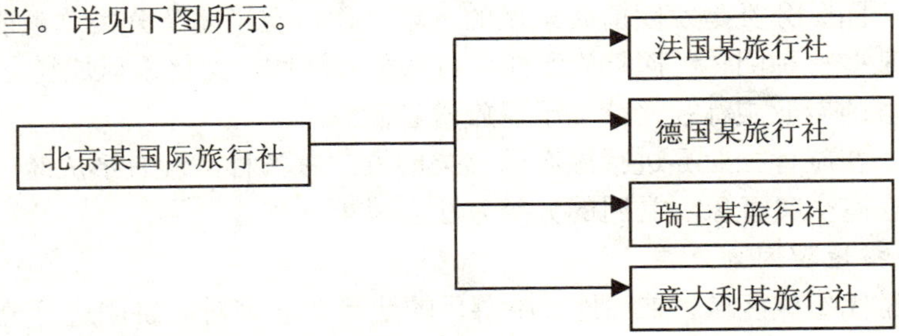

（三）将国内旅游团发给国内旅行社

组团社通过招徕组成团队，如去武夷山、张家界、九寨沟、三峡等地旅游的团队发给旅游目的地相关旅行社接待。发团的一般做法是，在同一线路中包含着多个城市和地区，应该把旅游团发给多个旅行社；在相邻近的城市，也可以只发给其中一个城市的一家旅行社，由这家旅行社负责其周围城市的旅游接待业务。具体怎样选择，主要取决于哪种组合有利于提高服务质量、维护组团社的声誉以及合理节约接团成本、增加旅行社的收益。

例如：丝绸之路双飞六日游（乌鲁木齐进兰州出）的旅游团，一般的操作形式是新疆境内的行程交给乌鲁木齐的某一家旅行社，由其负责乌鲁木齐、阜康、吐鲁番的旅游接待；将甘肃境内的行程交给兰州某一家旅行社，让其负责敦煌、嘉峪关、兰州的旅游接待。详见下图所示。

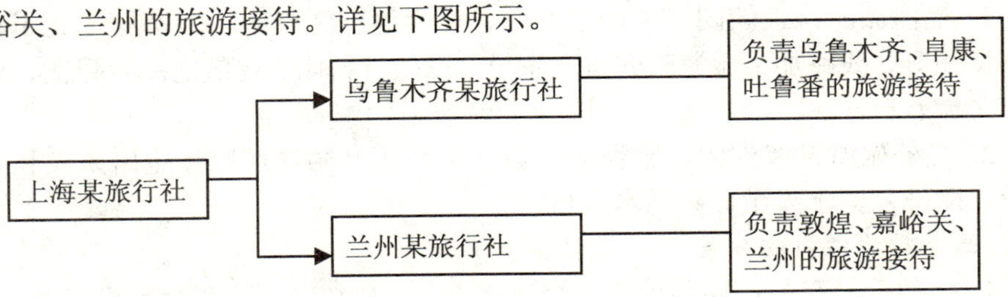

（四）旅游驻外机构将旅游团发给国内总公司或旅行社

中国的国际旅行社设在韩国的分公司或办事机构销售“川藏之旅”成功后，组成团队发给国内总公司或直接发到各有关旅行社接待，如下图所示。

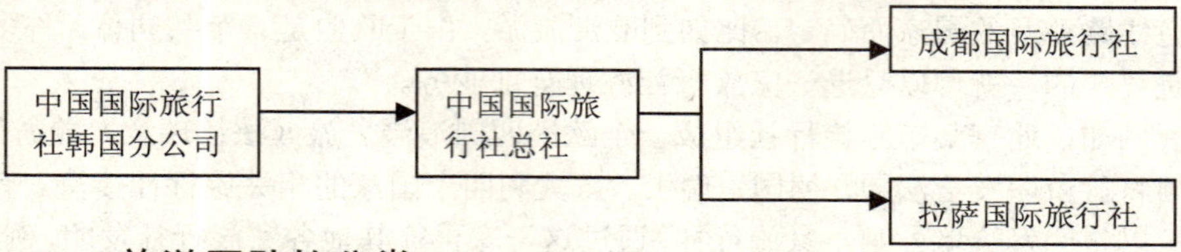

二、旅游团队的分类

对旅游团队进行分类，是为了在发团时更有针对性，从而确保旅游目的能够全面实现。团队分类是发团前必须做的一项工作，有了团队分类这项前期工作，就可以将某些特种团体（探险旅游团、自驾车旅游团、文化采风旅游团）交给熟悉该项业务的专业旅行社接待，确保旅游者满意。

目前，在旅行社业界进行旅游团分类的方法有多种，没有形成统一的模式。还往往存在有交叉现象。常用的分类方法有以下几种：

（一）按地理因素分类

按旅游团组成区域、来源地、旅游目的地等要素来对旅游团进行分类，这是旅行社实际操作中常用的一种分类方法。

1. 按国界分：分为国内旅游团、外宾入境旅游团、中国公民出境旅游团、中外宾同车游旅游团。

2. 按旅游者客源地分：日本团、新加坡团、美国团等，表明团队来自日本、新加坡、美国等；北京团、上海团、深圳团等，表明团队来自北京、上海、深圳等。这种分类方法在接待社中经常使用，而且为旅游接待提供很多便利。

3. 按旅游目的地分：美加团、澳洲团、东南亚团等，表明团队要去美国和加拿大、澳大利亚、东南亚等地旅游；四川团、云南团、海南团等，表明团队要去四川、云南、海南等地旅游。这种分类方法在组团社中经常使用，非常方便实用。

（二）按旅游线路分类

1. 境内旅游：三峡团、丝绸之路团、世界遗产之旅团、九寨沟黄龙团、大理丽江团等。线路加上旅游时间可派生出：三峡五日团、丝绸之路六日团、世界遗产之旅八日团。

2. 境外旅游：澳洲团、欧洲团、新马泰团等，同样可以派生出澳大利亚九日游、欧洲六国十天游、新马泰八日游。

（三）按旅游目的分类

1. 一般旅游目的：商务旅游、会议旅游、奖励旅游、山地度假游等。

2. 特殊旅游目的：宗教探密旅游、徒步登山旅游、科考探险旅游、拓展训练旅游等。

（四）按旅游者因素分类

1. 按旅游者组成分：学生修学团、新婚蜜月团、教师旅游团、“专职太太”团、健康老人世界游踪团等。

2. 按年龄分：青少年团、老年团等。

3. 按人数分：旅游团队、散客。对于入境旅游团还分为 10 以人团队、6～9 人团队、2～5 人团队和 1 人团。

（五）按服务方式及标准分类

1. 按旅游者享受服务的标准分：超豪华团、豪华团、标准团、经济团。

2. 按旅行社提供服务的种类分：全包团、半包团、单项服务团、零星委托团。

以上的各种分类因素可以组合搭配使用，任何一个因素的改变，就会出现和形成一个团队新的名称。

例如：上海一家旅行社有一个团队要去九寨沟旅游，首先称之为“九寨沟团”，假设这个团队从上海出发。现在分别按不同要素分类，就会形成多种不同的团队。

1. 时间（旅游天数）：九寨沟三日游、九寨沟五日游等。

2. 交通工具：上海到九寨沟的交通工具有民航客机、各类火车。仅从选择不同的交通工具可以形成双飞、单飞单卧、双卧（区分来去分别选的航班飞机舱位等级、火车的车次、软卧及硬卧等方面的选择又可再作细分）。

3. 住宿、餐饮：对住宿、餐饮等基本接待标准的选择，可以简单分为超豪华团、豪华团、标准团及经济团等。

以上要素，就可以组合成九寨沟双飞超豪华三日游、九寨沟单飞单卧豪华五日游、九寨沟双卧五日游（标准团）、九寨沟双卧五日游（经济团）等。

加上附近著名的黄龙风景区、藏族的民间歌舞；还可经停成都（九寨沟进成都出，或者成都进九寨沟出），这样经各种组合的团队种类会更多。

第二节　选择理想的地接社

旅游活动的异地异域性强，经常是跨地区、跨省域，有时还跨越国界。组团社即便有遍布各地的网络，也难于完成所有旅游团队的接待任务。因而，组团社在成功销售旅行社产品招徕形成旅游团之后，所面临的问题就是要选择一个地接社。应该说旅游团游览活动的成功与否，在很大程度上取决于地接社的工作情况。因此掌握选择地接社的方法是十分必要的。

一、地接社与组团社的关系

（一）地接社的概念

地接社是指受组团社的委托，按照接待计划为旅游者提供有关旅游目的地的接待服务、委派地陪负责组织安排旅游团（者）在当地参观游览，引导旅游团（者）在吃、住、行、游、购、娱等场所进行旅游活动的旅行社。地接社是相对于组团社而言的，是在提供旅游接待服务时的临时角色。某一家旅行社根据其某一时期所从事的业务的不同，可以充当不同角色。当旅行社从事产品销售招徕旅游者旅行的业务时，其担当的是组团社的角色；接受外地旅行社委托，在当地从事旅游团的接待服务时，担当的是地接社的角色。有时还与外地委托的旅行社互为组团社。

（二）组团社与地接社的关系

1. 相互协作、互惠互利

组团社在产品销售成功，招徕了旅游团以后，通常将接待任务交给地接社。如果一味追求组团社独自完成旅游团的接待工作，就会因为空间距离的原因，在管理上鞭长莫及，影响旅游接待的质量。地接社对本地的旅游景区、交通餐饮、住宿更为熟悉，更能便利地购买这些服务。旅游接待服务本土化能有效地降低接待成本，同时也有利于提高旅游产品质量。组团社直接向旅游目的地的地接社发团，由目的地的地接社负责接待。也利于组团社腾出精力，做好组团的相关工作。而旅游接待工作也是旅行社重要的业务内容，地接社通过对旅游团的接待服务，获取经营利润。组团和接团是旅行社产品生产过程中的不同环节，组团社与地接社在协作过程中，通过专业化分工，提高旅行社的敏捷性，保证两家旅行社的效率最优化，从而提升竞争能力与工作效能，所以说组团社与地接社之间是一种协作互惠的关系。

2. 监督和被监督的关系

组团社通过旅游团接待计划书，就有关的接待事项、接待标准与地接社进行约定。接待计划书是组团社与地接社之间的接待契约。计划任务书中所规定的游览项目、食宿标准、交通工具的等级等内容，地接社必须按照执行，不得随意更改。例如，在住宿方面遇到计划中约定标准的宾馆满员时，要就高不就低，另外寻找标准高于约定的宾馆给旅游者。也就是说地接社在接待旅游团队的过程中要受组团社的监督和约束，而组团社往往是通过全陪在陪同旅游团游览的过程中代表旅行社来实施监督。

3. 角色相互转换

组团社与地接社是相对而言的，同一家旅行社既可以是组团社，又可以是地接社。社会经济发达的地区多是客源地，该地区的旅行社一般以发团为主，担当组团社的角色；旅游资源条件好的地区多成为旅游目的地，该地区的旅行社一般以接待旅游团为主要经营业务，担当地接社的角色（现在人们的收入水平有了很大的提高，很多人都有出游的能力，地接社同样可以组团出游）；经济发达且旅游资源丰富的地区的旅行社是非常幸运的，可以将组团和接待并重，既为组团社又为地接社。如北京、杭州、苏州的旅行社就可以身兼双职，同时经营组团和接待业务。所以说组团社和地接社不是固定不变的，而是可以相互转换。

二、地接社应具备的条件

当组团社把旅游团交给地接社以后，就失去了对旅游接待服务质量的直接控制能力，而是依赖于地接社的密切配合与精诚合作，使旅游计划顺利完成。旅行社产品的质量，很大程度上取决于旅游目的地的接待旅行社所提供接待服务的优劣。因而选择地接社时要十分慎重。将旅游目的地的众多旅行社进行比较和选择，挑选出理想的旅行社作为自己的合作伙伴。作为地接社要具备以下的条件。

（一）旅行社经营的合法性

选择的旅行社应该是依法设立的。所以考察旅行社是否按规定的程序设立，有无旅游行政主管部门颁发的旅行社业务经营许可证；是否办理工商、税务登记；注册资金的多少。同时要了解旅行社的业务范围，所聘用的导游是否持有导游证，旅行社在经营过程中是否遵循相关的政策和法规。从以上多方面确认选择出合法经营的旅行社。

（二）先进的经营管理模式

国家旅游局的统计资料表明：截至 2011 年底，全国共有 22691 家旅行社，其中国际社 2170 家，国内社 20521 家。在这众多的旅行社中有国有独资的旅行社、股份有限制旅行社、有限责任制旅行社、股份合作制旅行社、中外合资旅行社。无论其采用何种管理模式，旅行社的经营目标要明确，内部的资源配置要合理，内部组织结构要健全，拥有良好的市场形象及蓬勃的发展朝气。

（三）合理的报价

地接社的报价非常重要，直接关系到旅游者的切身利益和组团社的收益。所以要对旅游团队的报价方式有所了解。

1．总报价

地接团在总成本之上加上一定的利润后报给组团社的价称为总报价。这种报价没有具体到项目，餐饮、住宿的标准都不确定。实际操作时难以保证接待服务的质量，旅游者的利益可能受到损害，而且组团社、地接社、旅游者之间存在着发生纠纷的隐患。

目前在自费出国旅游中有类似的报价。例如：德国休闲之旅，八天的行程全包 12500 元/人，没有分项价格。这样报价的国外旅游商的利润很高，而旅游者明显吃亏。作为组团社应该要求进行分项报价。

2．分项报价

从维护组团社和旅游者的利益出发，在旅行社间的报价过程中要求对方分项报价。

报价方式大致如下：

城市间交通：通常选用飞机、火车、轮船、长途汽车的包车。城市间交通价格变动较大。机票因季节而有不同的价格，还有不同航空公司、不同的航班有不同的价格，各旅行社又因票量不同获得不同程度的折扣优惠。火车票价有硬座、硬卧、软卧的不同，还因车次不同价格也不一样。轮船因不同舱位、不同航班其票价不同。长途包车又因国产、进口和车中的座位多少而有不同价位。在接受地接社的报价时，这些都要加以明确。

房费：住房的报价也是相当复杂的问题，因入住饭店的星级的不同，饭店设施新旧、提供服务项目的多少、服务质量的高低、所处位置的远近等因素的影响，住宿的价格不尽相同。即使是符合国家星级饭店评定标准的同一星级的饭店，因所在地区的不同，其档次差别也很大。即使在同一城市同一星级的饭店，其服务设施、所提供的服务项目等也有较大的差别。可根据旅游者的需求来选择饭店。比如，有的旅客对饭店的要求只是干净卫生、有电视、有空调、卫生间有热水，不一定选择星级饭店，这样可以让旅游者得到实惠。对于住宿部分的报价要分外仔细，多了解细节，不能马虎。

综合服务费：综合服务费通常包括多个项目。主要有餐费、市内车费、门票费、导游服务费等。

餐费：提供一日早、中、晚三餐。细分为早餐×元，中餐×元，晚餐×元。

市内车费：国产车每人×元，空调车每人×元。

门票费：游览门票每人×元。要注明哪些门票需要旅游者自付。

导游服务费：付给导游的劳务费，分摊到每个旅游者的费用。每天每人×元。

专项附加费：超公里费、游览特殊景点的门票、索道、风味餐费、旅游保险费等一般在专项附加费中列出。组团社就专项附加费所涉及的内容、金额一定要与地接社确认。

3．开账式

开账是比较简单合理的报价方式。这种结算方式在旅行社与旅游者之间、旅行社与旅行社之间也是经常使用的方法，也经常用于旅行社和团体旅游单位之间的结算。其方法是一切费用公开，然后旅行社按总费用减去城市间交通费后的8%～12%来收取服务费。

一般组团社都愿把旅游团发给报价合理的旅行社接待。怎样判断报价是否合理呢?旅游业界通常将地接社赚取利润超过了总费用减去城市间交通费后的18%以上，认定为价格过高。按照这种报价，旅游者的付出和所享受的服务不成正比，旅游者应得的利益受到损害。另一种是价格偏低。首先要搞清低价和优惠不是一回事。真正优惠应该是薄利多销，是让利给旅游者，旅行社通过把市场做大，积少成多来赚取利润。而低价则是损害旅游者的利益，表现在减少观赏点或将游览改为远眺、餐饮住宿上降低标准、用车上压低档次等方面，从旅游者应得的利益中扣除所低报的价格。或者增加和乱收旅游者的费用，结果地接社砸掉自己牌子的同时也影响了组团社的声誉。因此报价不是越低越好。正确的选择是将旅游团交给报价合理的地接社接待。

在出境团队价格上，国内的组团社也应对海外旅行社有明确要求，请他们明确餐费标准、住宿标准和机票折扣等，做到心中有数，在接待质量上也要高要求。

（四）优质的服务

地接社要经营管理良好，价格合理。但最重要的是挑选能提供优质服务的旅行社。所谓优质服务，至少要在下列几个方面做得较好。

1．地接社应信守接团合同

组团社与地接社双方签订合同或契约，就地接社而言主要是为了保证其能按时按数收取团款，这也是为了维护旅游者利益，因为只有团款有了保障，对旅游者的服务才会到位。而从组团社来讲签订合同或契约是为了保障旅游者的权益，使旅游全过程中得到应有的服务和享受，并视对方服务到位的程度，考虑是否合理地扣除部分团款作为赔偿旅游者的损失费。双方的出发点是一致的，都是为了旅游者的权益不受侵犯，也只有双方信守合同，合作才能长久。因此作为组团社，在选择好地接社后一定要签订合同和契约，并且经常检查双方的合同实施情况。

1995年7月国家旅游局颁布了《旅行社质量保证金赔偿办法》，这是保证旅游者权益不受侵犯和维护我国旅游声誉的重要措施，在选择地接社时，应选择交纳保证金的旅行社。

在和国外旅行社进行业务往来或发团时，更应签订具有法律效力的合同。到海外旅游，由于语言不通、人生地不熟，更易发生服务质量下降或安全上的问题。若无合同，发生问题时，组团社无处投诉，难以保障旅游者的合法利益。发团作业时一定要选择信守合同的旅行社。

2. 地接社的质量管理良好

旅游在我国作为一种特殊的产业，是和人打交道的，因此质量保障就显得更为重要。从我国旅行社接待质量看，应该说基本上还是较好的，但存在的问题也不少，如在旅游过程中忘了接机、软座改硬座、降低餐饮标准、导游光带商店不带景点等屡见不鲜。这些问题中应该说除了交通问题地接社难于解决外，其他问题都不该发生。因此选择地接社时要选择重视质量管理的旅行社。至于发团去国外，更要在出团前深入了解旅游目的国当地地接社的质量管理水平。

3. 地接社应规范作业

所谓规范作业，至少要做到以下几点：

（1）地接社有夜间值班人员，应 24 小时有业务人员在岗位上。当旅游团在旅游过程中行程发生变化和更改，或碰上突发性事件，譬如提前到达和延误，前者需提前派车、派导游，后者则要推迟出车或取消用餐、用房。这些都会涉及费用，导游需要及时得到旅行社的指示。有时旅游团中某位旅游者家中发生急事，需要到达后即行离开，因此要立即出票，而全陪往往到晚上才打电话，如地接社晚上无人值班，又找不到其他人，其后果是不难想象的。

（2）一切业务联系必须是书面的。这个书面是指传真或 E-mail 等。旅行社从报价开始一切联系都应以书面为准，口说无凭。特别是交通方面的业务，如飞机票是否订好，都必须以书面回复。旅行社之间的业务往来，只要涉及费用的，如报价确认、付款方式、时间性、增加费用等也要用书面方式联系，才能避免结算时互相扯皮。

（3）地接社在当地或景区要有实力。所谓实力应该包括：出票能力、应变能力和特别服务能力，如大型团队需要开道车等。简而言之就是别的社办不到的，这家社能办到。

（4）地接社作业人员素质较好。所谓素质，主要指熟悉业务，能正确回答问题，有应变能力，团队发生问题时能及时处理；有责任心，能把别家的团队视作自己的团队；另外应有协作精神，如全陪或组团社在旅游团遇到麻烦时往往先打电话联系，如果遇到如下回答："找谁？他不在，不知道去哪里了，这个事我不清楚……"再问就不耐烦地挂机了。而另一种回答是："他不在，有什么事，我能不能记下来转告？"或"能不能找××小姐或××经理来解决？"同一问题，两种回答，素质的好坏很清楚。显然应该把团发给作业人员素质好的地接社接待。

（五）其他因素

旅行社规模的大小也要相应地考虑。规模较大的旅行社在资金、管理、人才方面比起小旅行社更具优势。规模大小也能体现出旅行社的实力。选择较大的旅行社，在保障旅游者的权益方面，更让人放心。当然在选择地接社时不能一味地追求规模大、实力强，而是要与组团社的自身的情况所匹配。如果自身的业务量不大，而又与大型旅行社合作时，可能得不到合作方的重视，价格上也不能获得多大的优惠。与其这样还不如寻求一家规模相当、有合作意愿的旅行社，相互依存、注重合作。以追求双赢和长期的经济效益最大化而共同努力。

以上是选择地接社的几个条件，组团方在选择时需要加以综合考虑，不能只注重某一方面。如果稍有不慎，选择失误，会使旅游者和组团社的利益受到损害，真是赔了夫人又折兵。只有通过慎之又慎的全方位的挑选，选择到中意的旅行社。才能保证旅游团的旅游服务接待质量，为旅行社赢得良好的社会形象和更多的回头客。

三、地接社的选择与调整

根据以上的原则对旅游目的地的旅行社进行初选。对已初选上的进行全方位的调查，进行比较。

（一）调查内容

1. 地接社的基本情况

地接社的基本情况包括人力资源、财力情况和接待能力等，以及旅行社的成立年限、发展史、注册资本金、周转资金、员工人数、管理层情况、业务人员情况、组织机构形式、上一年接待人数、营业收入、利润总额、人均创利及员工收入水平、车辆配备和票务能力等。

2. 主要管理人员的情况

主要管理人员的情况包括年龄、性别、学历、从事旅游工作的年限、旅行社工作经历、管理思想有何建树及个人爱好等。

3. 导游人员的情况

导游人员的情况包括导游人员人数、学历、语种、接团经历、语言熟练程度等。

4. 作业人员情况

如接待部门是否有晚间值班安排、主要环节的作业如订餐、订车、娱乐等是否由后台作业、是否配备计算机及现代通信设备等。

（二）调查方法

1. 上门考察

组织本旅行社的一些经验丰富的专业人员赴各旅游目的地走访被初选上的旅行社，请相关人员填写旅行社基本情况表和导游人员情况表（表的内容应包括以上在调查内容中所述的相关部分）。与旅行社的管理层、导游、业务人员进行座谈直接了解各种情况和人员素质，实地观察其办公场地、设施设备及旅行社的规模。考查时或者以旅游者的身份前往，从侧面收集所需的资料，暗中对旅行社实施考察。

2. 发团考察

直接向被调查的旅行社试探性发一个中、小型旅行团。通过这种方式调查第一手可信资料，从中分析、判别出地接社的产品质量和旅游服务接待质量。从开始作业、对方所接的电话以及发来的传真、邮件等可以了解到对方工作人员的素质、业务能力和业务熟悉程度。本社派出的全陪回社后，又可得到许多有关地陪、住宿餐饮、接待水平以及服务方面的第一手资料。多方面获得的资料可以有效地帮助选择地接社。为进一步地考察研究，还可以回访该旅游团的旅游者，听取他们的反映，这样得到的情况比较客观公正。

对以上经过各方面的调查所获得材料进行分析、比较，选出其中好的和比较好的，然后再加以权衡，选定一至两家，报领导审批同意后，双方正式签约。最后将新签约的地接社输入计算机，使社内相关人员都能了解情况。

3. 参加行业协会，建立合作网络

组团社可以积极参与到相关的旅游行业协会和组织之中，如加入中国旅游协会（CTA）、中国旅行社协会（CATS）、亚太旅游组织（PATA）等，还可以参加国际国内的旅游博览会，如在柏林、伦敦、马德里、东京等地举行的国际旅游博览会，在国内各个城市间举办的旅游交易会。利用协会组织的各种活动及旅游博览会、交易会广交朋友，获取各方面的信息，建立广泛的合作网络系统，这样更有利于组团社选择。

阅读材料 7-1　一封公开致歉收信——是警醒，更是军令状

2002 年 8 月 8 日，《中国医学论坛报》赴西藏自费旅游团一行 25 人抵达拉萨。组团社中国康辉旅行社有限责任公司委托西藏日喀则中国国际旅行社进行接待。在接待过程中，由于日喀则国旅以自述的与雪顿节有关的客观原因，多次实质性违反协议，降低接待标准使旅游者的西藏之行备感不快。

返京后，旅游者向北京市旅游质量监督管理所投诉并投书报社，认为中国康辉旅行社严重违反协议，要求经济赔偿。这是康辉第一次被媒体公开曝光。

投诉信写道：正是由于充分信任中国康辉，所以预付了全部款项。但始料未及的是实际服务与协议承诺竟是天壤之别。旅游者更是发出了“试问，康辉的信誉何在？”的疑问。

接到投诉后，康辉方面极为重视，康辉总社国内旅游中心总监庞桂秋立即亲自处理这起投诉，一方面积极与客人沟通，另一方面认真核实相关情况。按照《旅行社质量保证金赔偿试行标准》，康辉在最短的时间内对客人作出了合理的经济赔偿。

在投诉信中，旅游者矛头直指康辉，言辞甚为激烈，似乎问题皆因康辉而起，但事实上，问题产生的直接根源在地接社日喀则国旅违背承诺，擅自降低接待水平，致使旅游者败兴而归并公开投诉。康辉旅游的品牌形象也遭受了极大的损害，只有公开道歉挽回影响。

对于旅游者来说，与他们签订协议的是中国康辉，有问题找组团社，天经地义。

对于康辉来说，旅游者是上帝，查明情况后先行赔付是企业经营的诚信所在。

关于旅游者提出“康辉作为知名旅行社，却没能提供一流服务”的说法，康辉认为，整个行程自始自终，康辉都是设身处地为旅游者着想；面对日喀则国旅严重违约造成的问题绝没有推诿，而是想方设法解决问题，尽最大可能为旅游者创造安全舒适的旅游环境。如 8 月 8 日当晚为旅游者提高餐饮标准，第二天将客人住宿饭店免费升级到拉萨地区最好的四星级酒店——拉萨饭店。

实际上，在团队委托给地接社之后，组团社已失去了对服务质量的直接驾驭能力，甚至连自身的名誉和品牌也掌握在合作方手中。因为旅游服务本身是一种体验服务，只有亲身体验之后，是好是歹才有定论。当出现质量问题后，即使组团社能依据协议，追究地接社责任，但这也只是亡羊补牢，只能促使组团社在必要时另行选择地接社。旅游者的心理创伤已经无法愈合，组团社的名誉损失难以弥补。事发至此，协议条款显得如此苍白无力。

中国康辉旅行社和日喀则中国国际旅行社在事发后，并没有为责任认定陷入无休止的争辩之中，而是积极配合寻找妥善解决问题的途径，事件始者日喀则国旅深刻地认识到，不管存在怎样的主客观原因，违反协议都不仅极大败坏了西藏旅游形象，而且还使康辉蒙受了不白之冤，品牌信誉遭到严重侵害。

日喀则国旅认识到，已跻身全国旅行社三强之列的康辉，需要的绝不仅仅是日喀则国旅经济赔偿，因为信誉损失才是最致命的。事件已被媒体曝光，对康辉的负面影响难以估量。

在责任面前，日喀则国旅没有含糊其词，没有逃避问题，他们终于勇敢地站出来，以一封公开信，真挚而诚恳地对康辉、对旅游者致以深刻的歉意。

对日喀则国旅来讲，这短短百余字，既是警醒，更是军令状！

（陈锋仪，王莉霞，等. 旅行社经营与管理案例分析. 天津：南开大学出版社，2004：81～83）

第三节 旅行社发团作业流程

不论是境外组织的入境团，还是国内旅行团，作为组团社发往外地旅行社时，都必须按如下作业流程进行操作。

当参加旅游团的旅游者交付团费后，组团社以传真或 E-mail 的形式向地接社预报接待计划。当旅行社成团与旅游者出行的时间间隔很短时，可先用电话或网络进行预报，然后再补发传真。发出预报的目的是让地接社尽早地将该旅游团纳入接待计划，进行订票、订房、订车等相关操作。

一、预报计划

组团社的预报计划中应包含有旅游团的团号、旅游团队的人数，团员的基本情况（如性别、职业、年龄、其中有几对夫妻、食宿的特别要求等）、乘座的交通工具抵离当地的时间、旅游线路及游览城市、接待标准等内容。

（一）接待计划的预报

以下是南京某旅行社成功招徕一个“北京、承德、内蒙七日游”的旅行团后，发给北京某旅行社的预报的接待计划。

附：接待预报

北京××旅行社：

我社组织的 GKF-130409 旅游团一行 30+1 人。将在 4 月 9 日晚乘 D350 次列车于次日（即 4 月 10 日）上午 07:01 抵北京。请安排在北京、承德及内蒙的游览。旅游团于 4 月 14 日晚上 21:21 乘 D349 次列车离开北京返回南京。

该旅游团在承德及北京期间住挂牌三星的饭店、在草原上住旅游度假村。代订 15 个标准间（其中一间加一床）和全陪房一间。请提供标准等级的综合服务。旅游团日程安排附后。正式计划及旅游团名单后发。

请确认行程及价格。

谢谢合作！

联系人：　×××

联系电话：025-********　；139********

南京××旅行社业务部

2013．2．12

（二）日程安排

第一天（4 月 9 日）：南京晚乘 D350 次 22:53 分赴北京。

住：火车上

第二天（4 月 10 日）：早上 07:01 到北京，早餐后，乘汽车至承德，途中游览万里长城之精华——金山岭长城，晚餐后外观魁星楼夜景。

住：承德

第三天（4 月 11 日）：早餐后乘汽车赴内蒙古，游览塞罕坝国家森林公园，穿越 20 公里的林海，抵达（内蒙与河北分界处）界河，可参加界河漂流，过界河。参观乌兰布通古战场，在辽阔的内蒙古喀什喀腾大草原挥鞭策马，花海漫步，摄影留念，还可以参加草原自驾车。晚餐风味餐，品蒙古烤全羊。晚上篝火晚会，（漂流，骑马，自驾车，篝火晚会费用自理）。

住：草原

第四天（4 月 12 日）：早餐后参观高原湖——七星湖，泰丰湖，百花坡，返回承德，下午游览北方香火最旺盛的藏传佛教寺庙——普宁寺（门票自理），参观世界上最大的金漆木雕大佛。

住：承德

第五天（4 月 13 日）：早餐后游览避暑山庄，观宏伟壮观的藏式建筑——小布达拉宫，远观六世班禅住所——须弥福禄之庙，汽车赴北京夜游东华门小吃一条街，看长安街夜景。

住：北京

第六天（4 月 14 日）：早餐后游览世界最大的皇宫——北京故宫（门票 60 元自理），之后游览世界最大的城市中心广场——天安门广场，下午自由活动，晚上 21:21 乘火车返回。

住：火车上

第七天（4 月 15 日）：早 06:33 抵南京，结束愉快的行程，回各自温暖的家。

二、书面确认

（一）确认传真

当地接社接到组团社发来的预报计划后，认真落实各个接待项目，对离开当地的机、车票加以重点确保，并尽早地给予组团社书面回复。

附：确认传真

南京××旅行社的×××女士：

贵旅行社发来的 GKF-130409 旅游团 30+1 人的预报已收，已按计划要求订妥 D349 次 31 张硬卧票及相应的宾馆。

谢谢关照！

北京××旅行社
接待部×××
2013．2．15

（二）重要更改

由于此时属于预备时期，距离发团的日期还远，期间难免有些变化。因此需要不断地进行相应的修正。修正的事项同样利用传真进行。

附：重要更改

北京××旅行社接待部×××先生：

您好！我社的 GKF-130409 旅游团 30+1 人的预报，旅游团原计划乘 4 月 9 日的 D350 次于 4 月 10 日上午 07:01 抵京。现因票源紧张，改乘 4 月 9 日的 D314 次列车于 4 月 10 日上午 08:56 抵京。并相应取消 4 月 10 日的早餐预订。请加以更正，敬请准时接车。

不便之处请多多包涵！收到后请予回复。

南京××旅行社
接待部×××
2013．2．25

附：紧急更改

北京××旅行社接待部×××先生：

我社的 GKF-130409 旅游团 30+1 人的预报的旅游团人数有所变动。更正为 28+1，请将在各地的客房预订改为：14 标准间（其中一间加一床）和全陪房 1 间。其余相关的预订都改为 28+1 人。

给贵社增添诸多麻烦，请多多原谅。

谢谢合作！

南京××旅行社
接待部×××
2013．3．10

三、正式计划的发出

组团社将旅游团的预报计划发出后，经过组团社与地接社的多次变更后，确认以后，基本内容不会有大的变化的情况下，在旅游团抵达旅游第一站前 10～15 天给地接社发出完整的接待计划。接待计划是旅行团的接待服务的重要文字依据，也是组团社与地接社进行结算的账务依据，所以要力求准确。一般每地发送一份。正式计划也同时发送给本社的相关部门。如接待部、财务部、档案室等。

附：正式接待计划

南京××旅行社正式计划书（委托协议书）

甲方（组团社）：南京××旅行社
乙方（地接社）：北京××旅行社

甲乙两方经协商，就南京××旅行社 GKF-130409 旅游团 28+1 人的旅游接待达成如下协议：

行程：

第一天（4 月 9 日）：南京晚乘 D314 次 23:44 分赴北京。

住：火车上

第二天（4 月 10 日）：早上 08:56 到北京，乘汽车至承德，途中游览万里长城之精华——金山岭长城，晚餐后外观魁星楼夜景。

住：承德

第三天（4 月 11 日）：早餐后乘汽车赴内蒙古，游览塞罕坝国家森林公园，穿越 20 公里的林海，抵达（内蒙与河北分界处）界河，可参加界河漂流，过界河。参观乌兰布通古战场，在辽阔的内蒙古喀什喀腾大草原挥鞭策马，花海漫步，摄影留念，还可以参加草原自驾车。晚餐风味餐，品蒙古烤全羊。晚上篝火晚会，(漂流，骑马，自驾车，篝火晚会费用自理)。

住：草原

第四天（4 月 12 日）：早餐后参观高原湖——七星湖，泰丰湖，百花坡，返回承德，下午游览北方香火最旺盛的藏传佛教寺庙——普宁寺（门票 50 元自理），参观世界上最大的金漆木雕大佛。

住：承德

第五天（4 月 13 日）：早餐后游览避暑山庄，观宏伟壮观的藏式建筑——小布达拉宫，远观六世班禅住所——须弥福禄之庙，汽车赴北京晚游东华门小吃一条街，看长安街夜景。

住：北京

第六天（4 月 14 日）：早餐后游览世界最大的皇宫——北京故宫（门票 60 元自理），之后游览世界最大的城市中心广场——天安门广场，下午自由活动，乘晚上 21:21 的 D349 次列车返回。

住：火车上

第七天（4 月 15 日）：早 06:33 抵南京，结束愉快的行程，回各自温暖的家。

费用结算：

甲方在旅游团到达之前预付 70%，团款的 25%由全陪付给乙方，余下的 5%旅游团返回后付清。

注意事项：

1. 请北京××旅行社提前订妥 4 月 14 日 D349 次列车硬卧 28+1 张。
2. 请将 4 月 10 日晚餐的标准加至每人 30 元，作为欢迎。
3. 4 月 11 日晚的风味餐的餐标为每人 80 元，一定要上烤全羊。
4. 旅游者的旅游保险则由甲方投保。（不含旅游人身意外伤害保险，旅游者如需要，可自愿购买）。
5. 以上日程所列的自费景点旅游者可自愿参加。
6. 甲乙两方本着友好协商的态度，依据与旅游业相关的法律、法规解决未尽事宜。

联系人：

北京××旅行社联系人×××
电话：010-********；139********
传真：010-********；
南京××旅行社联系人×××
电话：025-********；139********
传真：025-********

甲方：南京××旅行社　　乙方：北京××旅行社
经办人：×××　　经办人：×××

2013．3．25

附：旅游团名单

姓名	性别	年龄	身份证号码

四、再确认

团队出发前 24 小时以内，业务部的经办人员对接待计划进行最后一次确认，防止地接社的疏忽大意所造成的遗漏，同时便于发现问题，及时进行补救。不能因为嫌麻烦，省去这一查漏补遗的工作程序。

五、全陪工作

全陪作为旅游团提供全程的导游服务的人员，其责任十分重大，一个旅游团外出旅游成功与否最后要看全陪的工作是否细致周到。

全陪从领取任务、熟悉计划开始，实际上就参与了作业。一切计划内外发生的事情都要靠全陪的作业来完成。全陪除全心全意为旅游者着想做好服务工作、上下站间的衔接工作外，还应关心行李工作、导购工作，同时还要处理突发事件，可谓责任重大。因此，一个好的全陪应该熟悉业务，有职业道德；做到机智、沉着，还要协调好旅游者、领队、地接社之间的关系；要博得当地司陪人员好感，直至与酒店服务人员搞好关系。全陪站在旅游者的立场，督促、检查旅游接待计划的实施，维护旅游者权益。一个好的全陪，要善于促成旅游者的行为趋于一致，积极充当旅游活动的主导者，不论带的是什么样的团，都要担当起这个团的“领导角色”，把无序的旅游团引向有序。让旅游者在自己的引导下集体行动，使旅游井然有序地进行。出团期间除了打一个电话报平安外，就不会再来请示什么。但有的全陪，大小事情都不敢处理，怕担负责任，一点小事，也要电话请示旅行社，结果是旅游团的外出旅游很被动。

当然，旅行社接待部门要给全陪以适当的权限，诸如加菜或饮料、一些必要的交际费等，同时也要注意提高全陪人员的素质。全陪派好了，整个发团流程就会很顺利。

六、总结工作

团队旅游结束，并不表示发团的管理工作就全部结束了。还有一些工作如处理旅游者遗留的问题、旅行社之间的财务结算、对发团过程的总结分析等需要继续进行。

（一）处理旅游者的遗留问题并做好质量反馈

旅游者在旅游期间可能遗忘物品；某个旅游者可能因伤因病滞留，旅游者也可能有委托导游购买、转交物品；有的旅游者在旅游过程中所得到的各种服务与旅游合同不符或与他们的期望值差距比较大时，会提出投诉。这些问题需要组团社或组团社督促地接社及时处理，让旅游者满意。

旅游团返回出发地后，这个团成不成功？旅游者满意程度如何？有何重大事故发生？这一连串问题不是单靠和地接社沟通以及听取全陪汇报就能了解实际情况的。因为他们反映的情况往往都有一定的片面性。因此要了解情况只有一个办法，即向旅游者做质量回访或质量跟踪，可以通过质量管理人员向旅游团成员，发放意见反馈表，调查取证了解他们在这次旅游过程中的真实感受以及对旅行接待工作的意见。耐心细微的工作才能了解真实情况。中国人的性格较为内敛，一般不会因为一些小事去找旅行社投诉。他们可能采用“用脚投票”的方式来表达不满，下次旅游时去另一家旅行社参团。这样组团社就会失去一位顾客。

所以抓质量反馈问题不能含糊。对大事故当然要调查清楚，对小事故也绝不放过，及时查明原因，采取一些相应措施加以疏导，驱散旅游者不快的心理，将投诉消除在萌芽状态。只有这样才有利于改进工作，提高旅游服务质量。也可以争取良好的口碑。

（二）财务结算

团队行程结束后，各地接待社（除个别已结全部团款外）均会很快寄来团队收款账单。组团作业人员应根据计划认真审核，核实无误后财务及时将余款付清。

（三）总结工作

每次旅游活动结束后，组团社要综合地接社的信息反馈、导游人员的工作汇报、旅游者的意见中所提供的情况，以及财务部门提供的盈利状况。对发团的整个过程进行分析、总结，积累有益的经验，使今后的发团管理工作更加顺畅。

思考与练习

1. 发团的含义是什么？
2. 怎样进行旅游团队的分类？
3. 怎样选择理想的地接社？
4. 对于预选上的地接社进行发团考察的目的是什么？
5. 简述旅行社发团作业的流程。

第八章　旅行社人力资源管理

本章提要

旅行社的竞争优势主要来源于信息资源、财务资源、物资资源、人力资源及其组织能力。其中，优秀的人力资源是有可能形成旅行社独特能力的部分。因此，人力资源的开发与管理成为旅行社经营管理环节中最重要的一环。通过本章的学习应了解旅行社人力资源管理的涵义、任务和意义。熟悉旅行社员工的选聘和培训。掌握旅行社的绩效考评与薪酬管理的方法和对导游人员的管理方式。

第一节　旅行社人力资源管理概述

一、人力资源管理的基本目的和基本功能

（一）人力资源管理的基本目的

人力资源是指具有劳动能力，能够推动社会经济发展的劳动者能力，它反映一个国家或地区人口中所拥有的劳动能力。而人力资源管理是指在人力资源的取

得、开发、保持和使用方面进行的计划、组织、激励和控制活动，通过招聘、选拔、录用、考核、评价、提升、培训、激励、福利等一系列环节，调整组织中人与人、人与物之间的关系，以调动人的积极性，挖掘人的潜力，提高工作效率，实现组织目标。

人力资源管理的基本目的是“吸引、保留、激励、开发”组织需要的人力资源，充分挖掘他们的潜力，为组织服务，即向社会提供所需的产品和服务，并使其在市场竞争中得以生存和发展。

（二）人力资源管理的基本功能

从人力资源管理的基本目的来看，人力资源管理有五大基本功能。

1. 获取，即人力资源的获得。在组织有某一方面的需要时，可以通过招聘、考试、选拔、录用直接获得，也可以通过相关组织的委派、借调等方式间接获得。

2. 整合。人员进入组织之后，以接受企业原有文化为主，或影响原有文化使其发生改变，形成新的组织文化，并将之内化为自己的价值观，从而与组织之间形成基于认同和责任产生的从属关系。

3. 保持和激励。新进的人员在融入组织之后，逐渐产生一些精神、物质等方面的需求，组织应通过鼓励、薪酬、福利、晋升等方式使人员获得工作的满足感，使其能够在组织中安心工作、积极工作。

4. 控制和调整。在人员对组织的工作熟悉之后，为充分发挥他们的工作潜力，应根据其表现定期进行适当评估，奖优惩劣，并采取或升迁或降职、或离退或解雇等有力措施，保持并提高其工作业绩。

5. 开发。优秀的人员应该得到长足的发展，组织应提供发展机会，如培训、进修等方式，使其明确自己的优缺点，增长知识、经验和能力，帮助其明确今后的发展方向。

二、旅行社人力资源管理的涵义

（一）旅行社人力资源构成

在明确旅行社人力资源管理涵义之前，我们首先来看一下旅行社人力资源的构成。旅行社人力资源是指推动旅行社正常经营和运作、获取合理利润的劳动者能力，具体可分为以下三类。

1. 经营管理人员。这是指在旅行社内部从事经营管理工作的总经理、各部门经理等，是旅行社的中枢神经，在旅行社的经营活动中担任组织者和指挥者的角色。旅行社对经营管理人员的要求很高，必须在思想、知识、能力及身体方面都要达到相当高的水平。因为这类人员素质的高低决定了旅行社经营管理的水平，决定了他们以及其他员工的工作效率，决定了旅行社提供各类服务的质量，最终决定了旅行社的经济效益。

2. 服务人员。旅行社员工中的主体，是面向旅游者服务的一线人员，根据工作内容的不同，主要分为业务人员、计调人员和导游人员三类。业务人员，是代表旅行社从事招徕业务的营销人员；计调人员，是指为旅游团联系行程的专业人员，包括预订交通、景点、食宿、娱乐等；导游人员，是指按照预定行程陪同旅游团队完成游览任务的人员。对服务人员的要求主要是从思想、身体、个性、业务等方面的素质提出的。作为旅行社的主体，不论具体从事何种工作的服务人员，其素质高低直接决定了对客服务的质量，最终影响旅行社经营目标的实现。

3. 财务人员。财务人员也是旅行社作为一个经营性企业不可或缺的部分。旅行社财务工作与一般企业财务工作相似，当然财务人员也需要了解旅行社的运作，才能更好地完成相应工作任务。

无论是经营管理人员，还是一线的服务人员，都能够直接或间接地影响旅行社的经济效益，都是旅行社人力资源中不可缺少的重要部分。

（二）旅行社人力资源管理的涵义

将人力资源管理的概念放在旅行社中考察，旅行社人力资源管理就是对经营人员和服务人员的管理，是指为解决旅行社对人力资源的特殊要求，推动各项工作顺利开展，实现战略目标，在人力资源的取得、开发、保持和使用等方面进行的计划、组织、激励和控制活动。这一系列的过程就构成了旅行社人力资源管理的涵义，细而化之，又可以从以下四方面来解读。

1. 求才。旅行社应本着求贤若渴的态度，诚意寻求并吸引优秀人力资源。同时，还应有“伯乐”的眼光，即通过一些科学有效的招聘手段，在良莠不齐的人群里，找到满足要求的“千里马”。

2. 用才。获得人才后，应当合理地使用。首先，对工作、职位进行分析、分类，明确各个岗位的要求。其次，对人才进行充分的认识和辨析，根据每个人的个性、气质、性格、能力不同，与岗位一一对应。只有人才和岗位匹配，才能够得到最优化的水平和效率。

3. 育才。人才现有的知识和能力是有限的，招聘到的人才需要旅行社给予相应的培训。只有经过培训，旅行社员工才能获得知识的更新、能力的提升，从而对工作更加得心应手，更胜任赋予的岗位。对旅行社而言，培训可以使人力资源得到更充分的开发和利用，实现效率最大化。育才应及时、有计划地连续进行，内容应包括组织关系、服务技巧、岗位职责、适应能力、企业文化等各方面。

4. 留才。通过求、用、育三阶段之后，旅行社人力资源已经达到相当高的水平。众所周知，旅游业的人才流动是相当频繁的，人才的流进流出司空见惯。然而，高水平人才的流出总是旅行社不小的损失。因此，怎样留住人才，在人员流动的大环境，保留一支高素质的相对稳定的人才大军，是旅行社的立根之本，也是目前旅行社业普遍存在的一大难点。应主要从企业凝聚力、待遇、个人发展等方面着手，采取切实的有效措施，才能留住人才，实现旅行社的发展。

三、旅行社人力资源管理的意义

当前，旅游业的整体气候决定了旅行社招聘员工，对素质、知识、能力等方面的要求并不高。从事旅行社工作的员工来自各行各业，专业构成非常复杂，这也增加了旅行社人力资源管理的难度。同时，旅行社同旅游业其他部门一样，由导游等接待人员向旅游者提供服务，并不直接生产物化的产品。无论是接待者还是旅游者均是由个体的人构成，因此，人力资源管理具有更重要的意义。

（一）旅行社人力资源管理提供了经营活动的基本条件

旅行社的主要产品是非物化的服务，只有在出售给旅游者之后才形成产品，因此旅行社的经营活动主要是围绕出售服务和提供服务两个内容展开的。服务产品的有效供给要依赖两方面的因素。第一个因素是作为服务载体的物质因素，如交通、酒店、餐厅及各类娱乐设施等。这些“硬件”为服务质量和工作效率的提高提供了物质基础。与之相对的第二个因素即是“软件”，即人的因素。无论是出售服务还是提供服务，其主体均为旅行社员工，他们的基本素质及其在经营服务中体现出的技能和水平，是服务产品的主体部分。在旅行社“硬件”基本确定的情况下，“软件”水平的提高对旅行社提高工作效率和服务质量起着最关键的作用。因此，进行有效的人力资源管理，做好旅行社员工的挑选、培训和使用，是确保旅行社开展经营活动的基本条件，有助于旅行社最有效地利用现有“硬件”，向旅游者提供最优秀的服务。

（二）旅行社人力资源管理促进优秀员工队伍的建立

在旅行社竞争日益剧烈的情况下，竞争优势越来越体现在优秀员工队伍的建立上。优秀的员工队伍并不是自发形成的，需要实行一系列的人力资源管理措施，并经过相当长时间的磨合与成长，逐渐形成。首先，根据旅行社经营方向和发展要求，多渠道吸引相关人才，建立一支旅行社经营发展需要的员工队伍。其次，重视员工队伍的培训，除了提高业务素质之外，还要重视员工的政治思想素质、职业道德培养，强化“微笑服务”“耐心服务”“个性化服务”等一系列积极的服务观念，建立一支能够提供优秀服务产品的员工队伍，满足旅行社业务发展的需要。最后，创建一支优秀的员工队伍很困难，要留住这支优秀的员工队伍更难。这就需要通过科学的人力资源管理，采取有效的激励方法，将员工利益和企业发展结合在一起，使员工产生较强的认同感和归属感，最大限度地发挥工作的主动性和积极性，爱岗敬业，专心本职工作，谋求个人与旅行社的共同发展。

（三）旅行社人力资源管理是创造良好效益的有效保证

旅行社是一个经营性组织，其存在和发展的目的就是为了创造经济效益。对旅行社人力资源进行管理，就是一个有效的保证，能够将组织内现有的人力资源整合起来，明确哪些人适合做哪些工作，把每一位员工安排在最能发挥其潜力的位置上，做到人尽其用，提高员工的工作效率，直接创造和提高经济效益。同时，社会效益的提高也能间接创造经济效益。对员工进行必要的培训，牢固树立其优质服务的观念和意识，使他们能更自觉、更主动、更积极、更耐心地对客服务。这样，服务质量将大大提高，旅游者满意于员工的表现进而增强旅行社的美誉度。口碑的传播在旅游业是非常重要的，很多旅游业内组织很大程度上就是依靠口碑来选择合作伙伴的，这将极大地促成旅行社业务的发展，从而创造经济效益。因此，旅行社的人力资源管理不仅能够直接创造经济效益，也能提高旅行社的知名度、美誉度，创造社会效益，最终有力地提高经济效益。

（四）旅行社人力资源管理是人力资源开发利用的重要手段

目前，在企业界，人力资源管理有着比较成熟而完善的体系，但旅行社人力的管理与一般企业有着很大的不同，由于旅游业的特殊性，员工必须在面对旅游者时才能完成服务产品的生产，由于服务产品具有不可储存性，因而旅行社对员工的管理、对质量的控制显得更加难以把握。从这个意义上来说，旅行社人力资源管理体系的完善具有重大意义。人力资源管理的最终目的，就是要实现对人力资源的开发和利用。旅行社对员工进行人力资源管理的个案和实践，都为人力资源开发利用体系的建立与完善提供了丰富的案例和验证方式。目前的旅行社人力资源管理体系包括四方面：第一，员工选聘程序和方法，为旅行社挑选合适的员工；第二，培训员工的制度和方法，提高员工素质和工作能力；第三，调配整合员工，优化员工结构；第四，有效的员工激励方案，留住人才。

四、旅行社人力资源管理的特性

由于旅游行业的特殊性，旅行社员工的工作性质和工作内容有着自身的特点和要求，与一般企业员工有着很大的不同。因此，旅行社人力资源的管理也就和一般企业有着许多不同之处，特色鲜明。

（一）独立性

独立性是旅行社员工工作的最大特点。无论是办公室的计调人员，在外跑业务的营销人员，还是外出带团的导游人员，每个人的工作在大多数情况下都是由单个人完成的。因此，独立工作能力的强弱，直接决定了他们的工作效果，决定了他们能否完成自己的工作指标。根据工作效果不同，员工间的收入差距很大。一方面，从工作方式和工作风格来看，每个人都有自己的特点；另一方面，出于自身利益目的的考虑，他们会对派下来的工作挑肥拣瘦，员工之间采取不合作态度，甚至互相拆台，或者垄断某一方面的业务。这些都给旅行社人力资源的管理带来了很多问题，在规范化管理方面增加了难度。根据这一特性，旅行社人力资源的管理必须要充分认识每一个人，肯定他们的长处，调动其工作的积极性和主动性。在充分挖掘每一个人潜能的同时，要时刻关注某一些人的不良动向，在可以控制的范围内及时扼杀。公正地调配人员工作、公平地调整分配方案，在员工中倡导团队精神与合作意识。通过各方面规范化、制度化、人性化的管理，使旅行社工作能够正常开展。

（二）分散性

旅行社员工独立从事自己的工作和业务，各谋其政。每个经理人员只负责自己的部门，与其他部门联系较少。业务人员早出晚归，各自与客户洽谈；旅行社本身只是一个提供服务，并不生产物化产品的组织，计调人员需和各旅游接待部门联系，安排旅游者的食、宿、行、游、购、娱；导游人员也是如此，他们各自奔赴不同的线路，带不同的旅游团。总之，旅行社员工间的协作和联系并不多，工作非常分散。他们的工作时间并不统一，有较大的弹性，生活也没有规律可循。旅行社人力资源管理的难度也正来源于此。分散性的工作特点使得每个员工在工作的时候，都缺少相应的监督力量，来确认工作是否落实，是否达到要求的效果，服务质量是否达到相应标准。但是，旅行社服务质量，员工的工作业绩是必须要保证的，这是旅行社实现经济效益的保障，也是旅行社人力资源管理的重要内容。旅行社应首先明确工作要求，通过员工填写工作日志、旅游者填写反馈表格、或不定时跟踪等各种途径来了解员工工作表现和服务质量，尽量做到客观、公正，并设立奖惩机制，惩劣扬优。

（三）流动性

员工流动性是旅游业中普遍存在的问题，旅行社员工流动现象尤其突出。旅行社出于人力成本的考虑，普遍聘用兼职人员，特别是兼职导游人员，只在有需要的时候使用，没有需要的时候很少与这些兼职人员联系。因此，这类人员的工作特点就是“东家不打打西家”，按件计酬，工作极不稳定，服务质量得不到保证，必将影响到旅行社的声誉，给旅行社带来损失。旅行社人力资源管理需针对员工流动性强的特点，有的放矢，稳定员工队伍，这是旅行社得以发展壮大的根本所在。首先，制定有效的薪酬机制，以合理的薪资吸引人才；加强对员工的关心，体现人文主义的关怀，使员工感受到旅行社的温暖，增强企业凝聚力；制定员工个人发展计划，使员工觉得在该旅行社有发展前途。这一系列“留才”措施，将有效地增强员工对企业的认同感，使员工与企业的利益紧紧地联系在一起，共同发展。另一方面，旅行社也应加强人力资源信息库的建设。行业的特殊性决定了人员流动是不可避免的，在人员流出之后，要及时招聘到合适的继任者。这就需要在平常时间关注行业内精英人才的情况，加强与他们的联系，以备不时之需。

（四）季节性

旅游业本身有明显的季节性特点，旅游者出游大多比较集中，形成了旅游流的旺季和淡季。受旅游者需求的影响，旅行社所需员工也存在着鲜明的季节特征。旺季时，旅行社员工数量不足，在接洽业务时捉襟见肘，影响工作效率和经济效益的提高；淡季时，员工数量又明显过剩，势必增加旅行社的人力资源成本，这是旅行社经营管理中普遍存在的矛盾。解决这一问题，旅行社采取的主要手段是长期雇佣一部分专职导游，旺季时再从导游市场中临时聘用一些兼职导游。如何保证这些兼职人员的工作效率和服务质量，就是旅行社面对季节性特点，在人力资源管理工作中必须包含的内容。加强对兼职人员的管理，需要更仔细地了解他们每一次出团的情况，根据他们的工作汇报以及司机、相关部门的反馈，最重要的参考依据是旅游者的反映，公平、客观地作出评价。将他们每一次的工作表现记录在案，根据记录实行奖励，通过加大奖优的力度，吸引兼职人员，激发其工作积极性。

第二节 旅行社员工的选聘

一、旅行社员工聘用标准

（一）政治标准

无论是从事哪一个行业，政治过关都是前提条件。对从属于旅游行业的旅行社员工来说，政治合格的意义就更为重要。他们在工作中可能同形形色色的旅游者打交道，可能受到来自不同国家、不同种族的多种思想的影响与侵蚀。无论在何种情况下，旅行社员工必须坚持四项基本原则，必须遵守国家的宪法、法律及各项规章制度，并且怀着拳拳爱国之心，热情地投入旅游事业中去。只有这样，才能推动旅行社朝着健康良性的方向行进。

（二）文化程度

旅游业是一个需要脑力劳动与体力劳动密切结合的行业，尤其在旅行社业，对员工的智力要求较高。旅行社在选聘员工时，不仅要求有大专以上的文化程度，还要考察其是否具备良好的知识结构。除此之外，一些特殊的工种还需要有专门的从业资格证书，如导游人员需要有国家旅游局颁发的导游资格证书以及凭该资格证书办理的导游证。

（三）合作能力

旅游产品的生产是由旅行社员工共同完成的。每一个环节均由专人负责，如外联、采购、接待等，他们的工作具有相对独立性。然而，他们的工作成果并不是一个完整的产品，而是一个个缺一不可的零部件。旅游者享受到的旅游产品或旅游服务，是由他们的工作成果有机组合而成的。从本质上来说，一项高品质的旅游产品或服务，需要旅行社员工的精诚合作。这种合作不仅体现在旅行社员工内部团结工作，更重要的是表现在旅行社员工在各自负责的环节上，与合作单位之间的顺畅沟通。旅行社在选聘时，必须注重考察应聘者的协调沟通能力、团结互助能力。

（四）对企业的忠诚度

由于旅游行业的特殊性，旅行社员工的流动性非常强，这种人员流动一方面给旅行社注入了新鲜血液，另一方面也增加了旅行社的人力成本，甚至影响到旅行社的正常运营。总的来说，员工流动过于频繁弊远大于利。因此，旅行社在招聘员工时，一定要重视考察应聘者是否有吃苦耐劳的精神、是否愿意与企业共同成长。对于那些业务能力较强，但只讲待遇、金钱挂帅的人员，不应聘用。

（五）身体条件

旅行社员工，尤其是那些从事一线工作的导游们常常需要跋山涉水，强健的体魄和充沛的精力是保证旅行社员工能够以饱满的热情投入工作，提供优质服务的基本物质条件。旅行社在招聘员工时，应尽可能的选择身体素质好的人员。

（六）敬业乐业精神

除了以上五条基本标准以外，旅行社在招聘人员时，还应考察其是否有敬业乐业的精神。旅行社员工如能在思想上树立长期服务于旅游业的志向，并且以饱满的热情投入自己的工作，一方面能够直接提高员工的工作效率，给旅行社增加经济效益。另一方面，主观上的能动性将促使员工更珍惜各种发展机会，更乐于提高自己的工作技能，提供更好的服务。这有利于员工形成一股积极进取的工作作风，并将自身归属于旅行社这一集体，谋求与旅行社的共同成长。

二、旅行社员工聘用原则

（一）公平竞争原则

在旅行社员工聘用过程中，公平竞争是必须坚持的首要原则。公平竞争原则应从两方面来体现。其一，旅行社在招聘时制定的招聘程序必须是公平的，旅行社应对每一位应聘者进行同样的测评、考核等，并记录成绩。通过相同的招聘程序，旅行社才能从众多的应聘者中选拔出相对优秀的人才。其二，招聘者个人在决定聘用意见时，应尽量避免个人的价值观、偏好、成见、情感等因素的影响。决定聘用结果的只有一个标准，即既定的测评、考核等程序。为尽量减少私人因素对聘用结果的影响，可增加更客观的招聘方式，以客观成绩作为聘用人才的依据。

（二）全面考核原则

全面考核原则，是指在招聘中应避免因应聘者某一方面素质突出而忽视其他方面的缺陷。在实际的工作中，这样的员工们常常因其某些素质的缺失，给旅行社造成恶劣影响，突出素质也未必能够用于旅行社，使旅行社得不偿失。因此，在招聘中必须坚持全面考核原则，从而使旅行社能够聘用到综合能力较高的优秀人才，它是促进旅行社发展的重要因素。在招聘中，全面考核原则可以体现在以下几方面。首先，在测评、考核之前要对应聘者进行初步评估，从总体上判断其是否具有长期从事旅游业的热情，并适合本工作岗位；其次，对应聘者进行人格、思想、价值观等因素的测评和考核，判断其是否能成为一位值得信赖，对旅行社发展有益的员工；第三，根据岗位职责要求，从知识、能力、体能等各方面对应聘者进行客观、细致的测评与考核，选拔出综合能力高的员工。

（三）择优选拔原则

择扰选拔是旅行社招聘中的基本原则，即从众多的应聘者中选择最适合的人才，以同等的成本获得最需要的人力资源。择优选拔的原则要求旅行社根据岗位要求来确定评价应聘者优劣的标准，通过这些标准选贤识能。在招聘中，旅行社应本着“没有最优秀，只有最适合”的态度去选拔人才。以学历为例，旅行社每一个职位均不需要太高学历的人才，如硕士，甚至是博士，以高学历作为“优”的标准之一，就是不合适的。即使在同等薪资的条件下，你选到了高学历人才来到旅行社，对他们来说，在熟悉工作流程之后，便会发现这种工作没有挑战性，有“大材小用”之嫌，无法产生工作成就感，很可能会选择跳槽了事。对旅行社来说，与其“心比天高”，不如选择一些学历稍低，仍然能胜任该项工作的人才，反而更实际。

（四）双向选择原则

双向选择是现代人事制度中的一个重要原则，给单个的旅行社带来了机遇，更带来了挑战，但它有利于促成整个旅行社业的良性发展。双向选择原则体现了两个方面的内容。其一，旅行社可以根据自己的业务发展选择需要的人才，其二，应聘者同样可以自主地选择是否从事这个行业，是否到该旅行社工作，双方都必须基于自愿。双向选择的直接影响是旅行社人员的频繁流动，给旅行社增加了人事管理的难度，促使旅行社不断完善自身经营方式和人事制度，以吸引并留住需要的人员。对旅行社员工而言，双向选择原则将推动他们努力增长知识、提高素质、多方面培养业务能力，使自己能胜任从事的工作，得到旅行社的认同，提高职业安全感，并在此基础上，找到更有前途的职位，有机会发展自己的事业。

（五）效率兼顾原则

效率兼顾原则是指旅行社在招聘员工时，应在同等情况下尽可能地减少招聘成本。招聘中的“效率兼顾”与收入分配中的“效率优先”具有不同的意义。招聘成本主要是指招聘费用和招聘时间。效率兼顾原则要求旅行社在招聘时，必须在全面贯彻前面四项原则的基础上，确保招到需要的人才之后，才能考虑效率问题。否则，一味地强调效率，出于节省时间和费用的考虑，有意无意地省略招聘程序，很可能使旅行社招不到最合适的人员，或者在找到合适人员之后不愿意以相当的薪酬肯定其价值，也很难留得住人才。当然，坚持效率兼顾原则可以为旅行社减少一些成本，关键是看怎样去省。例如，我们可以通过精简招聘程序和手段，改进拖拉的工作作风等节省成本。总之，效率兼顾原则讲求一个“度”的问题，过犹不及，两者结果是一样的。

三、旅行社员工聘用程序

（一）发布招聘与空缺职位

用人部门提出用人申请，同时向人事部说明需要人员的数量、要求及其从事的岗位，并说明理由。由人事部进行复核，如确实需要招聘人员，则对外发布招聘信息，并告知空缺职位。

发布招聘信息时应注意：首先，要面广。接受招聘信息的人越多，应聘的人也越多，旅行社从中选拔到合适人选的可能性也越大。其次，信息发布要及时。一般情况下，招聘信息应尽量早地向外界发布，这不仅有利于人们接收信息，增加应聘人数，也可以缩短招聘进程，节省开支。第三，对空缺职位所需人才进行层次定位。旅行社需要的人才不可能处于同一层次，应根据岗位的要求，向特定层次的人才发布招聘信息，这样才能有的放矢，节省招聘成本，招到合适人才。如招聘导游人员，可以直接在人才市场上发布，招聘总经理则可以在一些经营管理类的杂志上刊登招聘信息。

（二）选择招聘形式

在拟定好对所需人才的要求、发布招聘信息之后，旅行社招聘组应根据要求，选择合适的招聘方式。旅行社员工的招聘形式主要有三种。

1．内部选拔。内部选拔是旅行社人力资源开发的一项重要内容，一方面旅行社充分利用现有人力资源，旅行社任用熟悉本公司情况的员工，也将大大节省人力成本，提高旅行社的运营效率；另一方面，内部选拔可以为员工提供晋升发展的机会，也丰富了他们的工作内容，有利于增强员工对旅行社的忠诚度。内部选拔又可以分为内部提升和内部调用两类。内部提升指将旅行社内符合条件的员工从一个较低级岗位晋升到较高级岗位的过程；内部调用指旅行社需要招聘的岗位与员工原来的岗位层次相同，把员工调到招聘岗位的过程。基于多方面的原因，在可能的情况下，旅行社往往选择内部选拔的方式。

2．收集信息。通过社会网络收集信息，也是旅行社员工招聘的一个常用形式，网络招聘通常有以下几种情况。第一，当旅行社有岗位空缺时，可由旅行社内外的熟人介绍人选，经测试合格即可录用。第二，通过职业介绍机构招聘。通过这种方式招聘，旅行社应选择信誉较好的机构合作，对应聘者要进行再测试，同时要求机构尽可能地提供正确而详细的信息。第三，请职业招聘人员替旅行社招聘。职业招聘人员，俗称“猎头者”，专门为企业招聘高级人才或特殊人才。当旅行社需招聘高级经营管理人才时，可采用这种形式。第四，通过求职者登记的方式，从已登记的求职者中选择适合的人选。这种招聘形式较为被动，招聘成功率并不太高。

3．公开招聘。公开招聘即旅行社向社会人员公开宣布招聘信息，提供一个公平竞争的机会，择优录用合格的人员的过程。公开招聘需要以下几个重要步骤：首先，选择合适的媒体刊登广告，吸引旅行社需要的人才前来应聘。其次，要求应聘者在规定的时间内，到指定的地点报名。旅行社应根据需要事先设计好报名程序，从多个侧面初步了解应聘者。

（三）确定选聘策略

通过不同的选聘形式，旅行社可在众多的应聘人员中进行一个初步评估，选择合适的人员成为测试对象，通过选聘策略的使用，从中选择具有真才实学的人员。选聘策略一般可分为以下四类。

1. 心理测试：即通过一系列的心理学方法来测量应试者的智力水平和个性差异等情况。心理测试可细分为智力测验、个性测验和特殊能力测验等。通过科学的测试题的安排，测试结果是比较科学的。旅行社通过对应试者进行心理测试，可以获知其是否适合这一岗位，并有较大的发展潜力。

2. 知识测试：主要通过纸笔测验的方式，了解应试者的知识广度、深度以及知识结构等。知识测试是评判应试者是否能胜任空缺岗位的基本手段。知识测试可以包括综合知识测试、专业知识测试和相关结构知识测试。知识测试很难避免的缺陷是试题的科学与否，因此有条件的旅行社可以自己建立一套试题库，在组织测试时，随机抽出题目进行组合，可以增强科学性。

3. 情景模拟测试：根据被试者可能担任的职务，编制一套与该职务实际情况相似的测试项目，将被试者安排在模拟的逼真的工作环境中，要求被试者处理可能遇见的各种问题，通过这种方法可以测评被试者的心理素质和潜在能力。例如，旅行社在招聘导游人员时，可以临时召集人员组成旅行团，由应试者担任导游角色，由“旅行团”成员制造“问题”，通过应试者的表现了解应试者处理突发问题的能力以及现场控制能力等。

4. 面试：要求应试者采用口语表达的方式回答面试者的提问，以此了解应试者的心理素质和潜在能力。一般的面试过程应该包括三个部分。首先是面试者介绍旅行社的基本情况、面试者的自我介绍或相互介绍；其次是应试者的自我介绍；最后是两者之间的互动，面试者应尽量引导应试者表现出他真实的性格和能力水平；应试者对旅行社的具体工作情况、薪酬等有更进一步的了解。通过面试，旅行社与应试者实行双向选择。

（四）评估应试人员，确定最后人选

通过一种或多种选聘策略的运用，根据应试人员的表现，旅行社可以对其各方面情况进行一个较为客观公正的评估，从中选择最适合空缺岗位的人选。旅行社招聘的目的就基本达到了。在评估中，应特别重视应试人员是否有相关工作经历。旅行社有些工作只需要应试者具备相关的教育背景或接受过相关培训就可以胜任，但对大部分工作来说，是否有工作经历是至关重要的，因为这直接表明了应试人员是否具备空缺岗位所需的工作能力和技巧，也决定了旅行社对应试者的培训内容和培训手段。评估确定最佳人选之后，旅行社需及时向这些录用人员发出通知，以书面通知为宜，在书面通知上列明岗位的待遇和要求。一旦应试者在确认书上签字认可之后，便形成了受法律保护的劳动关系，对双方均产生约束力。

（五）招聘效果评价

招聘工作结束后，要对整个招聘的效果进行一个评定。这个评定是对整个招聘过程的检查和总结，主要从数量和质量两方面进行。一方面，招聘效果的优劣可以用数字来说话，如招聘单价（招聘总费用/录用人数）、录用比（录用人数/应聘人数）、招聘完成比（录用人数/计划招聘人数）以及应聘比（应聘人数/计划招聘人数）等。另一方面，可以通过质量评价来看招聘效果的好坏。质量评价比较主观，增加了评价的难度，也需要较长的时间。主要是由人事部门对照最初的招聘目标，对录用人员在旅行社岗位上的表现和业绩进行评价，从而确定这次招聘效果。

第三节　旅行社员工的培训

旅行社员工的选聘，只是解决了旅行社职位的空缺问题。要使处于旅行社某一职位的员工们能够胜任该职位的要求，有效地保持旅行社良性运转，就必须加强对旅行社员工的培训。从岗位职责的要求出发，根据员工的不同学习特点，选择合适的培训类型，确定相应的培训方式，缩小员工素质与职位要求之间的差距。

一、旅行社员工培训的内容

（一）基本知识培训

基本知识培训的目的是使旅行社员工具备从事旅行社行业的最基本资格。主要包括三方面的内容：首先是员工的思想教育培训，通过培训使员工爱国爱党，坚持四项基本原则，能够正确认识旅游服务工作的性质和意义；其次是员工的观念教育，帮助员工树立“顾客至上，优质服务”的现代服务理念，以顾客的满意为最高服务宗旨，以高水平的服务为旅行社赢得良好的口碑；最后是员工的职业道德教育，编写旅行社员工手册，并组织员工认真学习，使他们系统地了解旅行社的有关知识，从而在思想上明确从事旅行社行业，什么可为，什么不可为，规范自身的职业行为。

（二）业务知识与技能培训

业务知识与技能的培训有助于员工更好地完成其所担负的岗位职责，包括岗位职责要求的各项业务知识、技能和技巧，可细分为业务培训和行为培训两个部分。业务培训使旅行社员工明确相应岗位的服务规程和服务内容。如作为旅行社前台接待人员，应掌握客人来访后的一系列服务规程。行为培训指岗位工作规程及技术训练等，即通过规范化的服务要求，如何更好为客人提供所需服务，如旅游礼节礼貌、客源国礼仪及风俗习惯等都属于行为培训的内容。总之，业务知识与技能的培训包括了向旅游者提供什么服务，怎样提供优质服务的一切内容。通过这些内容的培训，有助于培养旅行社员工的规范服务能力，保证旅行社服务质量。

（三）发展培训

发展培训主要针对旅行社管理人员以及工作业绩突出的优秀员工进行。通过发展培训，可以使旅行社管理人员不断地更新观念，提升各方面的素质，提高经营管理水平。对优秀员工的发展培训，有助于挖掘其工作潜力，提升其相关能力，并为之提供晋升机会，发挥更大的作用。这一方面可以提高员工对企业的忠诚度，同时也使旅行社以较低的成本获取最佳的人力资源。发展培训的主要内容应包括对旅行社管理人员及优秀员工各种能力的培育。一般来讲，作为旅行社的管理人员和优秀员工，应该已具备相当的工作能力，发展培训主要是针对他们能力中的不足之处给予补足的机会，或多方面均衡发展，或某方面纵深发展。目的是使他们能够更好地开展管理工作和业务工作，推动旅行社获取最终的经济效益。

二、旅行社员工培训的类型

目前，旅行社员工培训类型多样，常见的有脱产定向培训、在职培训、业余自学三种类型。旅行社可以根据岗位的需要和自身的条件，综合考虑各类型的成本和成效，以确定培训类型。

（一）脱产定向培训

脱产定向培训需要旅行社员工离开自己的岗位，前往高等院校或专门的旅游学校进行定向培训，培训成本较高。这种培训方式主要针对旅行社中的骨干分子，他们有较好的工作能力和业务能力，从事的岗位往往要求较高，专业性也很强。这些骨干员工的素质和能力直接决定了旅行社的生存和发展。脱产定向培训的优点在于受培训人员经过系统学习，知识和能力都将得到促进，效果显著，缺点在于成本过高，或因为受训人员的离岗，影响旅行社的业务。

（二）在职培训

一般的旅行社虽然人数都很精简，但岗位却分得很细，常常一人负责多项事务。不同的工种和岗位，其职责和要求也不相同，这就提高了旅行社员工的工作复杂性。再者，旅行社人员流动相当地频繁，进出的员工水平往往参差不齐，服务的规范性难以保障，这就给旅行社稳定服务质量增加了难度。旅行社常用的方法就是选择在职培训类型，定期对新老员工开展培训，安排人员学习和交流必要的专业技术知识、业务技能和管理知识，不断更新提高自己的服务水平。在职培训是旅行社员工培训的一条重要途径，员工在不影响岗位工作的前提下，由旅行社安排参加一些学习班、讲座等，或聘请某一领域的专家学者前来讲学。这种培训方式成本较低，操作简便，可以缓解以上的问题。但是，由于在职培训不是一个系统的培训过程，培训时间的安排受旅行社业务的影响并不确定，员工能够学习到的知识有限，培训效果一般。

（三）业余自学

业余自学是旅行社员工提升自我能力和水平的培训类型之一。目前的旅行社业中，出于培训成本以及是否影响旅行社运行这两方面的考虑，由旅行社安排员工脱产定向培训或在职培训是比较少的，其主观能动性也不强。旅行社更愿意选择鼓励员工工作之余自学提高自己的方式。业余自学类型的优点是显而易见的，其缺点在于员工的学习主动性并不太强，且由于缺乏动力机制，没有专门的指导，自学效果一般较差。为发挥业余自学的优势，规避其不足，需要由旅行社制定一些鼓励措施，积极支持员工进行业余自学。对参加业余自学的员工进行适当的奖励，并对他们的自学成果进行必要的测试，再根据其水平能力的提高程度，合理地调配其工作岗位，甚至直接给予晋升的机会。这样，当员工认识到通过自学也有发展的空间，自学的积极性必然会大大地提高，员工素质提高，旅行社自然会得到长足的发展。

三、旅行社员工培训的方式

根据培训的时间不同，旅行社员工培训主要分为脱产定向培训、在职培训及业余自学等，在这些不同的培训类型中，培训者可以根据培训要求和培训内容，选择适合的培训方式，以增强培训效果。目前，我国旅行社员工培训的方式主要有以下九种。

（一）课堂讲授

课堂讲授是学校常用的方法，由于成本较低，也常常为旅行社员工培训所用，主要由培训者讲授知识，由受训者记忆知识，中间穿插一些提问，由受训者回答，起到强化知识、巩固知识的作用。课堂讲授的效果完全取决于培训者的讲课水平。课堂讲授方式不太符合成人学习原则，即使培训者讲课水平很高，也可能达不到预期的培训效果。因为这种方式主要是单向沟通，培训者不能充分了解受训者的情况，并且这种培训方式只调动了视觉和听觉两种感官通道，效果较差。所以，旅行社员工培训不能以课堂讲授为主，而只能以此为辅助培训手段。

（二）会议研讨

会议研讨以受训者感兴趣的题目为主，由培训人员或指定的小组长领导讨论，讨论领导人需准备充足的材料在会上分发给受训人，引导受训者讨论。在研讨中可以加入案例研究、角色扮演等方式。在会议研讨中，小组长的选择非常重要，需要有足够的知识与经验，获得其他人的认同，善于听取别人的意见，并能从中总结出精华的内容。善于组织人员讨论，有一定的幽默感帮助活跃讨论气氛，鼓励发言。这种培训方式的特点是多向沟通，受训者的参与性较高，成本较低，有助于培训员工分析问题、解决问题以及与他人合作的能力。会议研讨一般在指定的地点进行，受训人数有较大的限制，人数不宜过多。会议研讨的效果好坏，取决于培训人员或研讨组长的水平。较差的研讨只相当于授课效果，成功的研讨因结合了其他方式的长处，可以达到预期效果。

（三）案例研究

案例研究是让受训者通过文字、录音、录像等视听媒介，了解一则关于旅行社经营和组织的问题，然后要求他们找出适当的解决方案。这些问题既可以是旅行社的成功经验，也可以是失败的教训，问题本身并没有固定的标准答案。这种培训方式引导受训者各抒己见，研究解决之道，鼓励受训者积极思考，训练自己的分析问题、解决问题以及决策的能力。在提出众多的方案之后，还需要对之进行分析评价，指出各方案的优劣之处，因此小组中与其他受训者的频繁交流和沟通，也可以提高受训者的说服能力和群体协调的技巧。通过案例研究，将学习到的理论和原则运用到现实中去，解决旅行社运行中的实际问题。由于效果显著，费用低廉，经常为旅行社培训所用。

（四）角色扮演

这种方法往往在一个模拟真实的情景中，由两个以上的受训者扮演不同的角色，使之相互作用，由培训师对他们的表现进行纠正，使之掌握必要的技能。在旅行社员工人际关系技能的培训中，经常使用这种方法，使受训者体验不同的角色和职位，帮助他们从不同的角度来看待问题，往往能收到较好的效果。角色扮演法的优点是显而易见的，实现了信息的双向即时反馈，便于受训者找到自身的不足并立即得以纠正，学习成果也可以马上转移到实际的工作中。其缺点在于角色扮演效果的好坏仍直接由培训师水平决定，要求培训师能作及时、适当地反馈与强化。此外，角色扮演往往只能以小组形式进行，人均培训成本较高，因此在旅行社中难以推广。

（五）操作示范

操作示范法是指由培训人员在工作现场利用实际的工作环境和工作设备，为受训人员提供服务示范。培训人员往往需要在工作的同时，为受训人员讲解工作要点、程序，必要时可做多次重复演示，再由受训人员多次练习并不断纠正，通过手把手地示范和实践，务必使受训人员了解并熟悉该项工作，最后运用自如，能独立开展工作。操作示范法往往在旅行社的职前事务中运用较多，或当旅行社内某个岗位的工作流程得到改进，引进新的办公设备时，可请培训人员采用这种方法使员工尽快熟悉新的工作流程，掌握办公设备的操作。

（六）以“旧”带“新”，言传身教

旅行社采用这种方式的局限性较大，主要适用于对旅行社新进员工的培训。在这种培训方式下，通常由旅行社内优秀的老员工来充当培训人员的角色，他们具备丰富的工作经验和所任岗位要求的工作技能。由他们培训新进员工，不仅提供了新老员工之间的交流平台，增进同事之间的情感，更有助于新进员工较快地适应新的工作环境和工作要求。这种培训方式的优点在于培训成本较低，基本不影响旅行社正常运行，并有利于培育旅行社内部良好的工作氛围。而缺点在于老员工能够传授给新员工的知识和经验是有限的，尤其是在新员工熟悉工作环境之后，老员工的指导作用将发挥得越来越少，新进员工多半只能依靠自身的观察能力、学习能力、领悟能力来提高自己的工作水平和效率。

（七）拓展训练

拓展训练是一种新兴的培训方式，有利于挖掘和发展旅行社员工的内在潜力，也便于人事部门对受训员工的素质、能力等做较科学的分析。这种培训方式，通常把受训人员分成若干小组，每一组由一个培训人员带领。培训人员把小组带到一个远离工作环境的地方，让组员们共同生活一段时间。在这段时间里，培训人员将组织各种活动行程，如露营、旅游、考察等，安排行程完毕，具体的工作则由小组成员来负责完成，培训人员只充当观察员的角色，来详细记录每一位小组成员在活动中的表现。这段时间里，小组成员面对的是真实的生活，当培训人员预设的问题或突发状况出现时，他们会很自然地表现出不同的情绪、态度及个性特征，并采取不同的应对方法。这些都将为培训人员详细记录下来，作为评价成员个人品质的依据，也可以作为今后职位升迁、调动的参考。

（八）模拟培训

模拟培训主要是针对那些不可能在实际工作中提供操作示范的情况下而采用的一种培训方式。如培训人员不可能面对客人一再重复服务程序，新员工也不可能在不熟悉服务程序的情况下直接对客服务再由培训人员指出其不对之处，这些都会直接影响对客服务的质量。这时，就需要采用模拟培训的方式。这种培训方式的宗旨在于以成本最小化、安全最大化原则，尽可能还原真实的工作环境。模拟培训是一种对培训程序设计要求很高的培训方式。好的模拟培训与操作示范的效果相当，具有较强的针对性，能够帮助受训者很好地掌握服务技能，以及对先进设备的操作等。

（九）互联网培训

近年来，由于互联网技术的突飞猛进，网络信息获得高度共享，使旅行社越来越将互联网培训作为一个新的培训方式。互联网培训的优势明显，首先，网上资源非常丰富，网页的更新非常及时而迅速，受训人员可以在互联网上获得时下最流行、最先进的资讯，帮助自己更新知识和技能。其次，互联网培训的费用较低，开展这种方式的培训只需要为旅行社员工提供上网平台即可。现代社会，电脑及其上网功能是旅行社运行最基本的配备，旅行社几乎不需要任何额外的花费就可以展开这种培训，大大节省了旅行社的培训成本。当然，互联网培训的缺陷也是显而见的，人们在享受丰富的网络信息的同时，也受到很多垃圾信息的困扰。受训员工们需要有信息选择、评判优劣的能力，找到真正能对自己的工作有利的信息，这项工作对普通的员工来说还是较有难度的。因此，在开展互联网培训之前，旅行社首先要做的就是对员工进行信息搜集、比较、评判的培训，唯其如此，互联网培训才能真正收到实效。

阅读材料 8-1　导游方面存在的主要问题及其原因

我国导游方面存在的问题可以分为几个层面。第一个是导游服务层面，反映突出的是将导“游”变成导“购”，以及与此目的性质相同或与此密切相关的“加点”“换点”，具体表现为导游诱导、欺骗甚至强迫游客购物和参加质次价高的自费项目，擅自变更行程计划、压缩计划内项目的游览时间，以便从购物点和景点拿回扣。第二个是在对导游人员的管理服务和权益保障层面，反映突出的是“人头费”“买团”，即导游按游客人数向旅行社支付费用以获得带团服务的机会，旅行社不向导游支付带团服务的劳动报酬，旅行社和导游管理服务机构不为导游提供劳动社会保障，甚至要求导游垫付、支付游客住宿、用餐、游览、交通等接待费用。第三个是在导游机制、体制层面，反映突出的是“零负团费”、导游公司监管缺位、导游进入—退出机制和监管考核体制不完善。第四个是具体工作层面，主要是在导游教育培训、年审、IC 卡计分管理、服务监督检查、正面宣传引导和政府、协会的导游服务方面存在不足。

导游问题的症结主要在于机制方面的“零负团费”操作模式和体制方面的不适应。零负团费操作的基本情形如下：

起点：游客追求价廉物美而又不太了解和熟悉旅游产品的特性及相关信息，在报名出游时反复多家询价压价。

招徕、组团社：为适应游客需要以争取客源和业务，竞相压低报价并低价促销、收客，不向游客收取目的地旅游接待费用，因此不向接待旅行社支付接待费用，搞“零团费”结算，甚至还要接待社向其反向支付“人头费”以获取、增加利润，成为“负团费”结算。

地接旅行社：不向导游支付劳动报酬，不为导游提供劳动社会保障，反而要求导游支付接待费用并解决旅行社和导游收入问题。

导游：与司机和购物、景点单位联合起来，通过诱导、欺骗甚至强迫游客购物、参加自费项目即“加点”“换点”来获取回扣。

终点：导游“导购”“加点”“换点”严重影响了旅游质量和效果，且所购物品和所参加自费项目往往都是质价不符、质次价高的，游客向旅游和相关部门投诉。

导游体制方面存在的主要问题也直接影响导游服务质量、队伍素质、导游权益保障。一是导游入门条件偏低，主要是高中毕业的学历起点直接影响到导游知识量、服务能力和新导游的年龄起点，对导游服务质量和队伍素质产生直接影响。

二是导游公司性质、经营服务内容及设立条件和程序、监管责任和方式等不明确，大量通过导游公司取得导游证并实际从事导游服务人员的劳动就业、权益保障、监督考核、管理服务严重缺位。三是导游服务的性质、地位及其与旅行社的关系不明确，“导游自由职业化、导游服务市场化”与“零负团费”“人头费”“买团”“加点”“换点”的产生、发展关系密切。四是导游IC卡计分管理、导游年审考核等制度需要改进和完善。

（李任芷，蔡家成，等. 导游体制改革调研报告. http：// www. cnta. gov. cn/ html/ 2010-5-7）

第四节 旅行社的绩效考评与薪酬管理

旅行社员工在经过必要的培训后投入工作，再经过一段时间的适应之后，人力资源管理部门就应该着手针对员工们的绩效考评，并与薪酬挂钩，以激励员工们更加努力地工作。绩效考评与薪酬管理是旅行社人力资源管理中的最后一个重要步骤。

一、旅行社的绩效考评

旅行社绩效考评是主管或相关人员对员工的工作进行系统评价的过程，通过建立一个有效的评估体系帮助其衡量、评价、影响员工工作表现，并以此来揭示员工工作的有效性及其未来工作的潜能。绩效考核不仅影响到员工自身利益，影响到旅行社经营目标的实现，甚至社会都能从中获益。建立有效绩效考核体系的关键在于确立合理的绩效标准。绩效标准应该包括旅行社员工开展工作的多个有考评价值的方面，是旅行社经营目标期望员工达到的绩效水平，从合理的角度来看，应该是使员工有机会超过标准并实现的绩效水平，如未达到，则说明该员工的绩效考评不理想。

（一）绩效考评的标准

一个有效的绩效考评体系中，应该包含多项考评标准，为使结果更准确、更公平，考评标准应该包括绝对标准、相对标准及客观标准三类。绝对标准是指建立员工工作岗位的职责标准，以是否达到该标准作为绩效考评的结果，因此绝对标准的特点在于以固定标准衡量员工工作表现，而不与其他员工工作比较。相对标准是指将员工之间的工作表现相互比较，以此评定个人工作的优劣，并以此为员工工作绩效顺序排名。客观标准是指人力资源部门制定一个评定量表，在考评员工时，对员工工作表现中的每一个细分项目分别予以定位，以此对员工做较为客观的考评。结合以上三种类型的考评标准，从不同的侧面对员工的工作绩效进行考评，其结果将更为准确，也更能“服众”。

在制定标准之前，首先要明确绩效考评标准的原则。根据旅行社总体的战略目标，可以制定个人或员工群体的工作行为和工作成果标准。为了对员工进行全面的绩效考评，这些标准可能涉及很多内容，每一个项目规定的要求也很细致。

在建立绩效考评标准时，要确保和旅行社的目标及其每一个部门在功能上相配合。根据工作职责和工作内容的复杂程度，制定相应的考评项目。

（二）绩效考评的主要方法

使用哪种方法对员工进行绩效考评，将直接影响考评的结果是否正确，考评的效果是否能够实现。因此，绩效考评的方法必须具有信度和效度，即考评结果可靠，并达成期望目标。此外，还要注意考评方法的普遍性，即能够通过这个方法鉴别出员工们的行为差异，并形成最客观的意见。旅行社可以采取如下绩效考评方法。

1. 排序法。员工人数较少的旅行社可以采取直接排序法，即按工作表现从好到坏的顺序给员工排序，工作表现可以是员工的整体表现，也可以是某项特定工作的表现。

2. 成对比较法。在某一个绩效标准的基础之上，将每一个员工分别与其他员工做比较，评出哪一位“更好”，记录下每一次比较的结果，即员工获得“更好”考评的次数，根据次数多少来给员工排序。这种方法的优点在于将每一位员工与其他员工做比较，得出的结果较客观。缺点在于工作量太大，且如果员工获得“更好”考评次数相等，无法得到结果。

3. 等级分配法。在事先拟定考评项目的情况下，按考评项目对员工的绩效做粗略的排序。设立绩效等级并为各等级设立固定的比例分配，根据员工的绩效排序分配绩效等级。这种方法并不看重员工的具体排序，而更着重于其绩效等级。这种方法可以将表现差不多的员工列为同一等级，弥补了排序法和成对比较法中每个员工位置唯一的缺陷。

以上三种是常规的绩效考评方法，其特点在于将员工置于同其他人比较的位置，优点是结果相对客观，但其缺点也相当明显，即当旅行社员工整体绩效较差时，这种考评所采用的参照系就失去了准确性。为弥补常规方法的缺点，旅行社人力资源管理部门还可以采用行为考评法作为补充。

1. 量表评等法。即通过制定量表来评等，量表中应包括与经营目标相配合的项目，如服务态度、服务技能、责任心等，为每一项确定权数，按照量表为每一位员工打分，加权相加，获得每个人的绩效考评分。

2. 关键事件法。“关键事件”是指与绩效好坏直接相关的事件。当有关键事件发生时，填在考评表上，根据事件性质为员工打分，并与员工进行考评面谈，以确定员工素质与关键事件的必然联系。这种考评方法不需设定标准，而是通过收集员工事迹进行考评，对考评人员的“公正无私”要求很高。

3. 行为评等法。这种方法是对关键事件法的深化和完善。首先对员工表现进行分析，收集其胜任或不胜任岗位的关键事件，并将这些事件细化为多个方面，根据每一方面的重要性分配权数，以此对员工的工作表现进行绩效考评。

4. 混合标准评等法。这种方法使用的是混合标准量表，对某项工作的特定方面分别作出三种行为描述，表示绩效的高、中、低三档，不需要精确的打分。这种方法的优点在于评估者的注意力不会过度集中在分值上，而更注重员工的行为模式。

5. 行为观察评等法。这种方法不是考评员工做某项工作的水平或优劣，而是观察员工某项特定行为的频度，如导游人员在一个月的工作时间内，与旅游者发生几次争吵，被投诉几次，或受到旅游者好评的次数，根据不同的次数评定分值。这种方法的优点在于直观、可靠，员工们更容易接受反馈并提高自身绩效。

以上五类考评方法称为行为评等法，其特点在于不需要将员工的工作表现与他人进行比较，将员工的工作表现与预先制定的考评项目相比较归类，以此为员工考评，与常规的考评方法互为补充，增加考评结果的准确性。

（三）绩效考评的操作

确定了对员工使用哪一种考评方法之后，就是绩效考评的过程操作。过程操作的合理与否对考评结果的准确性也有很大的影响，需要引起旅行社人力资源部门的重视。一般来讲，绩效考评的过程应该分为如下几个步骤。

1. 收集信息。收集信息是指在一个绩效考评期内观察员工的行为表现或收集旅行社内部其他人观察到的该员工行为表现，这是绩效考评的事实依据。这一步骤中通常使用的是“关键事件法”，也就是说收集的信息均为明确易观察的并与绩效好坏有直接关联的。将收集到的信息分类，填入考核表内。

2. 确定考评期。考评期的确定也应讲求科学性，不宜过长或过短，应根据工作性质确定。对于处在培训期的员工，考评期应较短，便于员工及时获得反馈和指导；对工作熟悉的员工其工作表现较为稳定，可以拉长考评期。对导游人员的考评，可通过多次带团表现来确认。

3. 全方位考评。全方位考评是指旅行社领导、同事、下属、员工自己和顾客，站在自己的角度对员工进行评估，全方位的考评就避免单个评估者的主观判断，使考评结果更可靠。

4. 制定绩效改进计划。考评过后，需要将考评结果反馈给员工，促进他们改进自己的工作行为并给予必要的指导，这正是绩效考评的目的所在。在制定改进计划时，应注意几个原则。首先，与员工沟通，对其绩效不足方面给予重审确认。其次，为激发员工改进工作的主观意愿，可从其愿意改进之处着手。再次，从易出成效的方面开始改进，使员工产生成就感，有助于其他方面的改进。最后，改进需要花费一定的成本，在成本允许的范围内，选择最“合算”的方面改进。

二、旅行社薪酬管理

旅行社薪酬管理是人力资源管理中最难的一个环节，结果好坏直接影响旅行社的经营和收支状况。一方面，高薪酬可以激励员工卓有成效地工作，达成旅行社经营目标；另一方面，薪酬也是旅行社运作的主要成本之一，成本过高，利润自然就减少，甚至可能演变成亏本经营的地步。薪酬体系的合理与否直接决定了旅行社是否能够吸引人才、留住人才，并使人才为实现旅行社目标而工作。因此，怎样建立一个合理的薪酬管理体系成为旅行社人力资源管理中最敏感也是最重要的内容，这需要人力资源部门不懈地努力，不断地调整薪酬体系，使之与旅行社经营协调起来。

（一）薪酬的构成

员工为旅行社付出时间、努力和劳动，旅行社需要为此支付财务回报和一些有形利益，这就是旅行社薪酬。一般来说，旅行社薪酬分为直接薪酬和间接薪酬两种形式。前者是指员工获得的现金薪酬，如工资、奖金、业务提成等。后者是旅行社给予员工的福利，如医疗保险、养老保险、带薪假期等。旅行社员工往往比较重视直接薪酬，并不太计较间接薪酬得失。因此制定一个合理的直接薪酬系统，将有利于激励员工更有效地开展工作，是旅行社员工薪酬体系中的重中之重。

（二）薪酬管理的原则

薪酬管理需要遵循以下几条主要原则。

1. 公平性原则。这是薪酬管理中最基本的原则。旅行社内的员工人人平等，同样的岗位，同样的业绩，获得的薪酬是一致的。这条原则的制定，将起到激发员工积极性和主动性的作用。否则，强烈的不公平感将使旅行社内员工没有激情，没有动力，甚至还会出现员工间关系紧张的后果，影响人员稳定和旅行社的长期发展。

2. 适度性原则。这条原则确定了旅行社员工薪酬的上限和下限，在一个适当的区域内变动。这条原则一方面有助于旅行社进行成本控制，另一方面也能够赋予一些普通员工安全感，在绩效考评结果较差的情况下有基本的薪酬保障，使之安心地进行绩效改进，优化工作行为。

3. 稳定性原则。薪酬管理方案确定下来之后，应保持相对稳定，使员工感到安全，也使旅行社自身感到安全。如果朝令夕改，令员工一直处在极度关心和担忧自己的薪酬状态时，便不能全身心投入工作，影响工作绩效的实现。对旅行社来说，常常变化的薪酬体系无法得到员工的认同，也会影响旅行社人力资源的稳定性。

4. 认可性原则。旅行社的薪酬体系制定之后，需要获得员工的认可，才能发挥其作用。除了获得员工的认可之外，也要获得法律的认可，在法律允许的范围内，运用薪酬体系激励员工更好地工作。

5. 平衡性原则。旅行社薪酬里的各个部分要平衡，既重视直接薪酬，也不能忽略间接薪酬；既重视直接薪酬中的工资，同时不能忽略其中的奖金和业务提成。关注薪酬的各个方面，使各个方面都能发挥出最大的作用，这是平衡性原则对薪酬体系构建最大的贡献。

6. 激励性原则。薪酬管理的目的就在于激励员工更好地发挥积极性、主动性、创造性，实现旅行社整体的经营目标。因此，怎样进行有效的薪酬管理，可以激励强度作为标准之一。不能激励员工工作的薪酬体系是无效的。

7. 交融性原则。旅行社制定的薪酬体系应该与其他企业、其他旅行社薪酬体系有共通之处的，使员工可以通过比较认识本企业薪酬体系的优劣。如果与外部市场毫无交流，自行一套，将失去这种比较的基础，也会使员工产生不确定感，影响旅行社人员稳定。

（三）薪酬管理的政策

每个旅行社实行的薪酬管理政策不尽相同，一般涉及以下几个方面。

1. 业绩优先与表现优先。业绩优先是指根据旅行社员工的工作业绩优劣来支付薪酬，通常在营销公关部门实行这一政策。表现优先是指根据旅行社员工的努力程度支付薪酬，多用在内部服务部门，如接待部等。

2. 工龄优先与能力优先。如果工龄在薪酬体系中的比重较大，则称为工龄优先，反之则称为能力优先。与此相类似的还有学历优先与能力优先、性别优先与能力优先等。在旅行社业中，一般均采用能力优先政策。

3. 工资优先与福利优先。根据旅行社薪酬体系中工资与福利所占的比重来确定是工资优先还是福利优先。大多数旅行社均实行工资优先政策。在一些营销部门中，奖金和业务提成的比例往往高过基本工资。

4. 需要优先与成本优先。旅行社在扩张阶段，以满足旅行社发展需要为第一考虑因素，不惜重金礼聘贤能，履行需要优先政策。反之，在发展较为平缓的阶段，旅行社往往更多地考虑成本与收益之间的比例关系，实行成本优先政策。

5. 物质优先与精神优先。薪酬体系中只强调金钱报酬时，称之为物质优先，在强调金钱报酬之外，也非常重视非金钱报酬，注意满足员工的安全感、荣誉感、归属感，这样的薪酬政策称之为精神优先。

6. 公开化与隐蔽化。员工之间相互知道彼此的薪酬称之为公开化政策；反之则称为隐蔽化政策。这两种政策各有利弊，应根据旅行社实际情况及员工特点来确定。

（四）薪酬体系的确定

确定薪酬体系时，旅行社相关部门应关注到薪酬各个部分，使之发挥最大效用。对旅行社而言，间接薪酬所占比重不大，奖金及提成则根据工作业绩发放，因此旅行社薪酬体系确定的重点在于工资制定。一般来说，旅行社可以采用工作价值评定的方法来确定薪酬。这种方法可以分为工作分析、工作评价及确立薪酬体系三个步骤。

1. 进行工作分析。收集和确定与某项特定工作有关的信息，掌握旅行社内各岗位工作包含的基本任务、职责、知识技能、员工努力程度，以及工作顺利进行需要的其他条件。对每一项工作进行充分分析之后，形成书面文件，并将之规范为旅行社的正式文件，称之为工作说明。工作说明需要详细地描述每个岗位工作的物质特点和环境特点，对员工具体要求等，使之成为员工开展工作的方向指引。总之，从薪酬管理的角度出发，工作分析及其说明需要解决“做什么”“怎么做”的问题，并对“为什么这样做”作出进一步的说明。

2. 对某项特定工作进行评价。可以采用工作排序法、工作分等法和关键要素计划法来进行。工作排序法是一种传统的评定方法，按照旅行社定义的价值和贡献指标，对各项工作进行排序。这里的工作是指某一岗位要求的各项工作总体，而不是某项具体工作。这种方法操作较为简便，缺点在于“价值”这个标准的确定很困难，也很难向员工作出合理性解释。工作分等法是指旅行社将内部所有职位进行等级评定，对各等级岗位提出高低不等的职责和要求，并为这些职责要求也排定等级，通过职位与职责要求的两次定级，综合考虑，进行工作评定。这种方法成本较低，但随着旅行社规模的扩大，工作量将大大增加，因此不适用于规模较大的旅行社。关键要素计划法弥补前两种方法的缺陷。它要求旅行社首先确定每一项工作的重点、难点，称之为关键要素，然后对这些要素分别计分并根据重要程度赋予相应的权数，最后加权，得出工作评定的总分。这种方法不是对工作整体作评价，而是对工作中的各要素分别评价，结果更为细致准确。

3. 确立薪酬体系。完成工作价值评定之后，旅行社还应参考市场上的工资信息，以工作价值评定为基础，市场信息为补充，确定具有旅行社自身特色的有竞争力的薪酬体系。旅行社常常采用多种不同的薪酬确立方式。第一种是给从事相同工作的员工支付相同的薪酬，这种方式简洁明了，但缺乏人情关怀，不利于培养员工对旅行社的忠诚度。第二种是年功制，即员工在旅行社工作的时间越长，薪酬也越高。从事多年服务工作的员工本身也是一笔财富，这种薪酬方式被赋予了较多的人情味，缺点在于可能让员工产生不公平感。第三种方式是前两种方式的结合，即考虑员工在旅行社的服务年限，同时规定一个年限的上线，薪酬达到上线标准便不予增加。到达上限以后，员工们要提薪，只能通过业绩这一唯一的途径。由于旅行社岗位中有大量的兼职人员，对这些人员可以采用工作量政策。如导游的薪酬，应由他带团的数量和等级来决定。

目前，中国旅行社业仍然处于不很规范的境地，再加上其岗位有一定的特殊性，不同于一般的企业。相应地，旅行社薪酬管理需要适应这种特殊性，反映出自身的特色，起到有效激励作用。这就需要人力资源部门的工作人员付出努力，不断地探究适合旅行社业的薪酬管理体系。

思考与练习

1. 旅行社人力资源管理的特性是什么？它与一般企业的人力资源管理有何不同？

2. 旅行社在选聘员工时应遵循哪些原则？如果由你代表旅行社选聘员工，应着重做哪些工作？

3. 旅行社员工的培训内容是什么？可以采取哪些方式培训？

4. 旅行社应怎样将绩效考评与薪酬管理有机结合？

5. 实训题：模拟旅行社导游招聘情景。（由一位教师和两位同学担任评委，学生充当求职者。）

第九章　信息技术与旅行社管理

本章提要

本章从分析信息技术对旅行社的影响入手，剖析中国旅游业信息技术应用现状，介绍电子商务在旅行社中的作用、可行性以及电子商务时代旅行社的战略调整方向。从实施旅游业信息化对策、旅行社网络化经营两个方面提出旅行社在信息技术时代的经营对策。

进入 21 世纪，旅游市场变得更大、反应更快，整体更统一、局部更细分，竞争也更加激烈。不仅如此，信息技术正影响和改变着旅游业。每一个力求发展的旅游企业或组织都必须捕捉转变中经济的规则与机制。

网络经济与传统产业相互结合，其结合方式是从更低层面、更广形式上实现产业互联。产业互联将供应商、中间商、消费者、竞争者、监管者、协调者等纳入其中，这种互联形成的不是点与点连成的线，而是面与面连接成的立体的网络空间。由此，旅游业才有可能实现更高程度的协作与联动。

信息成为战略决策的关键，如产品开发与调整、产品差别化和品牌设计、产品定价、产品的分销和销售形式，这是获得可持续竞争优势的基础。当产品交易以信息向潜在消费者和协作企业的传递为前提和实现方式时，获取市场先机的商业操作也将基于信息。这些横向和纵向的信息流织成了一个包括所有市场参与者在内的信息网络，显然也反映了它们之间的经济关系。

信息技术在旅行社的应用主要体现在对外开展旅行社电子商务，进一步开拓市场，树立品牌形象；对内运用信息管理系统实现管理模式的科学化、现代化。

第一节　信息技术的应用对旅行社的影响

信息技术对旅游业的影响包括对行业的影响和对企业的影响两个方面。对企业的影响，在运作层面上表现为企业采用基于信息技术的新生产运作方式、新管理工具和新营销工具，在管理层面上表现为组织结构的变化、管理过程的变化和经营理念的变化，在战略层面上表现为采用基于信息技术的新手段获得竞争优势。一般来看，最先引进信息技术的是操作层面，操作层面的技术升级产生了新的管理问题，要求管理层面作出相应的调整，当管理层面调整到适合新技术的应用时，企业具备了制定新战略的基础。反过来，在信息技术飞速发展的今天，企业在制定战略的过程中不可能忽略对信息技术的应用，而为了保证技术的应用顺利实现，要相应地对组织结构等管理层面的问题进行调整。

信息技术对行业的影响一般表现为行业内企业之间网络化关系的加强，并有可能形成“竞争合作”关系。而旅游业有其特殊之处。旅游是混合型产业，包含多种服务，旅游业并不是生产某种产品的企业的集合，而是住宿、餐饮、交通等旅游产品供应商所在部门的集合，因而信息技术对于旅游业的影响还包括旅游业各部门间的合作以及旅游业的再造。

一、相关概念

（一）信息技术与信息技术工具

信息技术，就一般意义上讲，是指以微电子技术为基础，以计算机技术、通信技术和控制技术三者的综合体为核心的技术群体。从更广义的角度说，信息技术是一类用来扩展人的信息器官功能的技术的总称，它包括了各种用于创建、存储、交换和使用信息的技术。其中最重要的包括感测技术、通信技术、计算机技术、控制技术以及它们的综合技术。

信息技术（IT）被广泛应用于企业管理当中，与企业管理相结合，形成了各种信息技术应用工具与方法，及信息技术应用系统（IS）。与企业经营管理直接相关的 IT/IS 主要分为三类。第一类为应用于某一职能领域及一般事务管理的

IT/IS，如计算机辅助设计（CAD）、计算机辅助制造（CAM）、计算机辅助工艺编制（CAPP）、事务处理系统（TPS）、办公自动化系统（OAS）等，其中 TPS 是组织的基础信息系统，向管理信息系统（MIS）、决策支持系统（DSS）、专家系统（ES）提供组织的基本数据。第二类为适用于企业内部综合性经营业务管理及高层决策的 IT/IS，包括数据仓库（DW）、管理信息系统（MIS）、决策支持系统（DSS）、专家系统（ES）和计算机集成制造系统（CIMS）等。其中 DW 把分布在企业网络中不同信息岛上的数据集成到一个关系型数据库中，旨在通过通畅、合理、全面的信息管理达到有效的决策支持；狭义的 MIS 是指管理报告系统，支持企业或组织的运行、管理功能，是服务于企业或组织中、下层管理人员的信息系统；CIMS 高度集成了产品设计、制造、控制（CAD/CAM/CAPP）、管理（MIS/DW）与决策（DSS/ES）。第三类为适用于企业内外部开放性综合经营业务管理的 IT/IS，包括电子数据交换（EDI）、企业内联网（Intranet）和企业外联网（Extranet）等。

事实上，信息技术在企业管理实践中的应用是一个不断深化的过程。提出了著名“信息技术六阶段成长过程模型”的诺兰将信息技术在组织中的应用分为三个发展阶段。

第一个阶段是数据处理（DP）阶段，时间跨度为 20 世纪 60 年代至 80 年代，信息技术主要在组织的操作层面和管理层面起作用，主要功能是使一些专门的工作自动化。例如，TPS 支持各种指令处理，MIS 提供资源配置和控制信息等。

第二个阶段是信息技术（IT）阶段，时间跨度为 20 世纪 80 年代至 90 年代中期，信息技术进入“战略管理层面”，强调知识工作者对信息技术的利用，如财务分析员、证券经纪人和生产规划者等。

第三个阶段是网络（Network）阶段，这个阶段自 20 世纪 90 年代中期开始，特点表现为信息技术与组织人员及其工作整合为一种网络化的组织形式。虽然各种信息技术工具形成于不同的年代，但是它们在当代于不同的层次共同发挥着作用。

（二）信息化与电子商务

所谓信息化是信息技术得以普遍应用并发挥积极作用的过程。信息化是指在经济和社会活动中，通过普遍采用信息技术和电子信息装备建设先进的信息基础设施，发展信息技术及产业，更有效地开发和利用信息资源，使信息产品及服务在经济中的地位逐步提高到占主导地位，加快经济发展和社会进步，提高综合国力和国际竞争力，保证不断改善全体人民的物质与精神生活质量和水平。这个定义给出了“国家信息化”的概念，强调信息技术在社会生活和经济生活中的普遍应用。而企业信息化是国家信息化的重要组成部分，也是国家信息化得以实现的基础。企业信息化主要体现为企业管理的信息化。

企业管理信息化是指在企业管理的各个环节应用现代信息技术，加快企业管理信息的传递、加工和处理速度，使这些信息资源得到可靠的保存和有效的利用，及时为企业管理工作者提供决策的依据，促进企业管理水平的提高。该定义对企业管理信息化的目的与意义进行了描述，但是没有给出企业管理信息化的可操作性的内容。

在讨论信息化问题的过程中，研究的着眼点经常集中到电子商务的概念上来。电子商务是信息化的重要内容，也是信息化发展的最高阶段。联合国国际贸易程序简化工作组为电子商务下的定义为："电子商务是指采用电子形式开展商务活动，包括在供应商、客户、政府及其参与方之间通过任何电子工具，如 EDI、Web 技术、电子邮件等共享非结构化或结构化的信息，并管理和完成在商务活动、管理活动和消费活动中的各种交易。"这是广义电子商务（E-business）的概念，范围突破了"电子交易（E-commerce）"的局限，而扩大到企业内外部管理与营销各方面的商务活动。

（三）信息技术、信息化、信息技术工具及电子商务的关系

信息技术在社会生活和经济生活中的广泛应用引出了信息化的概念，而信息化的核心内容在于开展电子商务活动。信息技术工具是信息技术在企业管理中的具体应用形式。基于信息技术的信息技术工具是开展电子商务活动的物质保障。可以看出，信息技术的发展是电子商务概念产生的初始条件，而电子商务是信息技术应用的具体表现。

二、中国旅游业信息技术应用现状

中国旅游业的信息化建设落后于西方发达国家近 20 年，真正应用计算机技术是在 80 年代初期。1981 年，中国国旅引进美国 PRIME550 型超级小型计算机系统，用于旅游团数据处理、财务管理和数据统计；1984 年，上海锦江饭店引入美国 Conic 公司的电脑管理系统，用于饭店的预订排房、查询和客账处理。在此之后，航空公司的电脑订票网络系统、旅游企业办公室自动化系统等适用于旅游企业的计算机系统开始得到逐步推广，然而能实现全球电脑预订的全球分销系统（GDS）还处于缺位状态。国家旅游局从 1990 年起开始抓信息化管理并筹建信息中心，先后投资了 1000 多万元用于机房改造和设备配置，并根据客观实际与发展的可能，建设了一些旅游信息网络及信息传递系统。最重要的是，为迎接电子商务对旅游业的冲击，帮助旅游企业向电子商务化运作转型，国家旅游局于 2000 年底正式启动的"金旅工程"，成为中国旅游业国家级电脑网络系统开始建设的标志。"金旅工程"包括内部办公、管理业务和公共商务三个网络，最大限

度地整合国内外旅游信息资源，建设和完善政府管理旅游的系统办公自动化网络与面向旅游市场的电子商务系统。

三、信息技术在旅行社中的应用范围

（一）咨询服务

如英国旅行社广泛使用的“视频信息系统”便属此类。该系统是于 1979 年 9 月由英国电信公司应用计算机技术和通信技术数据信息系统，通过电话公用网把终端设备同计算机中心联系起来，用户利用终端可以检索计算机中心数据库中的情报资料，然后将结果在终端屏幕上显示出来。其内容包括各国旅游风光、旅游活动项目、各种包价旅游线路、日程、旅游饭店的设施、等级和房价等。一些国际国内的航空、铁路、海运、汽车等运输公司向这一系统提供最新的时刻表和服务项目。旅行社只要在其营业场所安置一台与该系统相联接的显示终端，便可以查询旅游方面的有关信息，从而及时答复旅游者的问询，有利于成交。

（二）预订业务

利用电子计算机分销系统进行旅游业务的预订，可大大提高工作效率。如世界著名的太阳神（Apollo）系统，该系统由美国联合航空公司于 1976 年创立，它不仅是一个广泛的电脑化咨询源，能协助旅行社查询机位、票价或兑换率等资料，还可以预订以下各项服务：

1. 740 家国际、国家和地区性航空公司的班机
2. 汽车租赁公司的汽车
3. 遍布全球的 1900 家饭店的客房
4. 各地旅游供应商提供的服务，如游览车服务和游轮服务

从发展我国的散客旅游考虑，我国的许多航空公司、饭店和旅行社都应通过国际上各大计算机分销系统销售其产品。

（三）内部管理

利用电子计算机管理系统可提高旅行社管理水平。如日本交通公社 1980 年建立的“旅行-3”系统，该系统不仅具备咨询和预订功能，而且还具有财务、人事、工资等方面的信息处理。自动平衡各种旅游路线的客流量和旅游者统计分析等十多种功能。同时可以将经营状况进行综合或单项分析，对市场动向进行预测。

四、我国旅行社对信息技术应用存在的问题

从我国旅行社近年来计算机的应用情况来看，其范围主要有旅游团的预订及

流量的综合平衡、旅游团的计划安排、旅游团费用结算、旅行社内部财务处理、各种数据的查询、统计分析、客房、车辆、导游人员的科学调度、办公自动化等。

如果单从应用范围来看，我国旅行社同世界旅行社之间在信息技术应用方面的差距并不十分明显。但事实上，这种差距的确存在，而且十分悬殊，主要表现为：

第一，我国旅行社信息技术普及程度低。我国旅行社业进入门槛低，致使旅行社业呈现出一片小、散、乱的局面，旅行社对信息技术的应用“心有余而力不足”，既无资金，也无人才，大部分旅行社还停留在计算机代替手工操作的初级阶段，只有少数规模较大的旅行社开始信息技术的普及应用。

第二，旅行社与相关行业的互联网系统尚不发达。旅行社是综合性行业，涉及饭店业、交通运输业、航空业、餐饮业等相关部门，如果与旅行社业相关联的企业不采用信息技术，那么旅行社业的信息化也就成了一句空话，另外，旅行社间的联网系统尚不发达。

第三，旅行社与世界上影响巨大的计算机系统缺乏足够的联系，联网工作也刚刚起步。

由以上三个方面，我们有理由说，我国旅行社自动化水平还很低，这与旅行社行业的要求和旅游业发展的速度是不相适应的，需要引起旅行社的高度重视。

此外，国际互联网作为信息技术发展的直接产物，近年来引起包括旅行社在内的各行业的普遍关注。通过对全球知名度较高的谷歌站点以及在中国知名度较高的搜狐站点的调查发现：我国旅行社对利用国际互联网参与国际市场期望较高，能够认同和接受，并已开始积极尝试。可以说，目前应用国际互联网的旅行社已经覆盖了国际旅游接待所需产品和服务的不同层面，说明网络应用的概念已经渗透到中国旅游企业并得到重视，这一情形对中国旅行社运作的影响可以从两个方面分析：一方面，旅行社可以更为方便、快捷、廉价地通过互联网与相关企业进行联系，提高企业的经营与管理效率；另一方面，逐渐成熟的旅游者也可利用互联网来查找目的地景观介绍、接待服务企业介绍等旅游相关信息，甚至可以直接在网上预订飞机座位、饭店房间、导游服务，从而在客观上挤压代理业的传统生存空间。

为迎接网络时代的挑战，中国旅行社业正在积极地利用国际互联网来扩展自己的发展空间和竞争能力。但由于发展时间相对较短，加上国际互联网本身的局限性和外部其他客观因素的影响，中国旅行社业在互联网的应用方面还存在以下几个问题。

（一）对独立域名重视不够

域名就是网址，它代表了企业在信息社会中生存的位置，是企业在互联网上保护自身权益的有效途径。只有有了自己的域名才能让别人访问到自己，域名注册是旅行社在互联网上发布信息、宣传企业产品、在线预订和其他服务的基础。域名具有唯一性。我国大陆地区多数旅行社在网上都没有独立域名，而是挂在某个网站域名的后面，这种做法既不利于我国旅行社品牌的树立和企业无形资产的升值，又存在给旅行社带来损失的潜在风险。

（二）应用空间分布不平衡

我国应用网络的旅行社分布很不平衡。上网企业在北京、上海、广东占有绝对优势，而甘肃、青海、新疆、西藏、吉林等省区几乎很少或没有，其他地区沿海省份好于内陆省份，但数量上与京、沪、粤三地差距明显。这表明：我国旅游业发展的空间不平衡，旅游业发展程度与所在区域的经济发展水平呈正相关。

（三）在线付款难以实现

旅行社应用网络的目的在于实现旅游产品的交易。付款是交易过程的最后阶段，也是衡量交易是否最终实现的重要标志，同时还可以对交易双方产生约束力。但是在我国旅行社网络交易体系中，由于旅行社之间的交易信用发育程度低、饭店和景区等直接相关的旅游企业的信息无法形成网络、金融服务体系不健全、旅游者的信誉得不到保证等几个方面的原因，在线付款还难以成为现实，因此极大地阻碍了旅行社经营网络的发展进程。目前旅行社通常采用的做法是沿用传统的方式：网上预订，网下交易。

（四）预期收益与现实收益之间存在差距

尽管"信息技术"炒得火热，网络成为流行语，电子邮件的使用、网络的预订、网络利益等也成为热闹话题，但是在目前阶段，网络应用所带来的利益与旅行社传统的营销方式相比仍然很小，与企业预期差距较大。这就使许多旅行社对网络应用信心不足，在信息技术的开发与利用方面持徘徊态度，仍然主要将重点集中在传统的营销渠道中，对已经成熟的市场渠道、固定的客户群体的重视和满足远远高于对网络营销所能带来收益的期待。有的旅行社虽然已经开始利用网络进行营销，但由于观念上的轻视，导致人才、设备配备不足，使网络营销还仅仅停留在宣传阶段。

五、信息技术的应用对旅行社的影响

（一）积极影响

1. 信息技术的应用可以提高旅行社的工作效率

旅行社应该采用业务管理软件进行文档的处理，数据库里面应该有大量的符合现在旅行实际管理需要的文档数据库存，如合同、邀请函等常用文件的规范书写等。业务管理计算机化的最重要作用不是简单替代手工的操作流程，而是优化业务流程，提高管理效率。计算机大量数据存储和方便的检索与查询等功能，为优化旅行社自身管理和业务管理提供了可能。

2. 信息技术的应用有助于提高旅行社的服务质量

首先，信息技术使旅行社有可能向不同旅游者提供不同的旅游产品。现在越来越多的旅游者希望旅行社根据自己的特殊爱好来设计自己所喜欢的旅游产品，因此，旅行社可利用信息网络输入大量的旅游信息，旅游者通过网络查询功能，选择自己所需的信息，通过旅行社的组装指导，形成具有个性化的旅游产品。其次，信息技术有助于完善利用计算机印制的票据和实现各种文件字迹工整易读，会给旅游者留下良好的印象，借助信息技术可以减少人为错误，为旅行社减少不必要的麻烦。另外信息技术可以帮助旅行社工作人员在很短时间内准确答复旅游者的咨询。最后信息技术还有助于完善旅行社售后服务的功能。所有这些都有助于提高旅行社的服务质量。

3. 信息技术的应用有助于提高旅行社的管理水平

信息技术可以随时为旅行社各级管理部门提供准确、全面的信息，为管理决策的制定提供科学的依据；信息技术的应用使旅行社各个工种和各个环节的操作实现规范化，使旅行社同协作部门的联络更为密切；信息技术还可以帮助旅行社减少雇员，节省开支等。

4. 信息技术为旅行社提供了现代化的市场营销手段

互联网为旅游者提供了越来越多的有关旅游目的地、旅游交通等方面的信息，旅游者可直接上网查询。同时，旅游者可直接完成在网上的预订。随着电子商务支付系统的不断完善，网上支付成为可能，从而完成旅游者从咨询到购买的网上一条龙服务。

网上直销的宣传面广泛，网页设计图文并茂，表现手法灵活多样，改变了传统促销因旅游服务的无形性带来的促销的难度，网络促销说服力强、能更好地激发人们的购买欲望。同时，旅行社同旅游者之间可以进行双向信息交流，旅游者通过聊天室、电子广告牌提出疑问，以征得旅行社的解答，这样旅行社得到旅游者信息反馈快，使旅游决策更具准确性，收效显著。

（二）消极影响

1. 旅行社的安全管理问题

随着信息技术在旅行社的普及，计算机网络的安全管理问题也日益突出。例如，美国汤姆逊旅行社女雇员为报复而删除计算机预订信息，造成旅游者滞留海外的严重后果。特别值得注意的是，近年来日趋繁多的各类计算机病毒也对信息技术的应用构成威胁。但是，这些消极影响并不能阻止信息技术在旅行社业的推广与普及。

2. 对旅行社业务的威胁

正如国外有关专家预测的那样，“如同计算机为代理商提供许多保证一样，计算机也对其构成了严重的威胁”。随着互联网的普及应用，传统旅行社的职能日益受到挑战。

（1）旅行社代理佣金面临减少

旅行社代理佣金的传统来源中，有一个重要部分是代理航空公司、饭店和租车公司产品销售而收取的一部分佣金，但这方面的收益正在减少。在旅游业中，航空公司和饭店应用电子商务较早，技术比较成熟。他们意识到电子商务直销的优势，建立了自己的网站，旅游产品供应商和旅游者在网上直接进行对话式交易，这将使旅行社作为中间商的职能受到挑战。在美国，1995 年以来美国的航空公司数次减少支付给旅行社的佣金，佣金的提取方式也由原来的机票票额比例提成变为每张机票固定支付 10 美元。佣金的减少使得部分旅行社的收入支柱遭到动摇，要靠佣金生存的旅行社的数目正在迅速下降。

（2）旅行社作为旅游成品设计者、组合者和主动销售者的地位面临挑战

旅行社被人们称作“旅游产品灵巧的装配者”，它批量地购入旅游产品要素，经过设计和组合后再销售给旅游者。而这是以旅行社占有各种旅游产品市场要素综合信息为前提的，旅游者通常没有能力自己搜集到如此完备的信息。依靠对综合信息的垄断，旅行社业确立了它作为“旅游业的龙头和组织者”的地位，也决定了在旅游产品的消费和购买过程中旅游者只能选择那些经旅行社组合的“旅游产品”。

因特网的出现将打破这种传统的关系，颠覆旅行社的“旅游成品生产者”的地位。在网络上各种信息资源都是共享的，旅游者可以自由去查询所需要的信息，根据自己的兴趣爱好直接向各个旅游供应商定购原始产品，自己进行组合，以使旅游产品更加符合自己的口味。旅行社信息垄断的不复存在将使其旅游成品生产者的地位发生动摇。

（3）旅行社的旅游咨询业务将会受到网上信息检索的替代

为旅游者提供旅游信息咨询也是旅行社的重要职能之一。因为通常旅游者和旅游地的时空差距较大，旅游者除了借助旅行社的经验和其所掌握的情况外，没有更好的途径来获取有关旅游地的信息。但因特网的出现改变了这种状况。网上的信息具体丰富而且有声有色，图文并茂，大到旅游地的地理概况、历史文化、风土人情，小到某个私人餐馆的特色菜，只需输入几个关键词进行网上信息检索就可以得到详细的资料，并且获得直观感受。

因此，虽然旅行社作为专业旅行社建议者的专业地位依然不可否认，但旅游者对旅行社咨询服务的依赖性却正在减少。

3. 对旅行代理商的影响

应当指出，信息技术的日益普及对旅行代理商产生了巨大的影响，因为旅游者可以通过网络自行预订有关的服务。在此情况下，旅行代理商的发展出路是“回到30年前所处的地位上去，起一种咨询作用”。这就是说，旅行代理商还是要存在下去的，其存在也是有必要的，不过作为单纯接受预订的旅行代理商时代必将过去并最终消失，未来的旅行代理商将作为旅游咨询者存在。一个旅行社所能提供的最有价值的服务就是为客人提供“不带任何偏见的忠告”，帮助旅游者选择目的地、最佳的出游时间和最适宜的逗留地，帮助旅游者或客户控制和节省开支，并从为客户的服务中取得报酬，而这些服务正是旅游者欢迎和需要的。

阅读材料 9-1　中国在线旅游产业的发展状况

一、旅游服务商与在线旅游服务商联手进行旅游产品的开发与服务模式的创新

消费者逐渐由要素组合需求向旅游产品和旅游服务的需求进行转移，旅游产品作为一种服务体验，促使在线旅游企业除了不断往产业链上游延伸，通过合作掌握更多酒店、机票、景区等资源，并联合开发真正符合客户需求的旅游产品。休闲度假、景区门票是在线旅游行业近两年来出现的新领域，进入门槛较低，但是发展门槛高，需要不断地对上游产品供应链进行介入和整合，优化用户的消费体验，以及扩大产品和服务在全国的网络覆盖，提升客户服务能力。目前在线旅游预订的服务模式进一步丰富，随着智能手机的进一步普及，基于 LBS 的更深层次的旅游预订应用必将百花齐放，为消费者提供随时随地、个性化的预订体验。

二、缺乏创新动力的在线服务商，将面临上下游的巨大压力，盈利能力受到巨大挑战

同质化水平竞争的代理佣金模式成为阻碍在线旅游服务代理商发展的重要障碍。只有进行盈利模式创新才能在未来的在线旅游市场中获得成功。目前具有发展潜力的两种盈利模式是：整合模式和搜索模式。携程网率先进行产业链整合，去哪儿网首先抢滩搜索模式，两类模式的重要企业是否能够获得市场成功，还需要时间进行验证。

三、中游与下游取长补短共同探索和创新合作模式

企业与平台、门户、社交媒体的合作日渐丰富，这种与平台、门户、社交媒体的合作能够给企业带来更大范围内的用户覆盖以及用户的无缝浏览和预订消费。

“一站式”在线旅游服务模式的前景看好。各种在线旅游服务的方式，也将使旅行者的在线消费习惯再次发生改变。由于可在线购买的旅游相关服务越来越多，一站式的服务平台将成为未来在线旅游消费的主流。淘宝通过整合淘宝网上包括机票、酒店预订在内的海量旅游服务产品，推出了淘宝旅行这个可以一站式

在线安排好旅行全程所需服务的综合性平台，一举成为当前产品类型最全面的在线出行服务平台。

对于消费者来讲，像淘宝旅行这样的综合性在线旅游平台的出现免去了不少麻烦。由于此前在线旅游服务种类单一，消费者通常需要访问很多网站才能做好较为详尽的旅行日程安排，或者根本无法在网上找到所需的产品。淘宝旅行平台负责人吹雪表示，随着越来越多的旅行服务提供商进军淘宝发展电子商务渠道，淘宝旅行将进一步在产品多样化、服务标准化等方面加大力度，并通过卖家之间的良性竞争，使消费者在价格和服务上得到实惠。在线旅游行业由于其产品本身的特点，有望率先形成一个新的消费习惯和商业形态。

（中国在线旅游市场发展趋势白皮书研究课题组．中国在线旅游市场发展趋势白皮书（2012~2015）．http：//www.cnta.gov.cn/html/2012-9-20）

第二节　旅游电子商务与旅行社的发展

一、旅行社电子商务发展的现状

电子商务在 1995 年率先由美国提出，并迅速成为美国经济的新亮点。美国旅行社使用因特网的目的主要为：收集旅游产品及目的地信息、通过电子邮件确认旅游者预订和接受旅游者电子邮件发来的预订。旅行社电子商务是旅游电子商务的一个重要组成部分，其市场发展潜力巨大，具有诱人的发展前景。据报道：2012 年全球电子商务销售总额 1.298 万亿美元，旅游业电子商务销售额已经占到全球电子商务销售总额的 20%以上，享受过旅游网站服务的旅游者达 2.42 亿人次以上，连续 5 年以 350%以上的速度发展。世界旅游旅行理事会在 2012 年世界旅游产业报告中预测，越来越多的旅游者将通过互联网获取旅游目的地的信息，并查询价格和行程。据 2012 年 7 月 19 日公布的《第 30 次中国互联网络发展状况统计报告》统计，截至 2012 年 6 月底，我国网民数量已攀升至 5.38 亿，继续保持着世界第一的位置，在 2012 年上半年增长了 2450 万人，通过手机接入互联网的网民数量达到 3.88 亿，相比之下台式电脑为 3.80 亿，手机成了中国网民第一大上网终端。移动上网应用出现了创新，手机上网更为便捷。

中国电子商务已经开始起步，并以非常惊人的速度迅速发展，但与国际发达国家相比还有较大差距，20世纪90年代国家政府先后主导了一系列“金”字工程推动了电子商务的发展。在政府和市场大环境的影响下，中国旅游业的电子商务也如火如荼地发展起来：1997年，号称是中国规模最大、资源最丰富、服务功能最强的华夏旅游网和中国旅游资讯网相继成立，成为中国第一批的旅游业网站，标志着中国旅游业开始进入网络化；2000年4月，青旅在线的诞生标志着中国旅游电子商务进入“鼠标＋水泥”的阶段；2000年10月，携程旅行社网宣布收购现代运通，标志着它从一个互联网企业转型为大的旅游企业；2000年底，国家旅游局主导的“金旅工程”致力于加速旅游企业向电子商务化转型。从2002年开始，逐步走入一个成熟稳健的发展时期。多数旅游电子商务网站定位与盈利模式趋于清晰，与传统旅游企业的协作与联合继续推进。目前，我国有专业旅游网站300多家，国内旅行社以各种形式进行电子商务活动。主要分为五大类：一是提供实用旅游信息查询和产品预订中介服务的综合旅游电子商务网，如e龙网（www. elong. com）、携程旅行网（www. ctrip. com）、Lohoo商务旅行网（www. Lohoo. com）等；二是主营某类旅游产品预订的网站，如信天游（www. travelsky. com）、金色世纪（www. jsj. com. cn）、中华分时度假网（www. timeshare. com. cn）等；三是旅游企业开展网络宣传及网上旅游业务的网站，如春秋旅网（www. china-sss. com）、青旅在线（www. cytsonline. com）等；四是各类旅游目的地资讯网或地方性旅游网站，如杭州旅游网（www. 998e. com）、西部旅游在线（www. ingonwest. com）、黄山旅游信息网（www. intohuangshan. com）；五是旅游行政部门、行业协会、研究机构等设的以面向业内为主的网站，如中国旅游网（www. cnta. com）、中国旅游饭店协会网站（www. ctha. com. cn）等。

互联网已成为旅游服务的重要媒介，尽快实现旅行社营销手段的变革，是中国旅游业与国际接轨的必然选择。十多年的旅行社电子商务发展经历了泡沫式迅猛快速的发展，严冬般的大浪淘沙，目前正朝着成熟稳健的方向发展，旅行社电子商务化必将成为旅行社发展的新方向。

二、旅游电子商务实施的可行性

（一）旅游对网络经营的适应性

可以说，在各类产品之中，旅游产品是最适合电子化经营的，现在排列出的适合电子化经营的有十大类产品，首要的就是旅游。其基本原因在于旅游产品不能流动，其在市场上的主要表现形态是信息形态。另一方面，旅游产品是综合性产品，也格外需要电子方式的运作以综合反映。现在网站有“三座大山”，即三个困难的环节：一是需要一个物流配送系统，从旅游的角度来说，并不需要这个系统，因为旅游是人的流动，不需要物流的配送，这样就使旅游在电子网络发展方面具有天然的优势；二是电子支付，各个网站正在与银行联手集中解决这个问题，也是在旅游领域率先突破并有可能尽快普及；三是网上安全的问题，这是一个更深层次的问题，对于旅游领域来说，可以采用多种方式进行支付，以规避相应的风险，并随着技术手段的成熟而发展。这样看起来，旅游对于网络发展有其天然的适应性，而且有着越来越突出的优势。正因为如此，在全球1.298万亿美元的电子商务交易总额中，旅游电子商务已经突破20%的份额，成为全球电子商务第一行业。

（二）旅游网站的成长性

旅游网站最大的优势就是可以借助经营网络形成一个电子网络，这种电子网络通过现代信息技术的应用形成了成本很低、覆盖面非常之广的态势，海量信息的存储和重新配置本身就创造了新的生产力，同时会不断提高原有资源的附加值，这就决定了旅游网站有良好的成长空间。

网站的本质是直销，就是生产者和销售者之间淡化或消灭了现有的中间环节。旅游网站也是如此，其本质是旅游产品与旅游者直接接触的直销格局。现在市场上屡禁不止的直销之所以不行，一在于方式，一般的直销都是采取类似赌博的“老鼠会”的方式，这显然是不行的。二在于直销的成本，现有的直销运作成本实际上是很高的，企业的运作成本并不高，但是直销网络的建立需要一个非常高的运作成本，这种运作成本主要是体现在参加直销网络的这些人的个人成本叠加所形成的社会成本上。因此，这种高成本的方式和欺骗性的方式显然是不行的。而旅游网站的本质及其体现出来的优势恰恰可以从根本上符合消费者的内在需求，同时又避免了现在直销方式的种种弊端。

因此，在实践过程中，旅游网站会产生多方面的功能，一是全面促进现在各类企业的发展和变化，二是全面促进市场的发育，三是全面扩大和挖掘市场的需求，从这三个方面来看，旅游网站的成长性应该说是没有疑问的。

从现在来看，这个开放发展的态势已经形成，而且不可逆转，从互联网改变人们生活方式的角度来说，怎么评价它的意义都不会过分。从进一步的发展方向来看，旅游网站要做到三个结合：一是资金、资源、技术和市场的结合。现在做旅游网站，资金与技术的结合做得不错，但是和资源与市场的结合做得普遍还不足。二是国际与国内的结合，即借助国际资金，借助国际技术，启动国内市场，整合国内资源。这就需要国际和国内的结合。三是电子网络和经营网络的结合。现在电子网络和经营网络的结合已经开始，但紧密的结合还没有达到，也不可能达到，因为我国的网络经济还刚刚开始发展。但如果能够按照这三个方面的结合来发展，网络技术对旅游发展的影响会更大，旅游在网络上的优势也会体现得更加充分。

三、电子商务对旅行社发展的影响

（一）电子商务时代旅行社存在的争议

在旅游电子商务时代，旅行社作为中间商的环节不可避免地会受到互联网应用的冲击，网络技术使得旅游者可以自己寻找并购买旅游产品，造成旅行社——尤其是旅游零售代理商的地位令人堪忧，由此引发了关于是否需要旅行社（Travel Agent，以下简称 TA）的争论。不需要 TA 一方的理由为：TA 基本上只是执行管理信息和预订的职能，并未给旅游产品增加多少价值。TA 的委托代办将最终提高旅游产品的整体价格，TA 的工作人员经常是未经培训且缺乏经验的，有经验的旅游者比 TA 的专业知识更丰富，而且访问 TA 将花费时间、受到地理位置和办公时间的限制，旅游市场上存在着散客旅游扩大和包价旅游缩小的趋势，技术的发展使旅游者可以更方便地在家里实现购买，而且电子旅行社会提供更大的弹性空间和更多的选择机会，旅游产业的结构重组（如：电子订票系统）有利于取代 TA 的位置。仍需要 TA 一方的理由为：TA 作为专业的旅游咨询商会提供有价值的服务和建议，能够为旅游产品增值，如通过恰当的渠道和批量购买获得优惠价格、为旅游者节省时间和提供后勤服务、降低旅行风险并为其所做的安排负责等；TA 提供了人与人之间面对面交流的空间，这一点是无法被替代的；对于个体旅游者而言，上网采购较为困难、价格昂贵，而且如今旅游目标市场上的大部分用户并不很懂计算机技术；电子旅行社基本上是服务于商业旅游市场，要价很高；计算机和因特网技术变得越来越复杂，因此更需要专家来使用它们；网上交易现在看来还不完全可靠，实现真正的电子商务还有待时日。讨论之后基本达成的共识是，尽管旅游零售代理商会不可避免地受到因特网的冲击，但其在市场中存在的基础是其丰富的从业经验和庞大的关联网络，使其销售的旅游产品具有丰富性和多层次性。传统旅行社拥有可靠的管理经验、强有力的品牌、较稳定的顾客关系和优质的产品内容，只要将其业务运作和新经济的发展融合起来，在同大型旅游网站联合的基础上实现旅游产品的价值增值，就会保持其经久不衰的竞争力。无论如何，未来的旅游分销渠道与现在的相比将有所不同，已明显出现几大趋势：

1. 传统的旅游中间商为了进一步获得旅游者满意和保持竞争力，必须更新功能和重组业务流程；

2. 新的电子旅行社伴随信息技术业的革命开始出现；

3. 旅游目的地致力于开发地区信息系统以提高其资源的展示能力、树立形象和吸引直接预订；

4. 旅游供应商基于因特网开始开发同旅游者的直接交流系统。

其实，对于不同的旅游细分市场，其查询信息和购买旅游产品的分销渠道会有很大不同。例如：不频繁出游的老年市场很有可能继续通过传统的旅行社购买旅游产品；而频繁出游的商务旅游者市场则可能使用在线服务安排旅游线路，并最终预订旅游产品。因此传统旅行社必须重新评估自己的位置，尽可能地细分市场并选择适合的目标市场，从预订机构转变为能够增加旅游产品价值的旅游管理商和咨询商。相应地，美国旅行社业也会出现两大战略性的发展方向：旅行社或是通过设计高质量的、满足旅游者需要的个性化产品和提供异质化的服务来增添价值；或是通过标准化、集团化的经营降低成本来争取价格优势。

（二）互联网对旅行社冲击的有限性

鉴于互联网的广泛运用和对旅游市场的强大影响，曾经有人提出了“网络经济取代传统旅行社”的观点。实际上，虽然电子商务给旅行社业务造成了一定冲击，但这种冲击在目前以及今后很长的一段时间内将是有限的，旅行社作为一个行业有它存在的现实基础。

首先，互联网电子商务应用范围尚有限制，技术尚待完善。由于技术和经营上的问题，互联网旅游服务的质量在各个国家和地区相差甚远，网上预订而得不到回复、信息交流延迟甚至丢失的现象还可能发生。而且，网上安全性和保密性还有待完善。即使网上支付的安全保证在技术上已经良好的解决，公众对此建立信任还需要更长的过程。网上旅游电子商务的普及尚需时日。表 9-1 列举了旅游电子商务发展的现实状况与理想状况之间存在的差距。

表 9-1 互联网旅游电子商务的理想与现实

理想状态	现实情况
互联网上有及时的、最新的旅游信息	网上信息并不一定是最新的，许多网站擅长提供静态信息（如旅游地介绍）而疏于提供动态信息（如旅游产品和可获取性）。信息常常不是全面的。很多网上旅游信息没有标注发布日期，使旅游者感到茫然
通过互联网能订购到最便宜的机票和饭店	网上价格并不是最低的，美国一项调查表明，互联网上的饭店价格往往比饭店电话预订中心的报价高出近十美元。而旅行社掌握旅游价格的整体情况，可以发现最优惠的价位，为旅游者提供省钱的建议
互联网可以完成普通旅行社提供的服务	互连网可以销售包括包价旅游在内的任何旅游产品，但销售只是旅行社业务的一部分。例如，当旅游者突然要改变旅行计划时，互联网并不是一个得力的工具
互联网电子商务能保证个人信息安全	有些时候这是可以实现的。但对那些要求填写信用卡号的电子交易一定要抱审慎态度
电子商务通过人机交流实现自助服务和自动预订处理	很多旅游者对互联网上信息的可靠度抱有怀疑，仍然认为与供应商之间的对话交流和当面承诺是消除疑虑的最好方法

（资料来源：世界旅游组织《旅游电子商务研究报告》2010 年）

其次，从行业分工角度上看，旅行社还有其存在的可能性。网上旅游将有一个发展过程，旅行社和因特网将各有分工的侧重。因为旅游是一种特殊的购买行为，旅游者在购买之前有一定的准备时间，所以购买的随意性和冲动性相对较小。由于人们对假期充满了幻想和美好的期望，因此人性化的信息交流也十分重要；技术可以实现完全自动化，而人与人之间富有灵性的交流带来的效果却难以通过自动化实现。正如在股票和证券业务中，虽然可以以网上提供的丰富的数据作为交易的依据，但股票和证券经纪人的作用却仍然继续着。网络侧重于大量信息的汇集和快捷的自动化服务，而旅行社则侧重于实际经验的运用和有人情味的旅游服务。

最后，大部分旅游供应商不会抑制旅行社的存在。因为对这些企业来说批量旅游者带来的利润是可观的，而旅行社把业务介绍给谁，关系极大。在美国，迪斯尼和大多数联号饭店以及游船公司仍打算向旅行社支付佣金。相比之下，航空公司可能最希望摆脱分走它们大量利润的旅行社，而向旅游者直接销售机票。

四、电子商务时代旅行社的战略调整方向

从上述分析可以看出，互联网电子商务的发展为旅行社业替代产业参与竞争提供了重要手段。旅游供应商的发展挑战着旅行社的中间商职能。传统旅行社还面临着旅游电子商务网站的直接竞争，一些经营订房、订票和代售旅游线路的专业旅游电子商务网站已经占有了较大的市场份额。不仅如此，信息技术的出现还提高了旅行社自身的竞争力。部分旅行社在内部管理和营销活动中应用了信息技术，节约了人工成本、提高了工作效率，提高了自身的竞争力，从而加剧了传统旅行社间的竞争。

电子商务时代的旅行社有其存在的客观可能性，却也受到了前所未有的挑战和压力。在新的环境下，旅行社的发展方向、应变对策是应当关注的问题，虽然每个旅行社的发展方向和对策必须基于其自身情况和具体竞争环境来决定，以下几点策略仍可以作为中小旅行社迈向电子商务时代的方向性参考。

（一）主动适应电子商务时代的市场特征

1. 正确认识电子商务和电子交易

很多旅行社将电子商务看成是一种复杂的活动，需要很高的技术才能实施。同样，也有许多人认为“在线旅行社”提供的是一种内容丰富、价格多样、形式不一的万能服务。这些观点都忽略了两个重要事实：

（1）电子商务技术正在变得更成熟、更容易。在电子商务服务公司或应用服务提供商（ASP）的帮助下，更多的旅游中小企业包括旅行社都可以介入电子商务。

（2）但是，并不是实施了电子商务就能解决一切问题，网上预订也不是旅行社的“万能钥匙”。电子商务作为一种技术手段，须在正确的企业策略下进行运用才是有效的。如今的电子商务还有诸多局限性，许多服务还须旅行社通过离线方式完成。

2．将现代网络技术引入旅行社经营

旅行社应主动利用电子商务的优势，改变经营观念，主动利用互联网宣传自己的产品，开展网上营销。中小旅行社不必投资建设复杂的电子商务网站或系统，关键是选择最适宜而且有效的策略。例如，电子邮件是中小旅行社开展网上营销和维系客户关系的有效方法。通过端到端电子商务软件采购上游旅游供应商的产品，一方面能节省旅行社大量费用和时间，同时能方便旅游企业之间的交流，帮助旅行社处理一些安全性问题。利用旅游电子商务平台，旅行社可实现网上销售、网上拼团等。又如，网站与旅游线路互动设计相结合将帮助旅行社满足旅游者个性化的产品需求。旅行社在自己的网站上推出“自主旅游”活动，旅游者在网站上填写自己希望去的旅游地、旅游天数、起止日期和期望价格等信息，旅行社根据他们的需求，提供不同的旅游线路，制定不同的价格。从而使旅游产品向“量身定做”的方向发展，迎合了个性化旅游活动的主流。

旅行社应该充分发现和理解网络技术为旅行社经营带来的潜在机遇，包括以下几点：

（1）将互联网看成是一个附加信息渠道。传统的信息宣传材料使用周期长，难免有些材料会过时，而信息上网就能随时发布新信息。

（2）将互联网看成是一个辅助交易渠道，可以开展网上预订，使销售渠道多元化。

（3）实施旅游者关系管理。随着旅行社向电子商务方向的发展，应该多方面搜集不同旅游者的特征、需求等资料并有针对性地加强沟通。

（4）与供应商沟通。必须与各类上游供应商建立良好合作关系，实现整个供应链的良好运作，电子信息手段是不可少的。

3．超越票务服务的局限

旅行社票务代理的地位受到供应商直销挑战的情况下，旅行社的定位也应该改变，从下面几个方面进行业务调整：

（1）由原先的以销售为中心变以提供咨询、协助消费为重点。

（2）要将票务服务看成是吸引忠诚客户的手段，而非盈利的支柱。

（3）开发特色服务项目，以真正的服务吸引客户。

（4）引导旅游者提高消费水平，建议其参加高质量的团队旅游。

（二）找准专门化机遇，开发特色旅游，面向不断增长的新型市场

1. 电子商务改变旅行社的市场环境

电子商务的到来进一步改变着旅行社的市场环境，旅行社会发现：一方面，互联网使信息更透明、更通达，以往那种各家旅行社经营几乎相同的旅游线路，热衷于价格竞争的做法将更加难以为继。另一方面，如今很难有企业面对整个市场。关键是找准自己的目标市场，哪怕是定位于小而特殊的目标市场。互联网的特点是能使主动的搜寻者发现深度信息。

2. 中小旅行社可以采取的策略

尽力经营价格依赖性或敏感性低的产品或服务，即特色产品和服务；找准旅行社的经营长项，实现“中小旅行社专业化”。如果在网上经营特色旅游，则要分析目标市场的地理分布、是否使用网络以及上网习惯，并提供深度知识；改变定价策略，确保旅游者买到物有所值的产品，而不是搞价格竞争。

（三）加强专业化、人性化的咨询服务及专业服务

旅行社要向专业化方向发展，为旅游者提供专业咨询服务，由“旅游产品组装者”变为“行业专家”，重新树立自己的行业形象。目前，国外的一些旅行社已经将旅游咨询作为一种收费项目。旅行社的优势在于他们有丰富的经验，能为旅游者对信息的筛选、产品组合的选择和作出最后的购买决定提供宝贵的建议；同时，通过自己的社会关系网络使满足旅游者需求的效率可以远高于一般的旅游者个人的效率。由于这些服务的价值原本是不包括在供应商提供的产品的价格中的，因而收取服务费标志着旅行社专业咨询服务的商品化，变成了可供选择的无形商品之一。

对于散布在社区中的小型旅游代理商来说，面对面的旅游咨询、亲切友好的问题解答、引导旅游者发现自己最适合的旅游项目、积极的旅游产品推荐成为了他们赢得旅游者的有效手段。另一些旅行社则把咨询服务搬到网上。例如，美国的寰宇通旅游公司（Uniglobe）试图通过高技术网站和人性化的服务来建立利润丰厚的网络服务系统。其网站拥有特别功能——在线专家回答。如果有人遇到游船旅行方面的难题，只需要打开一个聊天窗口，就可以与 75 位在线的游船专家交谈，只要几秒钟就可以解决问题。你也可以给寰宇通旅游公司发电子邮件，20 分钟内就可以收到答复，甚至可以通过公司的 24 小时昼夜服务热线来寻求帮助。

导游服务是旅行社的主要职能之一，虽然通过因特网我们可以实现自助旅游，但导游服务不会消失。未来的导游服务将少有今天这种大型团队服务，而向单人或少量旅游者陪伴服务的方向发展。旅游产品是一种精神产品，人们旅游消费追求的是一种精神享受，而在旅游过程中人与人之间的感情交流是必不可少的。也许旅游者需要一个全程陪伴照顾的伙伴，也许旅游者需要一个通晓当地风

土人情的事事通，从他们身上旅游者获得更大的愉悦，增添了旅游乐趣。人和人之间的沟通与交流是任何机械也无法取代的，所以导游服务的人性化、情感化是旅行社发展的又一大方向。

总之，旅行社应注重增进其专业服务水平。这种服务既可以单独实现价值，也可作为旅游组合产品中的增值部分（如图 9-1 所示），它将是旅行社的主要价值创造方式之一，也将进一步巩固旅行社作为专业服务者和中间人在旅游业体系中的地位。

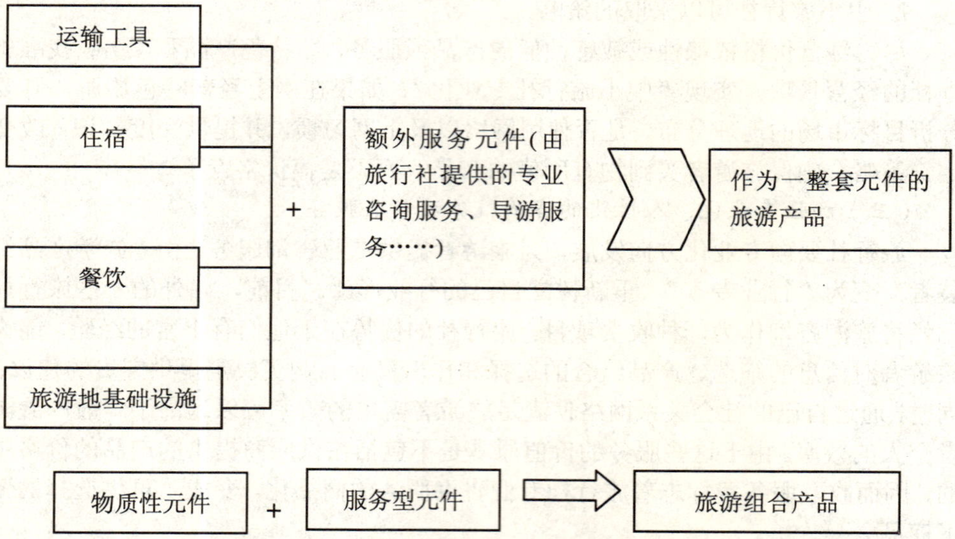

图 9-1 作为旅游组合产品增值环节的旅行社服务

（四）合理利用分工协作优势，加入旅行社网络联合体

1999 年是欧美国家旅游代理商兼并、合并的高峰期。在航空公司的佣金率日益降低、市场竞争日益激烈的情况下，联合的力量和规模效应越发显得重要。对于独立的中小型旅行社，要自行开发电子商务方案成本是很高的。于是他们选择加入旅行社联盟或协作网，几百家、甚至上千家的旅行社共同合作提供各种服务、共享电子商务系统。加入这些协作网的旅行社可以联合进行宣传，利用共有的网站推销自己的品牌和服务，并且可以通过协作网获得供应商的优惠政策。当前欧美国家有许多家此类协作网，例如 Carlson Wagonlit Travel、Uniglobe Group、Vacation.com 和 XYZ-Travel.com。以 XYZ-Travel.com 为例，其经营特点是：

1. 汇集了近千家成员旅行社提供的特色产品，通过网站开展个性化的服务，旅游者可根据需求选取合适的旅游产品。

2. 旅游产品定制，XYZ-Travel.com 可以根据旅游者需要量身设计最合意的旅游线路，并为旅游者找到提供旅游服务的旅行社。

3. 共享网络的便捷，任何成员旅行社都可以代理销售网上的旅游产品。旅游者登录 XYZ-Travel.com 网站，将所在地的地址输入到旅行社搜索器，就可以找到离自己最近的 XYZ 成员旅行社。在我国，上海春秋旅行社的网络化经营是一个成功的例子，它为众多中小旅行社加盟电子商务经营网络，拓展业务空间提供了有力的支持。

（五）实现旅行社内部管理信息化

信息技术在旅行社经营管理中的运用，将使收集信息、组合线路、计算团费、财务核算、工资管理、客户资料管理等事务的处理变得快速而准确。未来旅行社业务的很大部分，将依靠信息技术来处理，因此，旅行社实现内部管理信息化是提高竞争力的重要途径，中小旅行社应在资金、网络、技术操作和业务流程规范化等方面做好转轨的充分准备，迎接信息化的变革。

由传统的旅行社转变为适应电子商务时代的信息化旅行社，这样的转变是一个漫长而曲折的过程。对中小旅行社而言，应考虑以下因素：

首先，合理的转型策略。在旅游业的各个分支行业中，旅行社对电子商务变革的反应并不算迅速，原因在于多数中小旅行社资金积累还比较薄弱，并由于多种原因宁愿维持传统业务关系、经营形式和利润结构。但是要看到，旅行社的一部分职能正面临被替代的威胁，如果不采取行动，这一宏观趋势迟早影响到每一个旅行社。

其次，不要害怕与其他旅行社共享资源和信息。只依赖自己的资金，中小旅行社很难实现有效的电子商务策略，组成联盟是很重要的。有的中小旅行社不愿意加入联盟是因为联盟内的同行是他们的强大竞争对手。电子商务的确增强了信息通达性和透明度，也加剧了竞争。但同时，今后旅游者关心的将不再是路程的远近，而是专业化的服务及价格。所以，要采用与竞争者有差别的竞争手段，实现与同行的联合和优势互补，参与形成旅行社的分工体系。专门化要把握尺度，策略得当，保持特色。来自网上的需求往往与传统的旅游需求不完全一样。面对各种新的、个性化的需求。这种情况下，最好的办法是中小旅行社以某项特色服务为核心，形成核心产品，而把所接到的不擅长经营业务转给其他旅行社。

最后，最重要的是不要放松人性化服务这一关键。中小旅行社靠服务质量生存。电子商务时代的一些大旅行社由于采用电话服务和网上联络的方式，失去了与旅游者的人性化接触。而贴近社区和打探旅游者是中小旅行社的优势，应充分发挥这一优势。

第三节 旅行社网络化经营的对策

加快我国旅游业信息化发展，必须紧密结合我国国情，勇于迎接挑战，找准切入点，有计划、有步骤地实施信息化进程。

一、实施旅游业信息化对策

（一）建立和加强旅游管理部门在信息化中的主导地位

由于我国的旅游管理体制具有较高的权威性和集中性，因此建立政府主导型的旅游信息化架构，一方面可以适应旅游业信息化建设的需求，另一方面也可以借此增强旅游管理部门的管理职能。国家旅游局可在现有基础上，抓好现代信息技术手段的吸纳与网络的完善，实现自动化与网络化。

（二）加快和完善旅游企业的信息化基础建设

旅游企业的信息化是中国旅游产业实现信息化的重要环节。

就旅游饭店而言，首先应实现内部管理的智能化，达到预订、排房、住宿、结算、客源市场分析、财会计划的全自动化。其次应大力发展饭店网络，除了内部各业务环节互相联网，还要与旅游管理部门、公安、旅行社等部门之间联网以及实现饭店之间的联网。

就旅行社而言，要加强内部管理的现代化，加快与饭店、航空公司等联网。提高外联组团，散客服务，出境旅游团体定位、结算、财务、接待等所有管理环节的自动化和联网水平。

就旅游交通部门而言，电脑预订系统是关键。它能够通过预订情况分析提炼出市场需求及变化动态。近期可以进一步加强全自动化辅助系统和多路联机订票系统的建设，同时着手开发与因特网联网的预订功能。

（三）深入研究因特网在旅游业信息化中的作用

国家旅游主管部门应重视并鼓励各企业自主进入互联网，使更多的企业和景点进入因特网做主页宣传，进行及时的、对话式的、反馈性的、有目标的促销。同时国家又要制定统一的规划，将分散的建设纳入旅游业信息化的共同轨道，以在更高的层次上开拓更大的市场。

（四）构筑有助于旅游业信息化发展的软环境

旅游业信息化发展在很大程度上取决于是否有一个良好的软环境，这个环境主要包括政策要素、人才要素和协作要素三个方面。

旅游业信息化建设必须坚持“统筹规划、国家主导；统一标准、联合建设；互通互联、资源共享”的方针，国家要加紧制定一系列政策法规促进旅游业信息化进程。

旅游业信息化建设需要大批的复合型人才，为此，需要制定旅游人才培养计划，旅游投资政策也应从“重硬轻软”转向培养复合型人才。

旅游业信息化建设是一项全国性的系统工程，需要各个行业以及地区的支持与协作。

二、旅行社网络化经营的对策

网络技术最初出现时，中国旅游业界几乎一致认为旅行社业遇到了发展历史上最大的障碍和难题，许多人甚至认为网络技术的发展和普及最终将完全取代传统旅行社。经过一段时间的争论，事实的发展使大家达成共识，传统旅行社业同电子商务运作的融合发展是必然选择，尤其是青旅在线的成立开创了中国旅游电子商务的新道路。在此过程中，旅行社和旅游网站自身的定位尤其重要。对旅行社而言，大型旅行社可以通过自建的网站在互联网上拓展原有的业务时空，如中青旅主办的青旅在线；而中国 90%左右的中小旅行社则可登陆虚拟旅游交易市场，通过选择合适的旅游网站并成为其用户来利用网络资源。对旅游网站而言，或者做旅行社，成为真正的“电子旅行社”，通过互联网插足传统旅行社业务，与旅行社自建网站殊途同归；或者当中介，即在网上作为中间环节而存在，通过为旅游供需双方搭建交易平台而获取佣金。现代社会是因特网的时代，很多的信息和交易全部或部分都可以在因特网上获取和完成。电子商务的最终形式是将信息作为产品在网上进行商品销售，并实现支付等。根据现在社会发展情况，在旅游业开展这种程度上的电子商务，以信息作为商品或作为旅游促销的主要手段是最为适合的。在信息技术高速发展的今天，传统旅行社应根据自身规模、市场定位、发展战略等实际情况，选择不同的网络化经营对策。

（一）组建信息虚拟网络和物理实体网络，形成一条龙垂直服务的旅游品牌

这种战略适合具有资金、技术和规模优势的超大型旅行社。如中青旅控股股份有限公司推出的以中青旅公司总部为主干，中青旅连锁与青旅在线为两翼的“旗舰模式”。其战略构想为：在先进的网络通信技术支持下，作为批发商的总部与作为零售商的中青旅连锁之间、各个中青旅连锁店互相之间、青旅在线网站与各中青旅连锁店之间以及总部与网站之间的信息实时传递，在客流、信息流、物流（旅游供应商）充分整合基础上，随时实现资源最佳调配，提出面向各类旅游者需求的最优解决方案，从而实现整体利益的最大化和内部运作效

率的最优化。

（二）以联合经营为纽带，共同组建超大型旅游零售代理集团

汇集集团整体规模优势和丰富的产品知识、销售经验，在网上搭建涵盖“BtoB、BtoC、CtoC”模式的交易中介平台，对旅游产品实行集团采购，并进行信息深加工，以强化咨询服务的增值功能，在网下实体连锁体系的支撑下实现旅游零售代理商的电子商务化和品牌塑造。当然，这一策略有可能让人产生两点质疑。

1. 网络营销的作用之一就在于减少中间环节，加强生产者与消费者的信息沟通。为何还要建立网络商品交易中介机构？其实以下三个基本原因导致了网络商品交易中介机构的存在成为必然：

（1）网络商品交易中介机构的存在简化了市场交易过程。设想一种最简单的情况：市场上仅存在三个生产者和三个消费者，在没有网络商品中介机构的情况下，一个生产者要想销售自己的产品，需要面对三个消费者；一个消费者想要买到自己需要的商品，也要面对三个生产者。所以，每个生产者和每个消费者都利用网络直销建立联系，总共需要发生 9 次交易关系。如果在生产者和消费者之间增加一个中介机构，发挥商品交易机构集中、平衡和扩散的三大功能，每个生产者就只需通过一个途径（商品交易中介机构）与消费者发生关系；每一个消费者也只需通过同一途径与生产者发生关系。在网络直销中必须发生的 9 次交易关系由此减少到 6 次。由此可见，网络商品交易中介机构的存在大大简化了市场交易过程，使生产者和消费者都感到方便和满意，其效果是十分明显的。

（2）网络商品交易机构的撮合功能有利于实现订货量的规模化。作为联结生产者和消费者的一种新型纽带，网络商品交易中介机构可以有效地克服传统商业的弊端。一方面，它能以最短的渠道销售商品，满足消费者对商品价格的要求；另一方面，它能够通过计算机自动撮合的功能，组织商品的批量订货，满足生产者对规模经济的要求。这种具有功能集约的商品流转程式的出现，为从根本上解决现代企业发展中批量组货与预订的难题创造了先行条件。

（3）网络商品交易中介机构便利了买卖双方的信息收集过程。传统的交易中，买卖双方都被卷入了一个双向的信息收集过程。这种信息搜寻既要付出成本，也要承担一定的风险。信息来源的局限性使得生产者不能确定消费者的需要，消费者也无法找到他们所需要的东西。网络商品交易中介机构的出现改变了这种状况，为信息搜寻过程提供了极大的便利。网络商品交易机构本身是一个巨大的数据库，其中云集了全国乃至全世界的众多商品生产者，也汇集了成千上万种商品。这些商品生产者和商品实行多种分类，可以从各个不同的角度检索。买卖双方完全可以在不同的地区、不同的时间，在同一个网址上查询不同的信息，方便地交

流不同的意见，在中介机构的撮合下，匹配供应意愿和需求意愿。

2. 既然仅从事旅游产品的零售代理（即产品分销），通过网络营销渠道的功能完全可以实现，为何还要组建实体连锁体系？这主要由两点因素决定：

（1）现阶段有限的网络应用程度影响了网络营销渠道功能的发挥。表现为网络带宽狭窄，限制了实时视频流等多媒体交互技术的使用，导致无形的旅游产品在进行网络销售时缺乏卓有成效的实景导购和智能的人性化服务。另外，金融机构、交通部门、签证机关等相关环节的业务进行网上办理还有待全面实施。若要抛开实体连锁体系，完全通过网络营销渠道实现“一站式”服务似乎不太现实。可见，在这一阶段连锁体系还发挥着部分传统分销渠道的职能。

（2）网络营销渠道需要随时搜集大量、详尽的产品动态、目的地现状等旅游信息，而这些工作由各地具有丰富产品知识的连锁体系销售人员协助完成将是最好的解决方法。由于旅游产品的复杂性，在网络应用的成熟阶段，提供实时交互功能的智能化多媒体呼叫服务中心（Call Center）的地位将随着技术进步变得日渐突出。分散在各地的连锁体系销售人员将可以通过网络完成呼叫中心分配的指向其所在地的咨询应答服务，从而完成呼叫中心的虚拟化和专业化运作。

这一策略适合大多数具有销售代理优势的中小型旅行社，从目前国内的情况分析，最好是能与有资金和技术优势支撑而又缺乏实体背景的网络旅游公司进行战略重组，实现优势互补，加速品牌塑造的进程。

思考与练习

1. 简要回答信息技术对旅行社业的影响？
2. 旅行社实施电子商务有何利弊？
3. 中小旅行社如何迎接信息时代的挑战？
4. 当前我国旅行社业最佳的电子商务解决方案是什么？
5. 你认为目前我国旅行社业对信息技术应用的主要障碍是什么？

第十章　旅行社发展的展望

本章提要

本章阐述信息化与旅游电子商务以及体制改革等因素对旅行社发展的影响，分析当前我国旅行社发展中面临的主要挑战和存在的突出问题，并在结合发达国家旅行社产业现状与发展趋势的基础上，指出我国旅行社业未来发展的国际化、集团化、虚拟化、品牌化趋势。

第一节　影响旅行社发展的因素

一、信息化与旅游电子商务的应用

随着信息通信网络技术的迅猛发展，我们已经进入了一个全新的无边界的数字化世界，产品和服务几乎可以瞬时在世界各地交易，以国际互联网和电子商务为主要特征的新经济以不可争辩的事实席卷了全球的每一个行业。旅游业也不可避免的要与电子商务结合起来，成为网络舞台上的一员。

通常所说的旅游电子商务是指：旅游企业应用电脑和现代通信技术，通过互联网，调整企业同消费者、企业同企业、企业内部之间的关系，从而扩大销售，拓展市场，并实现内部管理电子化的全部商业过程。它具有以互联网为依托，消费者可直接参与，庞大的信息源和方便快捷的支付手段，电子化管理涉及企业运作的各个层面（包括产品的设计、市场营销、企业管理、客户管理、资源管理、供应链管理）等特点。

（一）旅游电子商务的发展与现状

旅游电子商务市场发展潜力巨大，具有诱人的发展前景。据报道，2012 年全球电子商务销售总额 1.298 万亿美元，旅游业电子商务销售额已经占到全球电子商务销售总额的 20%以上，享受过旅游网站服务的旅游者达 2.42 亿人次以上，连续 5 年以 350%以上的速度发展。世界旅游旅行理事会在 2012 年世界旅游产业报告中预测，越来越多的旅游者将通过互联网获取旅游目的地的信息，并查询价格和行程。

在我国，旅游业是较早涉足电子商务的行业。改革开放初期，随着国外旅游饭店集团纷纷进军中国市场，给我国带来新的管理模式和营销理念的同时，也将计算机网络技术引入中国。一些饭店安装了国际性的电脑预订终端系统，实现了一定程度上的电脑网络化经营。真正基于互联网的旅游网络直到 1997 年后才出现，短短的几年时间全国大小各类旅游网站（旅游频道）发展到 600 多个。上海春秋国际旅行社建立了自己的网站（www. china-sss. com）；2000 年 1 月，北京的“再见城市网”开创了网上自助游活动；2000 年 6 月，青旅控股与国际 Fine Goal 合作的“青旅在线”正式开通；中旅总社与中国建设银行等开发了“意高旅游网”；携程旅行网等也以一种新形式在发展。但由于市场不成熟，管理措施不配套，2000 年底旅游网络进入了“严冬期”。

在经历了 2000 年下半年至 2001 年的困境后，旅游电子商务网站经过分化整合以及经营策略的再探索，从 2002 年开始，又逐渐走入一个成熟稳健的发展时期。多数旅游电子商务网站的定位与盈利模式趋于清晰，和传统旅游企业的协作与联合继续推进。目前，我国有专业旅游网站 300 多家，国内主要旅行社以各种形式开展电子商务活动，主要分为五大类：一是提供实用旅游信息查询和产品预订中介服务的综合性旅游电子商务网站，如 e 龙网（www. elong. com）、携程旅行网（www. ctrip. com）、Lohoo 商务旅行网（www. Lohoo. com）等；二是主营某类旅游产品预订的网站，如中华分时度假网（www. timeshare. com. cn）、信天游（www. travelsky. com）、金色世纪（www. jsj. com. cn）等；三是旅游企业开展网络宣传及网上旅游业务的网站，如春秋旅游网（www. china-sss. com）、青旅在线（www. cytsonline. com）等；四是各类旅游目的地资讯网站或地方性旅游网站，如杭州旅游网（www. 998e. com）、西部旅游在线（www. ingonwest. com）、黄山旅游信息网（www. intohuangshan. com）等；五是旅游行政部门、行业协会、研究机构等建设的以面向业内为主的网站，如中国旅游网（www. cnta. com）、中国旅游饭店协会网站（www. ctha. com. cn）等。

（二）旅游电子商务对旅行社的影响

旅游电子商务使传统的旅游业面临信息革命带来的机遇和挑战，逐渐弱化了旅游业传统的中介机构——旅行社的传统功能，电子商务网上交易已经成为新世纪旅游业发展的重要趋势，从而强劲冲击着旅行社，加之旅游电子商务巨大的市场潜力使旅游业成为目前网络空间中一股活跃的力量。

1. 内在原因：旅游电子商务弱化了旅行社的基本职能

旅行社这类企业存在和发展的根本原因，在于创造了一种新的信息传递方式和资源组合方式。这种方式的组合形成了在这一领域的有效率的经济组织，以企业的规模性代替了个体旅游服务的游击性，以企业的整体形象降低了销售变化的冲击，以集团的网络化创造了更好的信息传递机制，从而使其在市场竞争中得以生存和发展。

（1）弱化旅行社提供信息职能

旅行社属服务行业，本身并不生产有形产品，而是将相关旅游企业产品通过组装销售给旅游者。由于旅游涉及食、住、行、游等各方面，同时又由于旅游是跨国、跨地区的，对信息共享要求高，所以信息资源是旅行社经营的要素之一。在线“网络旅游公司”的出现对传统旅行社的提供信息职能提出挑战，饭店、旅游景点、旅游交通部门和其他旅游企业可以通过国际互联网将自己的产品信息直接刊登在自己的主页（homepage）和网站（website）上，且信息高度集中，操作方便快捷。潜在旅游者只需进入感兴趣的站点，就可以得到有关信息，不必受到旅行社产品组合的限制。旅游电子商务使旅游企业和潜在旅游者直接通过网络这个中介成交，而这种交流可以避免繁杂的中间过程、减少信息失真、节约交易费用、提供物美价廉的产品，使旅游企业和旅游者双方获利。

（2）弱化旅行社代理职能

旅行社大多以低于市场的价格向饭店、景点、旅游交通和其他相关部门批量购买旅游者所需的各种服务项目，然后进行组装加工并融入旅行社自身的服务内容，进而形成具有自己特色的旅游产品。旅游电子商务的出现，使旅行社的代理职能受到削弱。由于旅游企业可以通过预订的形式在网上直接销售旅游产品，旅游企业就可省去由旅行社向潜在旅游者推销自己的产品且促成其消费行为所付给旅行社的佣金，而只需花很少的费用在网上将自己的信息公布出来，节约开支，降低产品成本，使产品更具有竞争力。

（3）增值服务成为制胜关键

由于在网络世界中人们具有无限的选择权利，所以网上的竞争日益激烈。旅行网站向网民推出的服务项目越来越多且清晰明了，操作简单、快捷，迎合了人们的心理需求。网站单单具有技术和信息优势，仍无法保证能在网络旅游市场上成为最后的赢家，谁能提供更多的增值服务才是制胜关键，而这又是传统旅行社难以做到的。当国际互联网成为旅行社的竞争对手之后，会使旅行社失去一部分潜在消费者，致使旅行社利润下降，如美国人在国际互联网上获得的网上旅游服务达到 1400 万人次，占美国总旅游人次的 38%，这就意味着传统旅行社至少失去了为 1400 万人次提供服务并获得盈利的机会。

2. 外在原因：散客潮与个性化旅游趋势

目前旅行社经营处于买方市场，市场需求从过去被动接受旅行社提供的“套餐”向追求多样化、个性化的主动选择转变，越来越多的商家已经意识到“适销对路”已经成为市场主流，逐渐从产品销售转向产品开发。然而面对自主化、个性化的国际散客潮自助出游趋势，究竟选择开发哪一种个性市场成了老大难问题。人们求新求异的心理增加了消费者的自主性和独立性，市场进一步细分意味着市场份额的减少，而相对封闭又实力单薄的旅行社要生产包罗万象的产品显然是不现实的。网络旅游正是在个性化旅游的大环境中应运而生，充分满足了不同性格、心理的消费者的需求。网络旅游通过网站上的社区及时搜集不同旅游者的需求信息，获取生产者的销售反馈信息。旅游电子商务的 BtoC、BtoB、CtoC 模式加强了生产者与生产者、消费者与消费者之间的联系，使自助线路、自助出游完全成为现实。

与此同时，旅游需求具有“多样少量”的特征，旅游供给则表现为“少样多量”，怎样才能缓解这种供需矛盾呢？传统旅游业中旅行社在这方面发挥了重要作用，它能够利用供需双方的有效信息使供给多样化，需求多样化，最终趋于平衡。但由于旅行社的不完全信息，它不可能对供需进行完全正确的引导，对市场变化的反应相对迟钝，会造成短期卖方市场的假象，恶化供需矛盾。就假日旅游经济来说，旅行社只图眼前利益，盲目炒作往往导致供需失衡，产生供不应求的假象。而旅游电子商务因为占有相当量的信息就能对市场的细微变化作出灵敏的反应，通过全国范围内的预警系统，及时协调供需矛盾，疏导客源，有利于旅游市场健康的、全方位的开发和旅游业的持续发展。

（三）旅行社电子商务的未来发展

1. 旅行社专业电子商务网站将稳健发展

旅游企业与旅游电子商务接轨，将从根本上改变旅游企业小作坊式的手工操作方式，使企业整体利益的最大化和运作效益的最优化成为可能。一些实力雄厚的旅行社将建立国际顶级域名或国内独立域名。与此同时，有些旅游专业网将呈现旅行社功能与特色或组建专业的网络旅行社。如 2000 年携程网的员工不足 100 人，2011 年这个数字已涨到 2000 多人，2011 年携程网的营业额就已高达 35 亿元人民币（折合 5.56 亿美元），同比增长 21%，已成为国内最大的旅游电子商务网，它已将业务对象定位为商务散客与休闲客人，提供酒店、机票、休闲度假产品预订，旅游信息和特约商户信息服务，凭借的是互联网和电话呼叫中心互补的优势。佰程网（www. byecity. com）也凭借与海外一百多家旅游企业的合作创立了国内出境旅游第一个电子商务品牌。

2. 网络经营和传统经营的互补与合作将不断加强

对中小型旅行社来说，通过与门户网站或专业旅游网站建立合作（或称第三方代理），利用互联网的优势，可以避免自建网站的投资风险和网站推广的困难，达到旅行社电子商务化的目的。许多专业旅游网站和地方性旅游网站凭借其技术优势推出面向中小旅游企业的应用服务提供商（ASP）和网络促销服务商（PSP）业务，包括主页制作、网络信息实时发布、建设企业网站、网站推广、提供专业旅游预订及管理系统、网络工程、操作培训等。对旅游网站来说，依靠旅行社提供的详尽准确的第一手旅游资料的支撑，使网站内容富有鲜明独特的个性和服务风格。旅游网站还可以通过为旅行社服务收取费用达到盈利的目的。

3. 政府主导旅行社电子商务发展

旅行社旅游目的地营销是对旅游目的地进行整体、抽象的一种理性综合，向旅游客源市场宣传整个目的地形象。国家旅游信息化工程——“金旅工程”把建设“旅游目的地营销系统”作为电子商务部分的发展重点，将“旅游目的地营销系统”建设作为信息时代中国旅游目的地进行国内外宣传、促销和服务的重要手段。在完善建设国家级主站（www. yahtour. com）的同时，以省、市层次为建设重点，主要建设内容包括目的地网络形象设计、目的地旅游网建设、目的地信息系统、旅游电子地图系统、旅游企业黄页系统、旅游行程规划系统、旅游营销系统、电子邮件营销系统、三维实景等系统，通过这些功能的有效组合形成旅游目的地网上宣传平台。

广东省南海市、粤港澳地区、大连市、三亚市等城市的“旅游目的地营销系统”已整合开通。在此基础上，本着全国统筹、突出重点、多方扶持、以点带面的原则，国家旅游局将优先逐步完成优秀旅游城市的系统建设，并逐步辐射到其他城市。

4. 移动电子商务将为旅行社电子商务的发展提供新的机遇

随着信息服务的多元化以及电脑技术的发展，无线接入因特网是不可逆转的潮流。传统的个人电脑（PC）接入方式具有操作复杂、不便于随身携带等缺点，而用户随时随地检索信息，获得在线服务的要求促进了无线接入技术的发展。基于无线网络的移动电子商务具有方便、灵活、安全等特点，是速度最快的营销方式，可以提供最快的服务和最广泛的自助式旅行。据联合国调查，2012 年全球移动电话用户已突破 60 亿，未来 3 年内通过移动手机进行的电子商务将占市场总额的 10%以上，表明因特网的移动电子商务具有巨大的市场潜力。

二、旅行社体制改革的影响

旅行社体制改革不仅关系到旅行社的生存发展和前途命运，而且关系着旅游业的持续、健康、协调发展，影响深远，因此必须解放思想、积极探索、科学应对、加快推进。

（一）旅行社体制改革的关键与原则

旅行社体制改革是一项系统工程，要在实践中探索、实践中深化、实践中完善、实践中提高。

1. 旅行社体制改革的关键

第一，解决好产权多元化这个核心问题。大力吸引各类投资主体参与改制，搞好企业产权制度改革，应当大力支持民营资本参股、控股，吸引大企业投资入股，扩大规模，提高效益，增强后劲。

第二，下真功夫转换企业经营机制。转换经营机制，是旅行社体制改革的出发点和落脚点，是企业改革的根本所在。建立健全激励机制、竞争机制和约束机制，最大限度地调动管理者和员工的积极性。

第三，以法人治理结构为重点，建立健全科学的旅行社企业内部管理制度。法人治理结构是公司制企业基本的组织架构。旅行社企业只有通过改制，建立健全法人治理结构，才能真正实现“权责明确、管理科学”的目标，为旅行社发展提供可靠的组织保证。

2. 旅行社体制改革的原则

第一，大胆探索、勇于创新。各个旅行社背景不同、情况各异，更需要勇于实践，主动创新，及时总结，不断提高。

第二，坚持因企制宜，不搞“一刀切”。在改制工作中，各旅行社应根据自身实际，哪种形式适合，就采取哪种形式。既可以一社一策，也可以一社多策，不要一个模式往上套。比如，在组织形式上，可以是股份有限公司，也可以是有限责任公司。

第三，充分尊重企业干部和职工的意愿。贯彻国家政策规定，切实维护好职工群众的权利和利益，妥善做好职工安置、劳动合同签订以及养老保险、医疗保险、失业保险等工作，积极防范矛盾，化解消极因素，维护企业稳定。

第四，依法推进、规范运作。严格按照国家政策规定，把各个环节的工作切实做深、做细、做到位。例如，妥善处理好旅行社企业的债权债务关系，不得以改制名义悬空、逃废金融债务。

（二）旅行社体制改革的影响

1. 旅行社体制改革有可能对旅行社经营权市场准入的权威性造成影响

我国的旅行社行业一直实行市场准入，即通过行政许可的方式对行业经营权进行限制，目的是通过对旅行社企业的数量控制，实现对旅游业发展规模的调控和旅游业市场的有效监管。长期发展的历史经验证明，这种行政许可式市场准入模式以及相配套的保证金制度、责任保险制度等，对规范旅游市场、保障消费者权益都发挥了并仍在发挥着重要作用。同时，从长远看，由于旅行社企业有固定资产占用少的特点，在市场信用机制没有建立起来的一定历史时期内，严把市场准入关仍然是旅行社行业管理的必要手段。

按照设定政府许可的一般做法，在旅行社经营权许可的操作过程中，对投资人资格资质的考核是最主要的指标之一。在政府对旅行社总体数量严格控制的情况下，为取得旅行社的经营权，多会采用收购、兼并、控股等正当的市场资本运营方式，绕过政府审批环节而更容易取得旅行社经营权。这样取得的经营权，由于国家信息化能力低、总体市场监管能力偏弱，无法及时纳入到旅游部门对投资人资格资质监控的范围，容易造成政府管理的真空地带。有的地方，甚至在旅行社的资本重组过程中，把已取得政府许可的旅行社经营权也连同保证金一道作价“评估”（并非是无形资产评估），实际上这是把政府控制旅行社数量大前提下已经取得的经营权作为“稀缺市场资源”在市场上进行交易，这极大地影响了政府对市场准入许可的权威性和严肃性，消弭了市场准入管理的实际意义，违背了政府通过严格市场准入来调控市场规模和市场秩序的初衷。

2. 旅行社体制改革有可能对出境游经营权的准入管理造成影响

按照我国现在的管理制度，出境游不向外资开放和有限度向内资开放的主要管理手段，只能是从市场准入关进行严格管理，即政府通过严格限定有出国旅游经营权旅行社的数量来实现上述管理目标。但是，和前一点提到的相同，在旅行社改制过程中，一些原来没有出国游经营权的旅行社，或一些想取得出国游经营权却一时无法挤入市场的投资者，会利用对现有取得经营权的旅行社注入资金、控制股份或彻底收购等“市场行为”堂而皇之取得经营权。这种“釜底换薪”的做法，在政府对市场信息不灵敏的情况下，会使政府努力搭建起来的管理体系受到冲击。

3. 旅行社体制改革有可能给外资进入非准入市场提供机会

我国对外方进入我国旅游业领域有一定的限制，除出境游市场和导游职业完全不开放以外，在饭店业外方资本的注入也有时间上的限定。现在，由于国家法规不完善，行业尚缺乏这方面的禁止性法规或政策性引导，内资通过资本运作进入出境游市场是可以做到的，由此推及，一些外资也可以通过这种途径“迂回”进入出境旅游市场。如假设一个外方投资人采用这样的运作程序：第一步，某一个外资投资人按照现在《旅行社条例》的规定申请与国内有出境旅游经营权的旅行社合资，建立新的合资旅行社完全可能实现；第二步，通过资本重组，新的合资旅行社在一定时间后悄悄对原中方出资的旅行社进行参股——这符合市场运作规律和相关规定，也有可能实现；第三步，当“保护期”一过，外方投资旅行社可以控股的时候，外方自然就进入了出境游市场并分享其成（为掩人耳目，一般外方不会追求“独资”而收购国内有出境权的旅行社）。

第二节　我国旅行社发展中存在的问题

一、当前我国旅行社面临的主要挑战

（一）来自竞争环境的挑战

从经营的国际环境看，我国旅行社多是海外旅行社的境内接待社，经营的境外旅游业务一般采取的方式都是境外国外旅行社组团。市场开放后，如果国外旅行社采取境外自己组团，境内自己接待的经营方式，我国旅行社将失去这一块曾占旅行社业务绝大部分比重的市场。从经营的内部环境看，我国旅行社面临着人才流失、管理落后的问题。我国的旅游院校和旅游科研机构的产生与发展却不到30 年的历史，旅游业的人才培养和研究工作明显滞后，旅行社部门经理的学历普遍偏低。而国外旅行社在进入中国市场后，为了尽早适应与国内旅行社经营的竞争，尽可能多地瓜分我国的国内旅游市场，必将以优厚的待遇挖走一批拔尖的管理人才为其所用，从而给我国旅行社带来人才流失和竞争激烈程度加剧的双重压力，使本来就人才缺乏、实力不强的国内旅行社雪上加霜。从经营的市场环境看，国外旅游产品的销售渠道组织合理，已形成完善的分工体系，旅游代理商、旅游批发商和旅游零售商各司其职、密切合作，减少了不必要的中间环节，效率高、成本低。我国旅行社则尚未走出削价竞争的恶性循环，各大、中、小型旅行社各行其是、缺乏合作、机构重复设置，造成资源浪费、成本上升，各旅行社之间展开低层次削价竞争，使旅行社的经营更加举步维艰。

（二）来自旅游者的挑战

近年来，我国旅游者在经历了旅游狂热所带来的种种教训后，日渐变得成熟起来，一阵风式的观光旅游热逐渐削减，个性化旅游日渐凸显，旅游需求日渐多样化，旅行社千篇一律的旅游产品已难以适应消费者的需求变化。随着网络信息技术的发展，消费者获取信息的能力加强，旅行社作为中介的作用降低，旅游者对旅行社的依赖越来越少。因此，近几年尽管我国的国内旅游发展迅猛，但通过旅行社组织和接待的旅游者却不到总数的20%。由于旅行社的滞后发展，跟不上消费者的需求变化，旅游者已成散客化趋势。

（三）来自旅行社本身的挑战

可以说，面对旅游者消费需求的变化，我国旅行社还没有充分的适应能力。从整体上看，我国旅行社的规模小，经营方式落后，旅游产品都是事先选定好的线路，日程安排固定死板、一成不变，不能灵活机动地适应旅游者的个性化需要，这是当前旅游团队客人比例下降而散客旅游者比例上升的主要原因。同时，旅游电子商务兴起后，旅游供应商可通过网络与旅游者直接交易，省去了原先必须支付给旅行社的大笔佣金，对供应商和消费者而言，经营成本和消费成本都大大降低。旅行社通过销售供应商品获取差价的时代将成为过去。

此外，由于我国大规模的国内旅游活动开展时间尚短，对旅游景点的宣传力度还不够，对旅游资源的观赏性、游玩性、参与性、休闲性等各种旅游价值因素开发不足，对旅游产品的营销定位不准确，没有站在不同年龄层、不同收入层的消费者的角度来设计产品，导致旅游市场产品销售淡、旺季明显。旅行服务供应淡季时供大于求，旅行社工作人员闲置，造成人力资源的浪费；旺季时又明显地供不应求，只好临时雇人，滥竽充数，或是任意缩短提供服务的时间以加快接待的周转率，这又造成了服务质量下降、消费者投诉增加、旅行社信誉度下降、业务量递减、经营困难加大等问题。

二、我国旅行社业目前存在的突出问题

改革开放以来，我国旅行社业发生了巨大的变化，发展速度突飞猛进，行业规模迅速扩大，经营管理体制不断创新。根据国家旅游局的统计公报显示，截至2011年底，我国共有22691家旅行社，同比增长9.12%，旅行社收入达到了2871.77亿元人民币，同比增长3.98%，直接从业人员29.98万人。旅行社作为旅游业的“龙头”、旅游客源的组织者、旅游供给与消费的重要纽带，对我国旅游业的繁荣和发展起着至关重要的作用。然而，同发达国家旅行社相比，我国旅行社业规模小、实力弱、管理差、经营散、产品结构不完善、地区分布不均衡、市场竞争手

段单一等，已成为我国旅行社参与国际竞争的弱势所在。具体地说，当前我国旅行社业主要存在以下几个方面的突出问题。

（一）集团化程度低、企业规模小

大型旅行社在经营中具有旅游产品开发、旅游服务采购、旅游市场拓展、旅游接待以及资金、信息、人才和抵御风险等多方面的优势，因此易于实现规模效益。目前国外旅行社已经发展到规模化、网络化阶段，旅行社规模扩张的速度远远超过数量增长的速度。例如，美国在 1989～1999 年期间，旅行社总量基本趋于稳定，但年营业额在 500 万美元以上的旅行社数量增加了一倍多，而且这些大旅行社的规模效益显著，美国最大的 25 家旅行代理商拥有 72%的市场份额，总营业额占行业总收入的 58%以上。相比之下，我国的旅行社规模小、集中程度低，我国的国、中、青三大旅行网络集团所占的市场份额尚不足 20%。以 2011 年为例，百强国际社占国际旅行社总数不到 8%，百强国内社仅占国内旅行社总数的 0.72%。有调查显示，目前，我国最大的旅游企业规模不及美国运通旅游公司规模的 1% ，中国 1 万多家旅行社营业收入总和不及美国运通公司 1 年销售收入的 1/4，也不及日本交通公社的 1/2。这些都说明，我国大型旅行社的规模效益并不明显，优势也远未得到充分发挥。

此外，即使是我国相对大型的旅行社也未能在旅游市场中发挥应有的作用，即未能平抑市场的过度竞争，未能起到引导和稳定市场的作用，致使市场混乱无序成为困扰我国旅行社业发展和造成旅行社资源浪费的顽症，大社自身也未能避免这种市场混乱所带来的负面效应。

（二）专业化水平低、企业实力弱

我国旅行社尚未实现完善的专业化分工体系。目前我国旅行社仍实行水平分工体系，即各旅行社基本从产品研发到外联接待全方位出击，业务“小而全”，产品雷同，全国绝大多数旅行社以经营团体观光型旅游产品为主，彼此之间基本不存在业务链接，各自为战，削弱了企业的实力。而国外的旅行社一般采取垂直分工体系，分为旅游批发商、旅游经营商和旅游零售、代理商，不同职责的旅行社只从事旅行社业务的一部分，并实行专业化管理。这种方式明确了不同规模旅行社的分工协作关系，提高了企业运作效率。我国现有的旅行社集团是在地方分、支社的基础上，通过划拨资金等措施发展紧密、半紧密企业而形成的松散联合体，属于联号式经营，少有资本上的“子母”关系，虽然资产规模很大，但在组织结构和企业制度等方面没有实质改观，没有形成资产纽带，因而集团的整体效应和实力得不到充分发挥与体现。

（三）管理水平低、竞争能力差

首先，我国旅行社之间经营管理水平和竞争能力差异显著。在完全竞争的大背景下，旅行社之间的规模、效益、管理水平和竞争能力已经呈现出了明显的差别。客源市场结构变化和经济体制变革是差别产生的主要原因。如就旅行社的经营状况而言，国际社强于国内社、大社优于小社的特征在全国旅行社业中是一种普遍现象。其次，过度的内部承包、门市代理的超常规发展、恶性的市场价格竞争以及行业垄断竞争，导致我国旅行社市场出现不同程度的混乱局面。最后，目前我国旅行社之间的竞争层次较低，仍处于以“价格战”为主、服务水平趋同的低层次竞争阶段，缺少在管理模式、管理经验等方面展开的高水平竞争，旅行社应用新技术的能力差，对信息技术的重视不够，缺乏核心竞争力。

另外，在旅行社的内部管理方面，一个突出的现象是一些大社内部普遍实行部门承包或变相部门承包，强化部门权益，使得部分大型旅行社实际上成为一些业务上相对独立的小旅行社的集合体，在这种格局下，大型旅行社也很难发挥应有的优势，难以形成规模经济。

（四）产权制度落后、经营效益低下

当前，旅行社行业从整体来说是改革滞后，主要表现是旅行社普遍没有建立现代企业制度。由于以前在旅行社的审批过程中，各地行业管理部门主要倾向于批准国有旅行社，不允许有自然法人存在，因而我国国有旅行社占主导地位。国有旅行社的最大弱点在于产权不明晰，而责、权、利的不分明又使得许多国有旅行社内部存在利益分配不公的现象，从而严重影响了企业员工的工作积极性和创造性，最终导致旅行社业效益普遍较差，全行业平均税后利润率仅为1.93%。为改变这种局面，有的旅行社实行了承包，但由于产权的限制，这种承包往往透支国有资产，有些承包还偷税漏税，造成国有财产的损失。

三、我国中小旅行社的现状与问题

目前，我国公民通过旅行社途径出门旅游的，每年不超过旅游总人数的20%，而全国2万多家旅行社都在竞争这20%的市场。对于其中数量上占绝对多数，但在管理、规模、实力、人才等诸方面均处于劣势的中小旅行社而言，在重复的市场上向重复的顾客推销重复的产品，竞争的结果只能是继续惨淡经营。就中小旅行社的总体情况而言，其特点集中表现为有限的接待数量和低下的利润水平。在接待数量方面，近年来我国许多小旅行社处于发展无望而又能勉强支撑的境地。每年均有不少的旅行社退出行业。根据国家旅游局提供的资料，目前中小旅行社的利润率仅为5%左右。这些资料反映的还只是税前利润，如果再扣除所得税，则这些旅行社所剩净利润更是微乎其微。

有限的接待量和低利润率现象的并存充分反映了当前中小旅行社经营的艰难局面。造成这种结果的原因当然是多方面的，而从旅行社自身因素来看，绝大多数中小旅行社人、财、物力有限，而其经营活动却涉及从产品设计开发到旅游接待的各个环节。这种劣势的存在，必然造成中小旅行社产品开发滞后、模仿现象严重、产品单一，同时品牌吸引力明显不足，运作的成本较高，促销因为资金的缺乏而力度不够，效果也欠佳，从而使得这部分旅行社陷入一个恶性循环。面对困境，中小旅行社必须认清自己面临的现状、问题，果断改革，采取措施尽快融入另外80%的大市场当中。

（一）不具有集团的规模与实力

我国的国、中、青三大旅游集团所占市场份额不足20%，市场上存在着大量的中小旅行社。同时，由于体制等方面的原因，大旅行社普遍实行部门（个人）承包或变相部门（个人）承包的方式，各承包部门可以独立组团运营，每年向社里上交一定金额的承包费，成为事实上的小旅行社。这种做法，最终导致部分大旅行社只是一堆小旅行社的简单组合和叠加，从另一个层面上加大了中小旅行社的数量。这些分散的小旅行社要与国外大型旅行集团相竞争，但却不具有集团的规模与实力，缺乏必备的竞争实力。

（二）产品开发滞后、模仿现象严重

概括而言，中小旅行社在产品开发上存在着两大问题：一是产品单一，二是产品开发随大流。一方面，中小旅行社在旅游线路的设计上都偏向于依葫芦画瓢，缺少有特色的线路或服务，在新产品的开发上缺乏创新精神，一些实力较弱的旅行社甚至只经营一个地区或一条线路的产品，这种状况只会使得在激烈的市场竞争中处于弱势的中小旅行社更容易被淘汰。另一方面，中小旅行社对同行新推出的畅销产品趋之若鹜。一旦有一条新线路受到市场欢迎，许多旅行社都会争相模仿，要乘着旅游者的新鲜劲儿抢分一杯羹。这种一拥而上的竞争格局使得热点地区或热点旅游线路过热，加重了旅游目的地的负荷，同时也滋长了市场中的许多不规范行为，影响了新产品的形象。

（三）品牌吸引力明显不足

伴随着旅游者消费意识的成熟、品位的提高以及市场竞争的日趋加剧，旅行社的企业运作方式正逐步由大众化转变为特色化、专业化和品牌化。消费者面对众多的旅行社和旅游产品，选择的空间和自由度很大，品牌化能够有效降低购买风险及决策成本。但目前的状况是：中小旅行社好似一支庞大的杂牌军，打着花花绿绿的旗号，让旅游者摸不着头脑，许多名字好像听过却又没什么深刻的印象，想要省心又安心地出游一趟还真不容易，最后只好选择大名鼎鼎的旅行社。

（四）运作成本高

中小旅行社的规模实力和竞争地位决定了其在各方面一定要精打细算，否则便不可能把本来就十分有限的资金放在开发新产品和扩大企业规模上。然而，在现有的经营水平下，中小旅行社的特点往往使其在运作成本方面处于明显的劣势地位。

首先，在管理成本方面，中小旅行社的从业人员整体素质较低，流动率高，缺乏必要的服务意识和服务技能培训，缺乏现代管理知识和完善的会计制度等，这都造成了严重的管理成本的无谓增加。

其次，在产品成本方面，由于在业务数量上无法和大旅行社相比，在知名度和企业信誉上也缺乏保障，中小旅行社往往很难保证长期的合作关系，谈判能力较低，从而难以在票务、地接、住宿、餐饮等各个方面取得令人满意的成本价格。

最后，在经营成本方面，由于受规模、资金及相关条件的限制，中小旅行社在实际经营过程中容易出现成本增加的情况。例如，在旅游旺季，往往需要租借导游人员或聘用业余导游人员、向外租用旅游车等。

（五）促销力度不够、效果不佳

由于资金普遍不足，中小旅行社不可能像大旅行社那样开展集中性的广告宣传，最多偶尔“奢侈”地连续上几期报纸，但占版面太小，这与每天都在市内主流报纸上占有一大块版面的大旅行社的广告相比实在是相形见绌。就算哪家中小旅行社打算不惜血本多登几次广告，也会因为促销分散、不能形成合力，难以取得和大旅行社一样的效果。更何况大旅行社刊登广告的受益面十分广泛，撇开分社和门市不谈，就连它们的合作社以及各式各样的代办网点也能明显受益。

（对中小旅行社的界定是，员工人数在 100 人以下，注册资金低于 200 万元，年接待量在 3 万人天以下，年营业收入少于 1000 万元的旅行社。）

阅读材料 10-1　散、弱、差“小作坊”难敌外资“巨无霸”

2006 年，是中国旅游业全面开放之年，一些外国旅行社将会与其本国在中国的航空公司、饭店、商场及餐厅形成全面合作，实现入境接待“一条龙”服务，形成对其他企业的排斥和旅游经营利润的外流。届时，外资旅游企业将全面进入内地，抢占资源、分流入境市场客源，给国内旅游市场造成巨大冲击。而开放程度较低的旅行社将不得不面临阵痛。

尽管旅行社行业是我国旅游服务业向外资开放最晚、保护最多的一个领域，但自 2004 年起，外资旅行社对中国实质性的进入已经开始，国际竞争已逐渐扩展到了中国境内。而中国对于加入世贸组织的承诺已提到日程。

国内权威旅游专家马勇分析指出，目前我国旅行社数量虽不少，但“小、散、弱、差”的情况大量存在，普遍缺乏国际竞争力。像日本交通公社、美国运通这样的跨国旅行社集团，一年的营业额相当于中国一万多家旅行社营业额的总和，而即便是国内最大的国旅、中旅、中青旅三家旅行社所占的市场份额也不足 20%，与英国航空 2000、航空旅行及托马斯三大旅行社垄断英国 80%旅游市场份额的状况差距颇大。

“2006年外资大举进入中国后，中国旅行社将面临重新洗牌，并购、重组和再分工步伐将加快”。马勇说，大型旅行社为了抗衡外资旅行社会加快“强强联合”的步伐，或与外资展开合作；多数不能合资的中方旅行社经营入境游将面临更大压力，出路之一就是加强国内游的本地化、区域化发展，或者加强与外资或国内大旅行社的配套业务，做好地接业务，而部分服务质量不高、操作不规范、经营不善的小型旅行社将会被市场淘汰出局。马勇预测，2006年退市的小型旅行社将会占到15%。

东星旅行社总经理马格胜则表示，15%的小型旅行社退市只是保守估计。近年来，随着国家规范旅行社市场力度的加大，再加上市场竞争的加剧，每年都有一部分小型旅行社自动退市，2006年起，将会有更多的小型旅行社消失。

（严娟娟. 散、弱、差“小作坊”难敌外资“巨无霸”.市场报. 2006-1-16（05））

第三节 发达国家旅行社产业的现状与发展趋势

发达国家的旅行社经过百余年的发展，已经进入相对成熟和稳定的发展时期，并在发展过程中逐渐形成了一整套科学的发展机制，值得我们借鉴。未来一个时期发达国家旅行社业的发展将是现有态势逻辑推演的结果。

一、发达国家旅行社业的发展现状

（一）垂直分工体系

在托马斯·库克1845年创办了第一家专职旅行社后的将近一个世纪里，旅游批发经营逐步从零售代理中分化出来，旅行社初步实现了批发经营和零售代理之间的垂直分工。目前，发达国家的旅行社业正以这种垂直分工体系运作，形成了旅游批发商（Tour Wholesaler）、旅游经营商（Tour Operator）、旅游零售商（Tour Retailer）的纵向序列。旅游批发商专司旅游产品的设计、组装；旅游经营商从事旅游产品的设计、组装，并提供旅游接待服务；旅游零售商则专门负责旅游产品的代理销售。这三者构成了旅行社业的垂直分工体系，前两者一般不直接面向公众销售产品，旅游产品通过旅游零售商进行销售。此种分工体系使旅行社不仅在旅游产品的生产、销售过程中分为三个层次，而且也自然地相应形成了大、中、小旅行社的规模化、专业化、网络化特点。

（二）投资经营理念

在市场经济体制发挥主导作用的西方国家进入旅行社业的资金主要是在资本寻求最大化收益的内在规律作用下，由资本的人格化主体——企业家投入的。在资本的进入与退出方面，政府很少干预，主要由市场机制本身发挥对资源的调节作用。一个基本的规律是：只要旅行社的行业平均利润大于其他行业的平均利润，就会有更多的资金进入本行业；只要某一家旅行社的边际成本小于平均总成本，它就会不停地扩大自己的规模；只要平均变动收益大于平均变动成本，旅行社也就不会退出本行业。

（三）制度环境

旅行社业的制度环境主要体现在相关的法律与法规体系方面，旅游业较发达的国家在制度建设方面是比较完善的。比如日本管理旅行社的主要法律依据分为法令、政令和省令。日本针对旅行社管理的相关法律是《旅行业法》，为了与其相配套，日本还相继颁布了旅行业发展施行规则、一般旅行业标准旅行合同条款和代理店旅行合同条款。此外，各国旅行社的行为还可能会受到一些相关的国际公约的制约与调整，只要某一旅行社所在国家或地区的政府成为某一国际条约的签字国，那么这一国家或地区的所有旅行社都有义务在经营国际旅游产品时遵守该条约所规定的条款，一些旅游业和旅行社经营管理中的国际惯例有时也会构成旅行社制度环境的组成部分。

（四）行政管理体系

就行政管理体系而言，按旅游行政管理机构在政府序列中所占据的地位和发挥作用的方式划分，国际上主要有政策导向型、行政导向型、业务协调型等类型。其中政策导向型的旅游部（局）主要负责全国旅行社业宏观管理政策的制定，微观规则和具体的日常行政管理主要交由相关的政府部门和中介组织如工商局、旅游促进会、消费者保护协会、旅行社协会负责；行政导向型的旅游部（局）既负责全国旅行社业发展的政策导向，也负责具体的微观规制和日常行政管理；业务协调型的管理主体主要负责各旅行社的海外联合促销工作，宏观政策与规划交由经济管理部门通过社会经济发展蓝 / 白皮书的形式发布，而具体的行政管理工作则由相应的经济、社会、文化管理部门负责。需要说明的是，在西方一些旅游发达国家，政府部门的职能并不是固定不变的，而是随企业发展和外界环境的变化而不断调整的。

二、发达国家旅行社业的一体化趋势

旅行社一体化的目的，是通过对各种资源、要素的优化组合和有效的战略决策来实现规模经济及企业利润的最大化。旅行社业的一体化将随着旅游市场的发展而不断进行下去，一体化经营正成为发达国家旅行社业的主要发展方向。

（一）横向一体化

20 世纪 60 年代后期，随着市场竞争的加剧，欧美旅行社开始了横向一体化进程。它主要分零售旅行代理商之间的一体化和旅游批发经营商之间的一体化，前者主要表现为大型企业的连锁经营和中小型企业的联合经营，后者主要表现为企业之间的收购与合并。20 世纪 80 年代中期，针对商务旅行市场的迅速兴起，出现了一批“巨型零售旅行代理商”。这些大规模的旅行社，依靠广设零售店，压低旅游产品的价格；同时向客户提供最优的服务、保证通过全面管理来节约客户的费用支出，吸引越来越多的大公司、大机构委托商务旅游业务。20 世纪 80 年代末，旅游代理业务已经集中于少数“大旅行社”，到 1989 年时，美国 7%的大旅行社，代理业务已经占总销售额的 28%。为了与“巨型旅行代理商”或“大旅行社”日益增长的市场力量相抗衡，“小旅行社”纷纷走上了横向联合的道路，以获得批量购买的优势、增加市场覆盖面，从而增强对顾客的吸引力。1989 年美国“小旅行社”有 38%组成了“度假和休闲旅游联合体”，有 13%组成了“商务旅行联合体”；而旅游批发经营商也已完成了一体化，1988 年时美国前 4 位旅游经营商的业务量已经占到整个度假旅游市场 62%的份额。

（二）纵向一体化

随着专业分工的细化，资产的专用性越强、市场交易费用也越高，通过纵向一体化来节约交易费用的动机就越强烈。纵向一体化的另一个主要原因，是加强价值链的协同，即通过组织内的管理协调，代替市场交易，强化约束力与控制力。纵向一体化有“前向一体化”和“后向一体化”两种形式。旅游企业对下游企业的兼并或扩展下游企业的职能被称为“前向一体化”，其主要考虑的是对旅游产品销售网络的控制，通过收购或兼并旅游客源地的旅游零售商、中间商等形式实现。“后向一体化”是由下游企业扩展上游企业职能而进行的一体化，通过收购、兼并旅游饭店、旅游车队、旅游景点等，拥有或控制旅游产品要素的供应系统，形成旅游产品的供产一体化。如英国的汤姆森假日公司，通过购进航空公司和饭店企业，确保充足而正常的“吃住行”的供应；宇宙假日公司与君主航空公司（一家包机公司）进行联合经营等，这种一体化减少了旅行社服务质量、经营成本受制于旅游供应商的危险，使得交易成本降低。

（三）国际一体化

随着经济全球化的发展，发达国家的旅行社业正在经历所有制的国际化进程。他们运用资本的杠杆，推进国际一体化的进程，谋求规模经济的好处，谋求竞争能力与竞争地位的强化。德国空运公司于 1992 年购买了托马斯·库克旅行社，抓住机会在旅游经营的“横向”上、在英国取得零售立足点的“纵向”上进行扩张。1993年，德国最大的旅游经营商“国际旅游联盟”，占有了西班牙著名的旅游经营商和代理商“特别快车旅行公司”3/4以上的股权（还有一小部分股权为荷兰国际旅行社所持有）；法国的欧洲铁路卧车公司（一度拥有托马斯·库克旅行社）兼并了西班牙最大的“代理商联合企业”厄瓜多尔旅行社，拥有其近3/4的股份。

第四节　旅行社业的发展趋势

在全球化浪潮的推动下，我国旅游业市场的对外开放度将越来越大，我国旅行社业将进入一个前所未有的发展阶段，呈现出新的发展趋势。

一、国际化趋势

旅行社业的国际化是指旅行社顺应经济全球化的潮流，跨出国界开展旅游经营活动。旅游活动的国际化、资本流向的国际化使得世界各国的旅行社越来越相互依赖、紧密联系，旅游产品和旅游服务也日趋标准化，跨国经营渐成潮流。

（一）我国旅行社的国际化发展

改革开放后，我国旅行社也开始了走向世界之路。我国旅行社迈向世界之路的步伐是沿着如下轨迹延伸的：

1. 在20世纪80年代初期的国际化萌芽阶段，我国旅行社以接待入境旅游者为主，为走出国门积累了宝贵经验。

2. 在20世纪80年代末期国际化初始发展阶段，是以客源的双向流动为特征的，中国公民的出境目的地和出境人数大增。

3. 20世纪90年代后，我国已经进入国际化的快速发展阶段。这一阶段我国在境外开办相关业务的公司，建立自己的网络和经营单位，形成国内外统一的管理体系，在全球范围内谋求利润的最大化。在这一阶段，具有里程碑意义的事件有：20世纪90年代前后，中国国际旅行社总社先后在日本、丹麦、瑞典、法国、美国等地区设立了10个中国国际旅行社（GITS）冠名的海外旅游公司，加上香港中国国际旅行社，共计11家海外分支机构，这些海外分支机构每年组织来华客人约10万人次以上，有力地促进了国旅总社的组团能力。由于国旅总社出境旅游业务每年组团能力在1万人次以上，通过以团换交、实力交易构建其跨国型架构，其竞争能力得到了明显增强。

1995年，中国招商国际旅行社成功收购了英国文化旅行社。英国文化旅行社是一家专门组织来华观光的旅行社，以散客业务为主，年客流量四五百万人次。中国招商国际旅游总公司通过其北京总部接待英国文化旅行社的客源，获利甚丰。虽然英国文化旅行社本身只能做到持平或略有亏损，但其良好的综合效益是显而易见的。这次收购行动不仅使招商国旅集团内部交易量快速增加，大大提高了综合盈利能力，而且为我国旅行社集团跨国经营提供了成功模式。

1998年，上海春秋旅行社在美国开设了具有批发商性质的分支机构，2000年招徕近4000名美国人来华旅游。

（二）合资经营——我国旅行社国际化经营的现实选择

我国旅行社开展国际化经营，可供选择的经营方式不外乎三类，即独资经营、合资经营和合作经营。现阶段，我国旅行社国际化经营尚处于起步探索阶段，在我国公民出境旅游比较集中的国家，采用与外方合资形式是可行而明智的选择。这是因为，我国旅行社开展国际经营经验不足，对东道国的政策法律与经营环境不熟悉，外方参与投资、经营，可以有效克服上述不足，尽快站稳脚跟，打开局面。万一发生风险，也可以共担风险，减少损失。

在合资过程中，选择好合作伙伴至关重要。合作伙伴选择不当，是导致我国不少旅行社在境外惨遭滑铁卢的一个重要原因。跨出国门之初，我国旅行社往往是在华人圈内寻找合作伙伴。由于缺乏经验，风险防范意识不强，且受中国传统管理文化“重义轻利”的影响，重感情纽带，轻利益纽带，结果被一些不讲信用的小人所利用，造成资产损失。前车之覆，足为殷鉴。在今后选择合作伙伴过程中，要特别注意以下两点：一是要强调利益纽带，重视合同管理。值得指出的是，开展国际投资与合作，首先和根本的纽带是利益纽带，合作双方利用情感纽带结合起来的目的仍是为了谋取共同利益。因此，我国走向国际的旅行社要树立现代商品经济利益观和风险意识，事先了解合资方的资信状况，事无巨细都要签订合同，不让对方钻空子。二是要尽量与大旅行社合资。国外的旅行社由于批发与零售功能分工明确，有许多旅行社规模很小，甚至是“夫妻店”。为了尽快打开市场，获得发展，我国旅行社最好选择有一定规模、实力的批发商作为合作伙伴，而不管合作方是华人还是外国人。

采取合资形式进行国际化经营，是我国旅行社在初始阶段可普遍采用的模式，但随着经验的逐步积累和增加，对东道国环境逐步熟悉，经营方式可逐步向独资方式转变。因为我国旅行社走出国门的重要目的之一就是摆脱中间商，增强竞争实力，以求利润最大化。而合资经营势必存在利润分成问题。因此，独资是我国旅行社国际化经营走向成熟阶段应广泛采取的模式。

二、集团化趋势

旅行社集团是以一个或少数几个大型旅行社为核心，以一些受这个核心不同程度控制或影响的旅行社为外围，通过不同的联结纽带（资产纽带或契约关系）组建而成的高级经济联合体。旅行社集团按其联结纽带的不同可以划分为两种类型：以经济合同、销售促销契约等为主要联结纽带的非股份制旅行社集团和以财产所有权为主要联结纽带的股份制旅行社集团。

旅行社集团具有以下特征：一是组建旅行社集团的主体是具有核心竞争力的大旅行社，是旅行社集团的母公司；二是母公司与集团其他成员之间建立了以资产为纽带的紧密层、半紧密层关联关系；三是集团内部有整体发展战略，建立了横向或纵向的分工关系。

旅行社集团化的主要功能有二：一是由规模与范围而产生的效率优势，二是由交易成本和信息成本的节约而产生的成本优势。其中，效率优势主要包括物质生产要素的投入—产出规模优势、人力资本形成与使用过程中规模优势、销售方面的规模优势以及多元化经营带来的范围经济优势。成本优势则主要体现在旅游企业与相关厂商之间的合作效率、旅游企业与国际旅游者之间的交易效率优势以及旅游者与旅游目的地居民之间的社会文化交往方面的交易效率优势等三个方面。

（一）集团化是我国旅行社行业发展的必由之路

1. 集团化经营是我国旅行社增强竞争优势的重要战略举措

对旅行社来说，外国旅行社可通过合法手续进入我国旅游市场。但综观我国目前旅行社业，由于政府长期的保护政策，呈现出集团经济弱、单体经营规模小等特点。一旦国外旅行社凭借其雄厚的经济优势、强大的旅游产品开发能力长驱直入，必将对我国的旅行社经营造成巨大冲击。因此，我国旅行社实行大中型旅行社集团化经营势在必行。

通过集团化经营，旅行社集团可以提升品牌、市场和人才三方面的竞争优势，从而增强我国旅行社业的整体竞争力。首先，旅行社集团使用统一的名称和标识，实行与此相一致的产品规模和质量标准，并由集团统一进行宣传与促销，提高了集团和成员企业的知名度，形成了品牌效应。其次，旅行社集团所设的从事信息搜寻、产品促销和市场预测等方面工作的专职部门，保证成员企业能够了解市场动态，根据市场发展趋势及时调整经营战略，设计和开发出新的产品类型与服务项目，增强市场竞争力。最后，旅行社集团有能力使用专门的设计、开发、推广、法律和研究人才，高级管理人员也会随着集团公司的发展而显著增加。在教育培训方面，旅行社集团可以对其成员企业的员工和管理人员进行统一的培训，培养自己的人才。此外，旅行社集团还能发挥集团采购优势，获得规模经济效益。

2. 集团化经营是我国旅行社实现垂直分工体系的基本途径

以美国为代表的垂直分工体系是一种内生于市场经济体制的有效的自然分工模式，旅游经营商、旅游批发商、旅游零售商分属不同层次，分工严格细致，从旅游产品开发、生产到销售各司其职，市场竞争激烈而有序。我国旅行社采用了一种人为的旅行社划分类别且缺乏效率的水平分工模式，旅游市场被国家旅游局以及各省、市、县旅游局实行分割，且在每块被分割的旅游市场中，无论是大中型旅行社还是小型旅行社，都从事旅游产品开发、市场开拓、产品销售、旅游接待等业务。这一模式造成了我国旅游市场竞争的混乱无序和旅行社资源的极大浪费。

组建旅行社集团能够优化资源配置，打破部门所有和地区封锁，通过跨行业、跨部门、跨地区的资本联合，可以冲破条块分割的藩篱，把核心企业雄厚的资金、先进的管理和规范化的服务输入到各成员企业中去，使资源按照市场需求得到优化配置。旅行社集团还能形成组合效应，充分发挥集团成员各自的优势，弥补各自的不足，形成优势互补，即大中型旅行社组建旅行社集团，专门从事旅游产品开发、市场开拓、旅游接待等业务；众多中小旅行社专门从事大中型旅行社旅游产品的代理销售，从而实现旅行社集团内不同层次旅行社的合理化垂直分工。

3. 集团化经营是我国旅行社调整和优化行业结构的有效途经

我国旅行社总体发展较快，但大多数旅行社所占的市场份额很小。在旅游市场持续扩大的过程中，尚无一家大型旅游企业能够主宰整个旅游市场，更未能形成平抑市场过度竞争、引导和稳定市场的能力。此外，一些大旅行社施行内部承包，强化部门收益，使部分大旅行社实际上成为一些业务上相对独立的旅行社集合体，集团效应未能正确和理想地发挥。

旅行社企业集团具有强大的融资功能，不仅在贷款、融资等方面具有明显优势，还能调剂成员企业的资金余缺，进行集团内部融资。通过外部融资、增加投资或开办新旅行社来调整我国大、中、小型旅行社之间的比例关系，使行业结构更为优化，利用内部融资，进行存量调整，即通过现有存量资产在我国大、中、小型旅行社之间的合理流动，重新配置资产，盘活众多中小型旅行社的过剩生产能力，大大提高资产的利用率。此外，集团化经营还有助于旅行社业科技含量的提升。旅行社集团内专业化、标准化、系列化的程度高，使集团内各个成员更适合采用先进的技术设备，实现科学化管理。计算机的广泛应用，使旅行社可以采用贯通世界各地的终端设备实行全球范围的预订。

（二）我国旅行社企业的集团化发展

我国旅行社集团化的发展已有20余年的历史。1989年，国家旅游局批准设立国旅集团，国旅集团于1992年经国务院经贸办批准在国家工商局注册成立。国旅集团经国家旅游局推荐成为旅游行业唯一进入百家现代化企业制度试点行列企业。中旅集团和青旅集团也同时成立。1995年1月隶属铁道部的华运铁路旅游集团成立，其间地方上的大大小小旅行社集团相继成立。

20多年的发展进程，我国旅行社集团化步履维艰，旅行社业"小、散、乱、差"状态至今没有明显的改变。三大旅行社集团（国旅、中旅、青旅）除国旅集团的市场占有率持续上升外，中旅集团和青旅集团都趋于停滞状态，从而导致三大旅行社集团的市场占有率总和不断下降。这说明旅行社集团化以后，竞争力不仅没有大幅提高，反而呈下降态势。跨地区的联营更是障碍重重，例如，中国最著名的CITS品牌，各省市都在用，实际上却无资产纽带和统一的管理模式。阻碍我国旅行社集团化发展的是条块分割、政企不分的现行管理体制和企业制度。众多的旅行社是地区和部门的行政附属物，而不是严格意义上的经济单位和法人实体。这样，分属于不同地区和不同部门的旅行社各自为政、盲目竞争，使得跨地区、跨部门的旅行社集团无法组建，旅游资源的合理配置和旅行社行业结构的优化更无从谈起。

（三）我国旅行社集团化的模式选择

1. 行政组合模式

旅行社业向集团化方向发展本来是市场发展的必然趋势和结果，是企业通过控股或相互持股建立产权连接纽带形成利益共同体的市场行为，不是政府行为。但在目前我国旅游市场发育不完善而行政垄断力量又十分强大的情况下，在政府主导下组建旅行社集团事实上是最简便易行的方法：一种情况是国有大旅行社依靠无偿划拨、委托经营等方式可以在很短时间内实现对其他旅行社的股权控制，组建以自己为核心的旅行社集团，并进行股份制改造，集团成员间建立起产权关系；另一种情况是政府主管部门用行政手段，将若干旅行社捏合在一起，这些旅行社体制落后，经营规模、经营范围、产品品种类似，集团成员间是基于经济利益的一种契约关系，从一开始就潜伏着不稳定性。行政组合模式尽管不是市场自然渐进的结果，但由于我国长期处于计划经济制度下，旅行社所有制结构不合理，企业资本积累时间短，地方和行业割据严重，因此政府主导行为在有效克服集团化过程中的各种困难和障碍的作用是不容置疑的，也是无可替代的。

2. 资本运作模式

作为核心的大旅行社在资本市场上，通过发行股票、兼并、收购、资产重组等资本经营手段实现规模扩张，建立以资产为纽带，由核心企业（母公司）、子公司、孙公司、关联公司组成的旅行社集团。由于在集团内部建立了核心企业对子公司、孙公司、关联公司的股权制衡，因而集团内部能建立现代企业制度，实行法人治理结构，实现集团一体化发展。资本经营可以使弱势资产以资产出售、股权置换方式退出经营市场，优化旅行社业的资源配置，实现网络化和规模化的双向发展，有力地推动旅行社集团化发展。我国已建立了比较成熟和完善的资本市场，大型旅行社完全可以依托自己的品牌、市场份额、资金优势进行投资收购、兼并、横向持股等方式实现集团化发展。中旅总社实现规模扩张的“控股并购”模式是这方面的成功代表，在集团化经营制度创新过程中，始终坚持控股并购原则，即无论对所属旅行社进行改造还是对地方旅行社进行重组，必须做到中旅掌握控制力，形成资产纽带关系，按照中旅统一的思路发展旅游，从而保证了在集团化形成后企业总体市场规模和盈利能力迅速提高，其集团化运作值得研究和效仿。

3. 资产经营模式

资产经营模式即旅行社通过自身经营积累缓步发展的传统模式。这种模式是通过旅行社自身积累，在各地建立分支机构，按照统一的经营理念、管理模式等来实现集团化。上海春秋国旅的“自建分社”的扩张模式是这方面的代表。这种集团化发展模式速度慢，容易造成资金浪费、资产存量的结构失衡，且易受到地方保护主义的制约。这对于资金、人力资源都比较有限的中国旅行社而言，不是一种很好的目标模式。

4. 特许经营模式

特许经营是指一个商标、服务标志、商号或广告符号的所有者与希望在经营中使用这种标志的个人或团体之间的一种法律和商业关系，它有两种基本形式：一是品牌或贸易名称特许经营，特许者与受许者关系简单，仅涉及品牌使用；二是经营模式特许经营，特许者与受许者关系密切，受许者向特许者购买的是专长、经验和经营之道，特许者向受许者提供全方位的服务，包括选址、培训、提供产品、营销策划和帮助融资。旅游企业借助特许经营实现规模扩张主要采用经营模式特许经营，单纯使用品牌特许经营的少。国内旅行社在这方面运作比较成功的是广之旅“品牌特许加盟”扩张模式，这种发展模式不仅实现了广之旅的集团化、网络化，而且提高了当地旅游服务质量，促进了旅游产品多元化、价格合理化，一举多赢。

上述四种模式在我国旅行社集团化发展过程中都有其存在和发展的空间，我们可以作以下比较：

	行政组合模式	资本运作模式	资产经营模式	特许经营模式
集团化驱动力	政府推动	市场推动	市场推动	市场推动
集团成员关系	契约关系	产权关系	产权关系	产权/契约关系
一体化程度	低	高	高	较高
发展速度	最快	快	慢	较快
规模经济	不确定	明显	不充分	明显
成功率	不确定	较高	较高	较高

三、虚拟化趋势

所谓虚拟经营，是指一个企业在有限的资源下，为了取得竞争中的最大优势，仅保留企业中的关键功能，而将其他的功能虚拟化，通过各种方式借助外力进行整合弥补求发展。虚拟经营追求的目标在于突破企业有形的界限，弱化具体的组织结构形式，达到全方位借用外力的目的。

目前，企业虚拟化经营的主要方式有：（1）人员虚拟化。由于消费者需求变化加快，即使是大型企业，若要完全依靠自身力量来赢得竞争优势也是不可能的，因此越来越多的企业开始借助外部人才资源以弥补自身智力资源的不足。（2）功能虚拟化。功能虚拟是一种局部虚拟化的运作模式。在一般条件下，任何企业的资源相对于整个外部市场来说都是十分有限的。因此，企业总有一些部门的功能受到资源的限制，显得相对弱一些。为此，企业的最佳选择是实现功能的虚拟化，即将企业的弱势功能虚拟化，借助外部已有的力量来改造劣势部门的功能，使之能与企业其他优势部门相配合，避免由某一部门功能的弱化而阻碍企业的正常发展。（3）生产虚拟化。虚拟生产是虚拟经营的重要形式之一，它最初开始于外包加工。它的特点是企业以无形资产为基础，开展产品的设计和销售，生产则外包给生产成本较低的企业。（4）虚拟企业。虚拟企业其实是企业功能虚拟化的拓展，它是企业间的一种联盟方式。企业通过与其他相关企业的合作，各自发挥自身的优势，联合开发新产品并将其快速推向市场，以满足顾客的需求。

（一）旅行社虚拟经营的优越性

1. 拓展企业对资源的利用

现代市场经济下，资源的有限性与市场需求的无限性始终是企业所面临的主要矛盾，旅游企业也是如此。面对旅游者瞬息万变的需求，旅游产品的创新是企业的不断追求。但在知识和信息高速更新的时代，企业所拥有的有限的内部资源显然是杯水车薪，企业必须学会调动外界的一切有利资源，为己所用。虚拟经营的方式旨在突破企业传统的实体界限，充分利用和整合企业的外部资源，实现资源利用的最大化，为企业的市场竞争注入新的活力。

2. 促进旅游产品创新

买方市场的到来，使旅游企业的市场竞争日益激烈。旅游产品作为旅行社经营的出发点，成为旅游市场竞争的关键力量。旅游产品研制的周期越短，创新越快，投入市场越迅速，就越能够吸引消费者的注意力。一个新开发的旅游点，一种新的旅游方式和旅游项目或者一种奇特而新颖的旅游商品，都能够给旅游企业带来巨大的利润。因而，换代迅速而富有特色的旅游产品是市场竞争的佼佼者。旅游企业应付这种挑战，必须具备全面的企业资源，而我国的旅行社企业之中，中小型的企业还是居多，内部资源就很容易发生短缺，虚拟经营的"借势"理念，通过借用外力来达到自己的目的，就可以成为消除企业后顾之忧的有效途径。

3. 应付旅游者日益个性化的旅游需求

旅游需求变化是旅游市场变化的根本动力，是旅行社市场经营的导向。怎样高效利用有限资源，既使旅游者获得完美的旅游经历，满足其不同需求，又使企业获得最佳的经济效益，是众多旅行社企业在经营中不断思考的问题。旅游者日益个性化的旅游需求使个性化服务和产品成为旅游消费发展的必然趋势之一，个性化的旅游产品对旅游企业资源又将是一次严峻的考验。企业根据旅游者特别要求而定制的产品或服务，即所谓的"一对一"的定制化服务将会越来越多地受到旅游者的青睐。而旅游企业的规模再大，硬件软件设施如何齐全，恐怕也将很难同时满足众多消费者的个性化需求。因此，利用虚拟经营，联合其他力量，也为解决这一问题提供了思路。

4. 节约成本、优化配置

说到底，虚拟经营的方式所解决的根本问题还是资源的问题。资源是企业进行运转的基础，资源的匮乏无疑会使企业陷入"巧妇难为无米之炊"的境地。如何进行最优的资源配置，使其发挥最大的功效，是企业提高效率的首要问题。虚拟经营，一方面，可以使企业自身的核心资源得到最大限度的发挥和利用，从而避免造成资源的浪费；另一方面，对外部资源的整合，又可以使更多的资源为我所用，既起到节约成本的作用，又不会出现资源不足。

（二）旅行社的虚拟经营策略

旅行社受到其规模、业务范围的限制，经营方式和重点不尽相同，旅行社的虚拟经营，不应该局限于一个固定的模式中。但无论什么样的旅行社，在实施虚拟经营策略时都应持"强化优势，弥补不足"的理念，才能把握"虚拟"的核心。

1. 旅行社自身核心竞争力的打造

虚拟经营虽然是企业弥补自身不足的有效方式，但"虚拟"也应该是有限度的，一个企业若是将自己所有的功能都以“虚拟”的方式来完成，则企业的独立性必然受到威胁。企业在进行“虚拟经营”时，要避免受制于人的被动局面的发生。保持企业独立性，就必须掌握企业的关键性资源，坚持企业的特色，形成企业的核心竞争力，增加企业的竞争优势。这样一来，虚拟策略的实施既可以有可靠保障，又可以对虚拟伙伴产生吸引力，具备稳定合作的前提。另一方面，无论什么样的企业，受各种因素的制约，企业都不可能在全方位具有优势，盲目的多元化发展，势必削弱企业特色，浪费资源，降低企业的竞争力。在未来的市场竞争中，“大而全”的规模式经营已经逐步转向了“专而精”的优势竞争力的对比。因此，旅游企业在实施虚拟经营策略之前，必须先明确自己的特色和优势，只有通过“舍弱”，才能达到“固强”的目的。

2. 非优势业务的虚拟化

利用外部资源弥补企业资源不足以克服资源匮乏给企业带来的不利影响，是虚拟经营所要解决的主要问题，也是虚拟经营的中心思想。因而，强化核心竞争力的同时对非优势业务进行“虚拟”，是实施“虚拟经营”不可或缺的环节。现阶段，我国旅行社行业中的主要问题是小、散、乱、差，而造成这个问题的原因之一在于旅行社业尚未形成以市场为主导的、不同规模旅行社各司其职的垂直分工体系。从设计、包装旅游线产品到招徕、接待旅游者，再到组织旅游活动，均由一社包揽完成，这样的分工使不同规模的企业都不能发挥自己的长处，对资源造成极大浪费。这种状况下，旅行社就可以通过走批零分离的道路，实施虚拟经营策略。旅行社可以结合自身规模和优势，走大型旅行社集团化、中型旅行社专业化、小型旅行社网络化的道路，达成旅行社行业内的分工和协作。大型旅行社可以把主要的精力投入在开发、设计、包装旅游线路和新项目上，中等规模的旅行社可以结合自身情况做些有特色、体现专长的项目，而那些地域分布较广、规模较小的旅行社就可以作为大旅行社的代理销售网络，帮助其招徕旅游者，自己再兼做一些散客的零售业务。这样，大、中、小不同规模的旅行社就可以发挥专长、弥补不足，形成合理的分工体系，有效利用企业资源。

3. 旅行社的虚拟开发和管理

旅行社进行虚拟开发，可以采用两种方式：一种是直接利用专营企业的人才，参与旅游产品的研制、设计和包装。另一种是以大专院校或专业机构为“虚拟”伙伴，校企联合，对企业内部的智力资源进行开发。通过高校对企业人才的开发和培训，提高旅行社企业人才的知识层次和智力水平，发掘企业人力资源潜能。

旅行社进行虚拟管理，可以通过两种模式：一种是外聘专家组成企业“智囊团”，与企业管理人员一同参与企业的运营，对企业发展趋势作出监测预测和判断，提高企业管理层的水平和效率；另一种是旅行社联合专门从事企业管理的企业管理公司，由这些企业用它们最专业和最优秀的管理人才与管理方式代替企业执行管理职能。

4. 发展网络营销方式

与普通的营销方式相比，网络营销具有更多的优越性。首先，网络营销节省了建设销售渠道的费用，与其他的媒体广告如杂志、电视、报纸等相比，网络广告的价格是最为低廉的。同时，由于成本较低，所以网络销售的商品价格的折扣也会相应多一点。对于非常重视产品价格的消费者，这是很具吸引力的。其次，传统的营销方式讲求 4P 组合：产品、价格、渠道、促销；而网络营销讲求的是 4C 的组合：顾客、成本、方便、沟通。网络营销更注重和顾客的交流，借助电脑媒体，网络将营销活动表现得更加生动、直接和高效，消费者可以自由而直观地对产品进行选择，又可以将个性化的需求及时反馈给企业，加强企业和消费者的沟通。随着网络信息技术和安全保障系统的发展与完善，网络将会以其在咨询、预购和企业内部管理方面的巨大优越性而成为企业经营的重要手段。北京英特信息网络中心与国家旅游局合作开通了“中国旅游全球传真式电话预定系统”建设英特中国预定网络。这一举措，不仅为中国旅行社实施网络营销开创了便利条件，也表明了中国旅游的发展与互联网的关系也将越来越密切。

四、品牌化趋势

旅行社的品牌化就是要通过品牌设计、品牌推广、品牌质量管理、品牌维护和品牌创新等活动，以提高旅游者的满意度、忠诚度和旅行社的知名度、美誉度。

我国旅行社业 20 世纪 90 年代起开始了自己的品牌建设。1994 年 5 月，广州市旅游服务公司在全国旅行社中率先导入企业识别系统（CI）进行品牌策划，公司当年利润较上年增长 41%，媒体称之为“广之旅效应”，争相报道。在十余年的品牌经营中，我国旅行社已经出现了一批具有生命力的知名品牌，如广之旅、国旅、中旅、青旅、康辉、招商、春秋等，在旅游市场上初步树立了自己的品牌形象。但整体而言，相对于其他产业，旅行社业品牌意识的觉醒晚，品牌建设方面与市场的要求、人们的期待都相距甚远。因而，我国旅行社业要克服恶性竞争的顽症，走上良性发展的道路，就必须从战略的角度重视品牌经营。

（一）我国旅行社品牌经营中存在的问题

1. 品牌意识成为整个行业的主流意识尚需时日

在全国纳入统计范围的上万家旅行社中，排名前 100 位的百强旅行社，基本占有着行业销售收入、净利润的 90%，而其余的 2 万多家只占 10%的行业利润。绝大部分中小旅行社处于微利状态，品牌意识淡薄。依赖拉关系、复制他人的产品、恶性价格竞争等在业内仍较为普遍，这也是相当一部分旅行社的生存之道。

这对我国旅行社应对旅行社业市场的开放带来的挑战极为不利。

2. 对品牌经营缺乏系统研究，没有制定科学合理的品牌建设规划

品牌经营是企业竞争继单纯的产品竞争、价格竞争、技术竞争、服务竞争之后的高级阶段，是多种手段的综合，贯穿于整个企业之中，形成企业文化的核心，是一项系统工程。我国有形产品优秀品牌的塑造与成功运作的案例很多，但优秀的服务品牌却不多，这与服务企业对品牌的重视、研究、规划不够是分不开的。

3. 品牌经营重点不明

对无形的服务来说，企业品牌是首要的。消费者在购买旅游产品的时候，更多的是关注旅行社的品牌及其口碑。因为良好的品牌和口碑对于消费者而言是服务品质的保证。因此旅行社品牌经营的重点应是企业品牌，着力打造企业品牌而非产品品牌。国内很多旅行社不明白其中的内情，浪费了大量的人力、物力和财力。

4. 品牌集中度低，品牌扩张后品牌管理跟不上

由于地方和部门的保护，我国旅行社业内还没有真正形成全国统一的市场。成熟市场经济国家的旅行社规模扩张的手段如特许经营、设立非法人分社、资产并购等在我国要么处在探索阶段，要么受到法律或政策的限制，要么受到地方保护主义的限制。国内许多行政主管部门为了保护当地旅游企业，总是拒绝外地大型旅行社的进入。而一些大型旅行社在实施规模化、网络化经营战略过程中，由于所选择的战略方向不同，品牌扩张后管理没有跟上，给知名品牌带来风险，甚至使品牌资产缩水。

（二）旅行社实施品牌化经营的策略

1. 实行品牌化经营，企业品牌的创建比产品品牌更重要

旅行社产品品牌与旅行社企业品牌是一个整体，因为旅行社是创建品牌的主体之一并独立地、排他地经营该项品牌。旅行社品牌不只包含某一个旅游线路，而且涵盖旅行社的主要产品系列。旅行社可以用其企业品牌代替产品品牌，在统一的企业品牌框架内涵盖其经营的各种产品，形成“旅行社企业品牌+旅行社产品大类”这样一种综合性的品牌。通过这种方式还可以解决旅行社产品商标注册难的问题，因为通过注册旅行社企业就自然注册了旅行社产品。所以说旅行社企业品牌的创建非常重要，因为对旅游者来说，他会根据自己的需求、期望以及产品的价格、方便程度和品牌等因素选择自己中意的旅行社，会因旅行社的良好声誉而参加其组织的不同系列或不同类型的旅游活动。旅行社也可以运用其知名度和衍生功能不断开发新产品、新客源，实现横向代理的网络经营乃至纵向控股的连锁经营。

2. 实行品牌化经营，赋予品牌独特的内涵

品牌是靠企业自己创造和发展的。因为品牌会使消费者对旅行社及其产品产生联想，所以品牌可以被看作是旅行社对自身形象高度浓缩后加以精心设计再尽情发挥市场功能的标志物。正因如此，旅行社品牌的确立要综合考虑市场竞争、旅游者需求、旅行社的内部条件方面的因素。通过这三个方面的综合分析，科学地确定旅行社的品牌内涵，不断加强对品牌内涵的管理，通过不同的传播渠道将创造出来的品牌内涵传递给旅游者，使旅游者认识、认同，并最终建立起对旅行社及其产品的品牌忠诚。

3. 实行品牌经营，旅行社应重视提供与品牌形象相称的优质服务

品牌是依靠长期稳定的质量建立起来的。在旅游者看来，好的品牌就代表好的质量，为此，他们愿意支付一定的溢价。因此，旅行社品牌最终的依托是产品的内在质量，优质优价、批量优势成为品牌产品的生命。知识与人才的集聚程度、更新程度左右着品牌旅行社的兴衰，而客户和旅游者的满意度与再访率决定相关品牌竞争的存亡。因此，旅行社应重视提供与品牌形象相称的优质服务，以塑造优秀的内在品质为核心，确保每一位旅游者有最满意的旅游经历。要针对消费者需求多样化、个性化的特征来细分市场，并通过设计独具个性而又丰富多彩的旅游线路来占据市场。在目标市场上树立自己的品牌形象，以期不断提高旅行社品牌的资本含量。

4. 实行品牌化经营，旅行社应进行规范有序的管理

品牌塑造不可能一蹴而就，它有待于在质量和后续服务支撑下的反复宣传以及坚持数年的积累，因而旅行社需要保障经营战略的连续性，通过规范有序的管理，对品牌形象由内而外地进行长期不懈的创造、维持、保护和扩展。在充分了解旅游市场的基础上，制定品牌营销策略、强化品牌推销意识、实施全过程的品牌管理，以产品开发、广告促销、形象公关等手段，向消费者传递他们所关注的功能性利益和情感性利益，以此确立与众不同的品牌形象。旅行社经营管理人员要前后一致地、始终如一地展示品牌的名称、标识语、颜色、制服、设备等。旅行社在旅游者心目中的形象越统一，品牌地位就越强。

5. 实行品牌化经营，旅行社可以通过品牌输出战略实现品牌的规模化

品牌输出是旅行社低成本、高效率进行经营网络扩张的手法。操作方式是具有品牌优势的大旅行社对那些有一定客源但没有品牌或品牌影响力弱小的旅行社实施品牌、资金、人才的输出，以达到优势互补、利益均沾的效果。旅行社依靠自身品牌优势积极实施品牌输出战略，可以在短时期内实现品牌的规模化、网络化，而加盟旅行社在那些大旅行社强大的品牌支撑下也可以迅速壮大。但是由于这种战略操作复杂、运营成本太高，一般旅行社难以大规模开展。

6. 实行品牌化经营，旅行社应注重塑造品牌的核心价值

综合分析目前我国旅行社的品牌建设，不难看出它们的品牌塑造主要是围绕提供高质量的产品展开，对于品牌核心价值的塑造还没真正开始。品牌核心价值是品牌资产的主体部分，它让消费者明确、清晰地识别并记住品牌的利益点与个性，是驱动消费者认同、喜欢乃至爱上一个品牌的主要力量。它具有两点特征：第一，核心性。沃尔沃的核心价值是“安全”，宝马的核心价值是“驾驶的乐趣”，海尔的核心价值是“真诚”。第二，消费者认可、喜爱建立忠诚和美誉才是品牌成果的最大标准。所以核心价值绝对有别于企业目标和企业定位，它需要从消费者角度出发，考虑最多的是能满足消费者的哪些需求。

打造旅行社品牌的核心价值应从消费者的需求出发寻找到企业的核心价值点，接着从营销和管理两方面着手进行。在营销方面，应进行市场定位并围绕其进行营销策划，包括确定市场细分，找到目标群体；形成品牌个性的外在表现形式；依据自身条件建立销售渠道等。在管理方面，旅行社应围绕自己企业的文化挖掘、传播自己的故事，这同样是塑造品牌个性打造自己品牌核心价值的重要手段。

思考与练习

1. 根据你对旅行社的了解，谈谈目前我国旅行电子商务应用情况及推进策略。

2. 根据你对旅行社的了解，谈谈目前我国旅行社在体制改革方面遇到的难题，分析其原因，并提出可行的解决思路。

3. 试比较我国大型旅行社与中小型旅行社面临的问题有何不同？

4. 简述发达国家旅行社业的发展现状与主要趋势。

5. 我国旅行社业未来发展的主要趋势是什么？

6. 除了文中提到的四大发展趋势外，你还知道哪些旅行社发展的新动向？

附　录：中华人民共和国旅游法

（2013 年 4 月 25 日第十二届全国人民代表大会常务委员会第二次会议通过）

目录

第一章　总则

第一条　为保障旅游者和旅游经营者的合法权益，规范旅游市场秩序，保护和合理利用旅游资源，促进旅游业持续健康发展，制定本法。

第二条　在中华人民共和国境内的和在中华人民共和国境内组织到境外的游览、度假、休闲等形式的旅游活动以及为旅游活动提供相关服务的经营活动，适用本法。

第三条　国家发展旅游事业，完善旅游公共服务，依法保护旅游者在旅游活动中的权利。

第四条　旅游业发展应当遵循社会效益、经济效益和生态效益相统一的原则。国家鼓励各类市场主体在有效保护旅游资源的前提下，依法合理利用旅游资源。利用公共资源建设的游览场所应当体现公益性质。

第五条　国家倡导健康、文明、环保的旅游方式，支持和鼓励各类社会机构开展旅游公益宣传，对促进旅游业发展做出突出贡献的单位和个人给予奖励。

第六条　国家建立健全旅游服务标准和市场规则，禁止行业垄断和地区垄断。旅游经营者应当诚信经营，公平竞争，承担社会责任，为旅游者提供安全、健康、卫生、方便的旅游服务。

第七条　国务院建立健全旅游综合协调机制，对旅游业发展进行综合协调。

县级以上地方人民政府应当加强对旅游工作的组织和领导，明确相关部门或者机构，对本行政区域的旅游业发展和监督管理进行统筹协调。

第八条　依法成立的旅游行业组织，实行自律管理。

第二章　旅游者

第九条　旅游者有权自主选择旅游产品和服务，有权拒绝旅游经营者的强制交易行为。

旅游者有权知悉其购买的旅游产品和服务的真实情况。

旅游者有权要求旅游经营者按照约定提供产品和服务。

第十条　旅游者的人格尊严、民族风俗习惯和宗教信仰应当得到尊重。

第十一条　残疾人、老年人、未成年人等旅游者在旅游活动中依照法律、法规和有关规定享受便利和优惠。

第十二条　旅游者在人身、财产安全遇有危险时，有请求救助和保护的权利。

旅游者人身、财产受到侵害的，有依法获得赔偿的权利。

第十三条　旅游者在旅游活动中应当遵守社会公共秩序和社会公德，尊重当地的风俗习惯、文化传统和宗教信仰，爱护旅游资源，保护生态环境，遵守旅游文明行为规范。

第十四条　旅游者在旅游活动中或者在解决纠纷时，不得损害当地居民的合法权益，不得干扰他人的旅游活动，不得损害旅游经营者和旅游从业人员的合法权益。

第十五条　旅游者购买、接受旅游服务时，应当向旅游经营者如实告知与旅游活动相关的个人健康信息，遵守旅游活动中的安全警示规定。

旅游者对国家应对重大突发事件暂时限制旅游活动的措施以及有关部门、机构或者旅游经营者采取的安全防范和应急处置措施，应当予以配合。

旅游者违反安全警示规定，或者对国家应对重大突发事件暂时限制旅游活动的措施、安全防范和应急处置措施不予配合的，依法承担相应责任。

第十六条 出境旅游者不得在境外非法滞留，随团出境的旅游者不得擅自分团、脱团。

入境旅游者不得在境内非法滞留，随团入境的旅游者不得擅自分团、脱团。

第三章 旅游规划和促进

第十七条 国务院和县级以上地方人民政府应当将旅游业发展纳入国民经济和社会发展规划。

国务院和省、自治区、直辖市人民政府以及旅游资源丰富的设区的市和县级人民政府，应当按照国民经济和社会发展规划的要求，组织编制旅游发展规划。对跨行政区域且适宜进行整体利用的旅游资源进行利用时，应当由上级人民政府组织编制或者由相关地方人民政府协商编制统一的旅游发展规划。

第十八条 旅游发展规划应当包括旅游业发展的总体要求和发展目标，旅游资源保护和利用的要求和措施，以及旅游产品开发、旅游服务质量提升、旅游文化建设、旅游形象推广、旅游基础设施和公共服务设施建设的要求和促进措施等内容。

根据旅游发展规划，县级以上地方人民政府可以编制重点旅游资源开发利用的专项规划，对特定区域内的旅游项目、设施和服务功能配套提出专门要求。

第十九条 旅游发展规划应当与土地利用总体规划、城乡规划、环境保护规划以及其他自然资源和文物等人文资源的保护和利用规划相衔接。

第二十条 各级人民政府编制土地利用总体规划、城乡规划，应当充分考虑相关旅游项目、设施的空间布局和建设用地要求。规划和建设交通、通信、供水、供电、环保等基础设施和公共服务设施，应当兼顾旅游业发展的需要。

第二十一条 对自然资源和文物等人文资源进行旅游利用，必须严格遵守有关法律、法规的规定，符合资源、生态保护和文物安全的要求，尊重和维护当地传统文化和习俗，维护资源的区域整体性、文化代表性和地域特殊性，并考虑军事设施保护的需要。有关主管部门应当加强对资源保护和旅游利用状况的监督检查。

第二十二条 各级人民政府应当组织对本级政府编制的旅游发展规划的执行情况进行评估，并向社会公布。

第二十三条 国务院和县级以上地方人民政府应当制定并组织实施有利于旅游业持续健康发展的产业政策，推进旅游休闲体系建设，采取措施推动区域旅游合作，鼓励跨区域旅游线路和产品开发，促进旅游与工业、农业、商业、文化、卫生、体育、科教等领域的融合，扶持少数民族地区、革命老区、边远地区和贫困地区旅游业发展。

第二十四条　国务院和县级以上地方人民政府应当根据实际情况安排资金，加强旅游基础设施建设、旅游公共服务和旅游形象推广。

第二十五条　国家制定并实施旅游形象推广战略。国务院旅游主管部门统筹组织国家旅游形象的境外推广工作，建立旅游形象推广机构和网络，开展旅游国际合作与交流。

县级以上地方人民政府统筹组织本地的旅游形象推广工作。

第二十六条　国务院旅游主管部门和县级以上地方人民政府应当根据需要建立旅游公共信息和咨询平台，无偿向旅游者提供旅游景区、线路、交通、气象、住宿、安全、医疗急救等必要信息和咨询服务。设区的市和县级人民政府有关部门应当根据需要在交通枢纽、商业中心和旅游者集中场所设置旅游咨询中心，在景区和通往主要景区的道路设置旅游指示标识。

旅游资源丰富的设区的市和县级人民政府可以根据本地的实际情况，建立旅游客运专线或者游客中转站，为旅游者在城市及周边旅游提供服务。

第二十七条　国家鼓励和支持发展旅游职业教育和培训，提高旅游从业人员素质。

第四章　旅游经营

第二十八条　设立旅行社，招徕、组织、接待旅游者，为其提供旅游服务，应当具备下列条件，取得旅游主管部门的许可，依法办理工商登记：

（一）有固定的经营场所；

（二）有必要的营业设施；

（三）有符合规定的注册资本；

（四）有必要的经营管理人员和导游；

（五）法律、行政法规规定的其他条件。

第二十九条　旅行社可以经营下列业务：

（一）境内旅游；

（二）出境旅游；

（三）边境旅游；

（四）入境旅游；

（五）其他旅游业务。

旅行社经营前款第二项和第三项业务，应当取得相应的业务经营许可，具体条件由国务院规定。

第三十条　旅行社不得出租、出借旅行社业务经营许可证，或者以其他形式非法转让旅行社业务经营许可。

第三十一条　旅行社应当按照规定交纳旅游服务质量保证金，用于旅游者权益损害赔偿和垫付旅游者人身安全遇有危险时紧急救助的费用。

第三十二条　旅行社为招徕、组织旅游者发布信息，必须真实、准确，不得进行虚假宣传，误导旅游者。

第三十三条　旅行社及其从业人员组织、接待旅游者，不得安排参观或者参与违反我国法律、法规和社会公德的项目或者活动。

第三十四条　旅行社组织旅游活动应当向合格的供应商订购产品和服务。

第三十五条　旅行社不得以不合理的低价组织旅游活动，诱骗旅游者，并通过安排购物或者另行付费旅游项目获取回扣等不正当利益。

旅行社组织、接待旅游者，不得指定具体购物场所，不得安排另行付费旅游项目。但是，经双方协商一致或者旅游者要求，且不影响其他旅游者行程安排的除外。

发生违反前两款规定情形的，旅游者有权在旅游行程结束后三十日内，要求旅行社为其办理退货并先行垫付退货货款，或者退还另行付费旅游项目的费用。

第三十六条　旅行社组织团队出境旅游或者组织、接待团队入境旅游，应当按照规定安排领队或者导游全程陪同。

第三十七条　参加导游资格考试成绩合格，与旅行社订立劳动合同或者在相关旅游行业组织注册的人员，可以申请取得导游证。

第三十八条　旅行社应当与其聘用的导游依法订立劳动合同，支付劳动报酬，缴纳社会保险费用。

旅行社临时聘用导游为旅游者提供服务的，应当全额向导游支付本法第六十条第三款规定的导游服务费用。

旅行社安排导游为团队旅游提供服务的，不得要求导游垫付或者向导游收取任何费用。

第三十九条　取得导游证，具有相应的学历、语言能力和旅游从业经历，并与旅行社订立劳动合同的人员，可以申请取得领队证。

第四十条　导游和领队为旅游者提供服务必须接受旅行社委派，不得私自承揽导游和领队业务。

第四十一条　导游和领队从事业务活动，应当佩戴导游证、领队证，遵守职业道德，尊重旅游者的风俗习惯和宗教信仰，应当向旅游者告知和解释旅游文明行为规范，引导旅游者健康、文明旅游，劝阻旅游者违反社会公德的行为。

导游和领队应当严格执行旅游行程安排，不得擅自变更旅游行程或者中止服务活动，不得向旅游者索取小费，不得诱导、欺骗、强迫或者变相强迫旅游者购物或者参加另行付费旅游项目。

第四十二条　景区开放应当具备下列条件，并听取旅游主管部门的意见：

（一）有必要的旅游配套服务和辅助设施；

（二）有必要的安全设施及制度，经过安全风险评估，满足安全条件；

（三）有必要的环境保护设施和生态保护措施；

（四）法律、行政法规规定的其他条件。

第四十三条　利用公共资源建设的景区的门票以及景区内的游览场所、交通工具等另行收费项目，实行政府定价或者政府指导价，严格控制价格上涨。拟收费或者提高价格的，应当举行听证会，征求旅游者、经营者和有关方面的意见，论证其必要性、可行性。

利用公共资源建设的景区，不得通过增加另行收费项目等方式变相涨价；另行收费项目已收回投资成本的，应当相应降低价格或者取消收费。

公益性的城市公园、博物馆、纪念馆等，除重点文物保护单位和珍贵文物收藏单位外，应当逐步免费开放。

第四十四条　景区应当在醒目位置公示门票价格、另行收费项目的价格及团体收费价格。景区提高门票价格应当提前六个月公布。

将不同景区的门票或者同一景区内不同游览场所的门票合并出售的，合并后的价格不得高于各单项门票的价格之和，且旅游者有权选择购买其中的单项票。

景区内的核心游览项目因故暂停向旅游者开放或者停止提供服务的，应当公示并相应减少收费。

第四十五条　景区接待旅游者不得超过景区主管部门核定的最大承载量。景区应当公布景区主管部门核定的最大承载量，制定和实施旅游者流量控制方案，并可以采取门票预约等方式，对景区接待旅游者的数量进行控制。

旅游者数量可能达到最大承载量时，景区应当提前公告并同时向当地人民政府报告，景区和当地人民政府应当及时采取疏导、分流等措施。

第四十六条　城镇和乡村居民利用自有住宅或者其他条件依法从事旅游经营，其管理办法由省、自治区、直辖市制定。

第四十七条　经营高空、高速、水上、潜水、探险等高风险旅游项目，应当按照国家有关规定取得经营许可。

第四十八条　通过网络经营旅行社业务的，应当依法取得旅行社业务经营许可，并在其网站主页的显著位置标明其业务经营许可证信息。

发布旅游经营信息的网站，应当保证其信息真实、准确。

第四十九条　为旅游者提供交通、住宿、餐饮、娱乐等服务的经营者，应当符合法律、法规规定的要求，按照合同约定履行义务。

第五十条　旅游经营者应当保证其提供的商品和服务符合保障人身、财产安全的要求。

旅游经营者取得相关质量标准等级的，其设施和服务不得低于相应标准；未取得质量标准等级的，不得使用相关质量等级的称谓和标识。

第五十一条　旅游经营者销售、购买商品或者服务，不得给予或者收受贿赂。

第五十二条　旅游经营者对其在经营活动中知悉的旅游者个人信息，应当予以保密。

第五十三条　从事道路旅游客运的经营者应当遵守道路客运安全管理的各项制度，并在车辆显著位置明示道路旅游客运专用标识，在车厢内显著位置公示经营者和驾驶人信息、道路运输管理机构监督电话等事项。

第五十四条　景区、住宿经营者将其部分经营项目或者场地交由他人从事住宿、餐饮、购物、游览、娱乐、旅游交通等经营的，应当对实际经营者的经营行为给旅游者造成的损害承担连带责任。

第五十五条　旅游经营者组织、接待出入境旅游，发现旅游者从事违法活动或者有违反本法第十六条规定情形的，应当及时向公安机关、旅游主管部门或者我国驻外机构报告。

第五十六条　国家根据旅游活动的风险程度，对旅行社、住宿、旅游交通以及本法第四十七条规定的高风险旅游项目等经营者实施责任保险制度。

第五章　旅游服务合同

第五十七条　旅行社组织和安排旅游活动，应当与旅游者订立合同。

第五十八条　包价旅游合同应当采用书面形式，包括下列内容：

（一）旅行社、旅游者的基本信息；

（二）旅游行程安排；

（三）旅游团成团的最低人数；

（四）交通、住宿、餐饮等旅游服务安排和标准；

（五）游览、娱乐等项目的具体内容和时间；

（六）自由活动时间安排；

（七）旅游费用及其交纳的期限和方式；

（八）违约责任和解决纠纷的方式；

（九）法律、法规规定和双方约定的其他事项。

订立包价旅游合同时，旅行社应当向旅游者详细说明前款第二项至第八项所载内容。

第五十九条　旅行社应当在旅游行程开始前向旅游者提供旅游行程单。旅游行程单是包价旅游合同的组成部分。

第六十条　旅行社委托其他旅行社代理销售包价旅游产品并与旅游者订立

包价旅游合同的，应当在包价旅游合同中载明委托社和代理社的基本信息。

旅行社依照本法规定将包价旅游合同中的接待业务委托给地接社履行的，应当在包价旅游合同中载明地接社的基本信息。

安排导游为旅游者提供服务的，应当在包价旅游合同中载明导游服务费用。

第六十一条　旅行社应当提示参加团队旅游的旅游者按照规定投保人身意外伤害保险。

第六十二条　订立包价旅游合同时，旅行社应当向旅游者告知下列事项：

（一）旅游者不适合参加旅游活动的情形；

（二）旅游活动中的安全注意事项；

（三）旅行社依法可以减免责任的信息；

（四）旅游者应当注意的旅游目的地相关法律、法规和风俗习惯、宗教禁忌，依照中国法律不宜参加的活动等；

（五）法律、法规规定的其他应当告知的事项。

在包价旅游合同履行中，遇有前款规定事项的，旅行社也应当告知旅游者。

第六十三条　旅行社招徕旅游者组团旅游，因未达到约定人数不能出团的，组团社可以解除合同。但是，境内旅游应当至少提前七日通知旅游者，出境旅游应当至少提前三十日通知旅游者。

因未达到约定人数不能出团的，组团社经征得旅游者书面同意，可以委托其他旅行社履行合同。组团社对旅游者承担责任，受委托的旅行社对组团社承担责任。旅游者不同意的，可以解除合同。

因未达到约定的成团人数解除合同的，组团社应当向旅游者退还已收取的全部费用。

第六十四条　旅游行程开始前，旅游者可以将包价旅游合同中自身的权利义务转让给第三人，旅行社没有正当理由的不得拒绝，因此增加的费用由旅游者和第三人承担。

第六十五条　旅游行程结束前，旅游者解除合同的，组团社应当在扣除必要的费用后，将余款退还旅游者。

第六十六条　旅游者有下列情形之一的，旅行社可以解除合同：

（一）患有传染病等疾病，可能危害其他旅游者健康和安全的；

（二）携带危害公共安全的物品且不同意交有关部门处理的；

（三）从事违法或者违反社会公德的活动的；

（四）从事严重影响其他旅游者权益的活动，且不听劝阻、不能制止的；

（五）法律规定的其他情形。

因前款规定情形解除合同的，组团社应当在扣除必要的费用后，将余款退还旅游者；给旅行社造成损失的，旅游者应当依法承担赔偿责任。

第六十七条　因不可抗力或者旅行社、履行辅助人已尽合理注意义务仍不能避免的事件，影响旅游行程的，按照下列情形处理：

（一）合同不能继续履行的，旅行社和旅游者均可以解除合同。合同不能完全履行的，旅行社经向旅游者作出说明，可以在合理范围内变更合同；旅游者不同意变更的，可以解除合同。

（二）合同解除的，组团社应当在扣除已向地接社或者履行辅助人支付且不可退还的费用后，将余款退还旅游者；合同变更的，因此增加的费用由旅游者承担，减少的费用退还旅游者。

（三）危及旅游者人身、财产安全的，旅行社应当采取相应的安全措施，因此支出的费用，由旅行社与旅游者分担。

（四）造成旅游者滞留的，旅行社应当采取相应的安置措施。因此增加的食宿费用，由旅游者承担；增加的返程费用，由旅行社与旅游者分担。

第六十八条　旅游行程中解除合同的，旅行社应当协助旅游者返回出发地或者旅游者指定的合理地点。由于旅行社或者履行辅助人的原因导致合同解除的，返程费用由旅行社承担。

第六十九条　旅行社应当按照包价旅游合同的约定履行义务，不得擅自变更旅游行程安排。

经旅游者同意，旅行社将包价旅游合同中的接待业务委托给其他具有相应资质的地接社履行的，应当与地接社订立书面委托合同，约定双方的权利和义务，向地接社提供与旅游者订立的包价旅游合同的副本，并向地接社支付不低于接待和服务成本的费用。地接社应当按照包价旅游合同和委托合同提供服务。

第七十条　旅行社不履行包价旅游合同义务或者履行合同义务不符合约定的，应当依法承担继续履行、采取补救措施或者赔偿损失等违约责任；造成旅游者人身损害、财产损失的，应当依法承担赔偿责任。旅行社具备履行条件，经旅游者要求仍拒绝履行合同，造成旅游者人身损害、滞留等严重后果的，旅游者还可以要求旅行社支付旅游费用一倍以上三倍以下的赔偿金。

由于旅游者自身原因导致包价旅游合同不能履行或者不能按照约定履行，或者造成旅游者人身损害、财产损失的，旅行社不承担责任。

在旅游者自行安排活动期间，旅行社未尽到安全提示、救助义务的，应当对旅游者的人身损害、财产损失承担相应责任。

第七十一条　由于地接社、履行辅助人的原因导致违约的，由组团社承担责任；组团社承担责任后可以向地接社、履行辅助人追偿。

由于地接社、履行辅助人的原因造成旅游者人身损害、财产损失的，旅游者可以要求地接社、履行辅助人承担赔偿责任，也可以要求组团社承担赔偿责任；组团社承担责任后可以向地接社、履行辅助人追偿。但是，由于公共交通经营者的原因造成旅游者人身损害、财产损失的，由公共交通经营者依法承担赔偿责任，旅行社应当协助旅游者向公共交通经营者索赔。

第七十二条　旅游者在旅游活动中或者在解决纠纷时，损害旅行社、履行辅助人、旅游从业人员或者其他旅游者的合法权益的，依法承担赔偿责任。

第七十三条　旅行社根据旅游者的具体要求安排旅游行程，与旅游者订立包价旅游合同的，旅游者请求变更旅游行程安排，因此增加的费用由旅游者承担，减少的费用退还旅游者。

第七十四条　旅行社接受旅游者的委托，为其代订交通、住宿、餐饮、游览、娱乐等旅游服务，收取代办费用的，应当亲自处理委托事务。因旅行社的过错给旅游者造成损失的，旅行社应当承担赔偿责任。

旅行社接受旅游者的委托，为其提供旅游行程设计、旅游信息咨询等服务的，应当保证设计合理、可行，信息及时、准确。

第七十五条　住宿经营者应当按照旅游服务合同的约定为团队旅游者提供住宿服务。住宿经营者未能按照旅游服务合同提供服务的，应当为旅游者提供不低于原定标准的住宿服务，因此增加的费用由住宿经营者承担；但由于不可抗力、政府因公共利益需要采取措施造成不能提供服务的，住宿经营者应当协助安排旅游者住宿。

第六章　旅游安全

第七十六条　县级以上人民政府统一负责旅游安全工作。县级以上人民政府有关部门依照法律、法规履行旅游安全监管职责。

第七十七条　国家建立旅游目的地安全风险提示制度。旅游目的地安全风险提示的级别划分和实施程序，由国务院旅游主管部门会同有关部门制定。

县级以上人民政府及其有关部门应当将旅游安全作为突发事件监测和评估的重要内容。

第七十八条　县级以上人民政府应当依法将旅游应急管理纳入政府应急管理体系，制定应急预案，建立旅游突发事件应对机制。

突发事件发生后，当地人民政府及其有关部门和机构应当采取措施开展救援，并协助旅游者返回出发地或者旅游者指定的合理地点。

第七十九条　旅游经营者应当严格执行安全生产管理和消防安全管理的法律、法规和国家标准、行业标准，具备相应的安全生产条件，制定旅游者安全保护制度和应急预案。

旅游经营者应当对直接为旅游者提供服务的从业人员开展经常性应急救助

技能培训，对提供的产品和服务进行安全检验、监测和评估，采取必要措施防止危害发生。

旅游经营者组织、接待老年人、未成年人、残疾人等旅游者，应当采取相应的安全保障措施。

第八十条　旅游经营者应当就旅游活动中的下列事项，以明示的方式事先向旅游者作出说明或者警示：

（一）正确使用相关设施、设备的方法；

（二）必要的安全防范和应急措施；

（三）未向旅游者开放的经营、服务场所和设施、设备；

（四）不适宜参加相关活动的群体；

（五）可能危及旅游者人身、财产安全的其他情形。

第八十一条　突发事件或者旅游安全事故发生后，旅游经营者应当立即采取必要的救助和处置措施，依法履行报告义务，并对旅游者作出妥善安排。

第八十二条　旅游者在人身、财产安全遇有危险时，有权请求旅游经营者、当地政府和相关机构进行及时救助。

中国出境旅游者在境外陷于困境时，有权请求我国驻当地机构在其职责范围内给予协助和保护。

旅游者接受相关组织或者机构的救助后，应当支付应由个人承担的费用。

第七章　旅游监督管理

第八十三条　县级以上人民政府旅游主管部门和有关部门依照本法和有关法律、法规的规定，在各自职责范围内对旅游市场实施监督管理。

县级以上人民政府应当组织旅游主管部门、有关主管部门和工商行政管理、产品质量监督、交通等执法部门对相关旅游经营行为实施监督检查。

第八十四条　旅游主管部门履行监督管理职责，不得违反法律、行政法规的规定向监督管理对象收取费用。

旅游主管部门及其工作人员不得参与任何形式的旅游经营活动。

第八十五条　县级以上人民政府旅游主管部门有权对下列事项实施监督检查：

（一）经营旅行社业务以及从事导游、领队服务是否取得经营、执业许可；

（二）旅行社的经营行为；

（三）导游和领队等旅游从业人员的服务行为；

（四）法律、法规规定的其他事项。

旅游主管部门依照前款规定实施监督检查，可以对涉嫌违法的合同、票据、账簿以及其他资料进行查阅、复制。

第八十六条　旅游主管部门和有关部门依法实施监督检查，其监督检查人员不得少于二人，并应当出示合法证件。监督检查人员少于二人或者未出示合法证件的，被检查单位和个人有权拒绝。

监督检查人员对在监督检查中知悉的被检查单位的商业秘密和个人信息应当依法保密。

第八十七条　对依法实施的监督检查，有关单位和个人应当配合，如实说明情况并提供文件、资料，不得拒绝、阻碍和隐瞒。

第八十八条　县级以上人民政府旅游主管部门和有关部门，在履行监督检查职责中或者在处理举报、投诉时，发现违反本法规定行为的，应当依法及时作出处理；对不属于本部门职责范围的事项，应当及时书面通知并移交有关部门查处。

第八十九条　县级以上地方人民政府建立旅游违法行为查处信息的共享机制，对需要跨部门、跨地区联合查处的违法行为，应当进行督办。

旅游主管部门和有关部门应当按照各自职责，及时向社会公布监督检查的情况。

第九十条　依法成立的旅游行业组织依照法律、行政法规和章程的规定，制定行业经营规范和服务标准，对其会员的经营行为和服务质量进行自律管理，组织开展职业道德教育和业务培训，提高从业人员素质。

第八章　旅游纠纷处理

第九十一条　县级以上人民政府应当指定或者设立统一的旅游投诉受理机构。受理机构接到投诉，应当及时进行处理或者移交有关部门处理，并告知投诉者。

第九十二条　旅游者与旅游经营者发生纠纷，可以通过下列途径解决：

（一）双方协商；

（二）向消费者协会、旅游投诉受理机构或者有关调解组织申请调解；

（三）根据与旅游经营者达成的仲裁协议提请仲裁机构仲裁；

（四）向人民法院提起诉讼。

第九十三条　消费者协会、旅游投诉受理机构和有关调解组织在双方自愿的基础上，依法对旅游者与旅游经营者之间的纠纷进行调解。

第九十四条　旅游者与旅游经营者发生纠纷，旅游者一方人数众多并有共同请求的，可以推选代表人参加协商、调解、仲裁、诉讼活动。

第九章　法律责任

第九十五条　违反本法规定，未经许可经营旅行社业务的，由旅游主管部门或者工商行政管理部门责令改正，没收违法所得，并处一万元以上十万元以下罚款；违法所得十万元以上的，并处违法所得一倍以上五倍以下罚款；对有关责任人员，处二千元以上二万元以下罚款。

旅行社违反本法规定，未经许可经营本法第二十九条第一款第二项、第三项业务，或者出租、出借旅行社业务经营许可证，或者以其他方式非法转让旅行社业务经营许可的，除依照前款规定处罚外，并责令停业整顿；情节严重的，吊销旅行社业务经营许可证；对直接负责的主管人员，处二千元以上二万元以下罚款。

第九十六条　旅行社违反本法规定，有下列行为之一的，由旅游主管部门责令改正，没收违法所得，并处五千元以上五万元以下罚款；情节严重的，责令停业整顿或者吊销旅行社业务经营许可证；对直接负责的主管人员和其他直接责任人员，处二千元以上二万元以下罚款：

（一）未按照规定为出境或者入境团队旅游安排领队或者导游全程陪同的；

（二）安排未取得导游证或者领队证的人员提供导游或者领队服务的；

（三）未向临时聘用的导游支付导游服务费用的；

（四）要求导游垫付或者向导游收取费用的。

第九十七条　旅行社违反本法规定，有下列行为之一的，由旅游主管部门或者有关部门责令改正，没收违法所得，并处五千元以上五万元以下罚款；违法所得五万元以上的，并处违法所得一倍以上五倍以下罚款；情节严重的，责令停业整顿或者吊销旅行社业务经营许可证；对直接负责的主管人员和其他直接责任人员，处二千元以上二万元以下罚款：

（一）进行虚假宣传，误导旅游者的；

（二）向不合格的供应商订购产品和服务的；

（三）未按照规定投保旅行社责任保险的。

第九十八条　旅行社违反本法第三十五条规定的，由旅游主管部门责令改正，没收违法所得，责令停业整顿，并处三万元以上三十万元以下罚款；违法所得三十万元以上的，并处违法所得一倍以上五倍以下罚款；情节严重的，吊销旅行社业务经营许可证；对直接负责的主管人员和其他直接责任人员，没收违法所得，处二千元以上二万元以下罚款，并暂扣或者吊销导游证、领队证。

第九十九条　旅行社未履行本法第五十五条规定的报告义务的，由旅游主管部门处五千元以上五万元以下罚款；情节严重的，责令停业整顿或者吊销旅行社业务经营许可证；对直接负责的主管人员和其他直接责任人员，处二千元以上二万元以下罚款，并暂扣或者吊销导游证、领队证。

第一百条　旅行社违反本法规定，有下列行为之一的，由旅游主管部门责令改正，处三万元以上三十万元以下罚款，并责令停业整顿；造成旅游者滞留等严重后果的，吊销旅行社业务经营许可证；对直接负责的主管人员和其他直接责任人员，处二千元以上二万元以下罚款，并暂扣或者吊销导游证、领队证：

（一）在旅游行程中擅自变更旅游行程安排，严重损害旅游者权益的；

（二）拒绝履行合同的；

（三）未征得旅游者书面同意，委托其他旅行社履行包价旅游合同的。

第一百零一条　旅行社违反本法规定，安排旅游者参观或者参与违反我国法律、法规和社会公德的项目或者活动的，由旅游主管部门责令改正，没收违法所得，责令停业整顿，并处二万元以上二十万元以下罚款；情节严重的，吊销旅行社业务经营许可证；对直接负责的主管人员和其他直接责任人员，处二千元以上二万元以下罚款，并暂扣或者吊销导游证、领队证。

第一百零二条　违反本法规定，未取得导游证或者领队证从事导游、领队活动的，由旅游主管部门责令改正，没收违法所得，并处一千元以上一万元以下罚款，予以公告。

导游、领队违反本法规定，私自承揽业务的，由旅游主管部门责令改正，没收违法所得，处一千元以上一万元以下罚款，并暂扣或者吊销导游证、领队证。

导游、领队违反本法规定，向旅游者索取小费的，由旅游主管部门责令退还，处一千元以上一万元以下罚款；情节严重的，并暂扣或者吊销导游证、领队证。

第一百零三条　违反本法规定被吊销导游证、领队证的导游、领队和受到吊销旅行社业务经营许可证处罚的旅行社的有关管理人员，自处罚之日起未逾三年的，不得重新申请导游证、领队证或者从事旅行社业务。

第一百零四条　旅游经营者违反本法规定，给予或者收受贿赂的，由工商行政管理部门依照有关法律、法规的规定处罚；情节严重的，并由旅游主管部门吊销旅行社业务经营许可证。

第一百零五条　景区不符合本法规定的开放条件而接待旅游者的，由景区主管部门责令停业整顿直至符合开放条件，并处二万元以上二十万元以下罚款。

景区在旅游者数量可能达到最大承载量时，未依照本法规定公告或者未向当地人民政府报告，未及时采取疏导、分流等措施，或者超过最大承载量接待旅游者的，由景区主管部门责令改正，情节严重的，责令停业整顿一个月至六个月。

第一百零六条　景区违反本法规定，擅自提高门票或者另行收费项目的价格，或者有其他价格违法行为的，由有关主管部门依照有关法律、法规的规定处罚。

第一百零七条　旅游经营者违反有关安全生产管理和消防安全管理的法律、法规或者国家标准、行业标准的，由有关主管部门依照有关法律、法规的规定处罚。

第一百零八条　对违反本法规定的旅游经营者及其从业人员，旅游主管部门和有关部门应当记入信用档案，向社会公布。

第一百零九条　旅游主管部门和有关部门的工作人员在履行监督管理职责中，滥用职权、玩忽职守、徇私舞弊，尚不构成犯罪的，依法给予处分。

第一百一十条 违反本法规定，构成犯罪的，依法追究刑事责任。

第十章 附则

第一百一十一条 本法下列用语的含义：

（一）旅游经营者，是指旅行社、景区以及为旅游者提供交通、住宿、餐饮、购物、娱乐等服务的经营者。

（二）景区，是指为旅游者提供游览服务、有明确的管理界限的场所或者区域。

（三）包价旅游合同，是指旅行社预先安排行程，提供或者通过履行辅助人提供交通、住宿、餐饮、游览、导游或者领队等两项以上旅游服务，旅游者以总价支付旅游费用的合同。

（四）组团社，是指与旅游者订立包价旅游合同的旅行社。

（五）地接社，是指接受组团社委托，在目的地接待旅游者的旅行社。

（六）履行辅助人，是指与旅行社存在合同关系，协助其履行包价旅游合同义务，实际提供相关服务的法人或者自然人。

第一百一十二条 本法自 2013 年 10 月 1 日起施行。

主要参考文献

方增福．旅行社管理．北京：科学出版社，2005

陈锋仪，王莉霞，库瑞．旅行社经营与管理案例分析．天津：南开大学出版社，2004

李宝明．旅行社经营管理．北京：经济科学出版，2004

崔卫华．现代旅行社实务．沈阳：辽宁科学出版社，2004

王洪滨．旅游学概论．北京：中国旅游出版社，2004

陈小春．旅行社管理学．北京：中国旅游出版社，2003

贺学良．现代社经营管理．上海：复旦大学出版，2003

王健民．旅行团产品理论与操作务实．北京：中国旅游出版社，2004

芮茂兰．旅行社经营管理．济南：山东大学出版社，2005

付钢业．导游入门提高．广州：广东旅游出版社，2003

徐东文．旅行社管理．武汉：武汉大学出版社，2003

陈嘉隆，张凌云．台湾地区旅行社的经营与管理．北京：旅游教育出版社，2005

刘伟．前厅与客房管理．北京：高等教育出版社，2007

赵西萍．旅游市场营销．天津：南开大学出版社，2005

徐云松．旅行社经营管理．杭州：浙江大学出版社，2005

国家旅游局人事教育劳动司．旅行社经营管理．北京：中国旅游出版社，2004

PatYale．旅行社经营业务．程尽能，等译．北京：旅游教育出版社，2004

戴斌，杜江．旅行社管理．北京：高等教育出版社，2005

包子．深度聚焦旅游赢销．广州：广东旅游出版社，2004

菲利普·科特勒．营销管理．梅汝和，梅清豪，张桁，译．上海：上海人民出版社，2002

维克多·密德尔敦．旅游营销学．向萍，等译．北京：中国旅游出版社，2001

戴亦一．品牌营销．北京：朝华出版社，2004

李丽，范智军．旅游学概论．广州：广东经济出版社，2007

国家旅游局人教司编．旅行社经营管理．北京：旅游教育出版社，2006

梁智，刘春梅，张杰．旅行社经营管理精选案例解析．北京：旅游教育出版社，2007

朴松爱，吴鸣岐．旅行社管理．北京：中国旅游出版社，2007

柏杨．旅行社经营与管理．长春：东北师范大学出版社，2008

宋耘．旅行社人力资源管理．广州：广东旅游出版社，2005

纪俊超．旅行社经营管理．广州：华南理工大学出版社，2004

巫宁，杨路明．旅游电子商务理论与实务．北京：中国旅游出版社，2003

李治．旅行社经营管理．武汉：华中科技大学出版社，2010

苏英，陈书星．旅行社经营与管理．北京：化学工业出版社，2011

陈红英．旅行社营销．上海：复旦大学出版社．2011

邵小慧，李治．旅行社经营管理．哈尔滨：哈尔滨工程大学出版社，2012

张晓燕，何佳梅．我国旅行社的自驾游产品开发．桂林旅游高等专科学校学报，2005(6)

张文敏．旅行社奖励旅游产品的开发与促销策略探讨．华南理工大学学报（社会科学版），2005(4)

张小莉．旅游电子商务发展的关键问题．重庆工商大学学报，2004(6)

郑生勇．旅行社电子商务的现状与发展趋势．商业经济与管理，2004(7)

许振晓．我国旅行社实行集团化发展的探索．集团经济研究，2005(2)

朱斌．中外旅行社业比较研究．企业经济，2004(2)

李晓阳．我国中小旅行社的现状与发展对策研究．商业研究，2005(4)

郑岩，陈学清．全球化背景下旅行社的发展研究．东北财经大学学报，2004(2)

丁宗胜．我国旅行社品牌经营现状的分析与思考．重庆工学院学报，2005(2)

许振晓，王国新．现代旅行社企业的集团化发展模式选择．特区经济，2005(5)

尹敏，谢兆元．欧美旅行社一体化进程对我国同业的影响．江西社会科学，2005(2)

汪琳．旅行社虚拟经营．乐山师范学院学报，2004(1)
刘卫民．我国旅行社集团化的模式及选择．湖南商学院学报，2004(1)
潘永涛．我国旅行社旅游线路专营浅析．社会科学家，2004(1)
王春雷．中小旅行社的经营困境与创新对策研究．学术探索，2004(5)
李娟，张文敏．创建旅行社品牌的核心价值．中国旅游报，2005-11-7

后　记

本书系统论述旅行社经营管理的基本概念，着重介绍旅行社的经营活动，注重内容全面并兼顾专业深化。参阅大量的相关学术书籍、文献，注意吸收旅行社管理方面的最新学术成果，力图对旅行社业的最新发展有所反映。精选典型案例介绍国内旅行社管理的实践经验。编写时力求理论性与实用性、操作性相结合，使全书具有学术性、通俗性，为旅游专业的学生及旅游从业人员提供教材和阅读、思考的文本。

本书由于德珍提出总体设计和理论框架，经集体讨论后再拟定写作思路，制定写作大纲。本书分工如下，第一、二、四、六、七章——于德珍（苏州科技学院商学院），第三章——张文敏（华南理工大学经济与贸易学院），第五章——黄宇（海南师范大学环境地理与旅游学院），第八章——李轲（中南林业科技大学旅游学院），第九章——钱益春（中国国际工程咨询公司农村经济与地区发展部）、于德珍，第十章——耿庆汇（青岛大学旅游学院）。

作为本书的主编于德珍对全书所有的章节进行了审阅和统稿，统一了全书的体例及编排格式。在编写的过程中参考与借鉴了大量的书籍和资料，从中汲取养分，援引观点、资料。在此向这些原书的作者致以深深的敬意，是他们的论著为我们的编写工作打下了基石。同时感谢在本书编写过程中给予各种帮助的同事、朋友和我的家人。

本书在吸取前人已有成果的基础上，努力作一些新的尝试。由于编写时间较紧，书中尚存的不足之处，请专家及广大读者谅解并赐教。

于德珍

2014 年 3 月

南开大学出版社网址：http://www.nkup.com.cn

投稿电话及邮箱：　022-23504636　　QQ：1760493289

QQ：2046170045(对外合作)

邮购部：　022-23507092

发行部：　022-23508339　　Fax：022-23508542

南开教育云：http://www.nkcloud.net

App：南开书店 app

南开教育云由南开大学出版社、国家数字出版基地、天津市多媒体教育技术研究会共同开发，主要包括数字出版、数字书店、数字图书馆、数字课堂及数字虚拟校园等内容平台。数字书店提供图书、电子音像产品的在线销售；虚拟校园提供 360 校园实景；数字课堂提供网络多媒体课程及课件、远程双向互动教室和网络会议系统。在线购书可免费使用学习平台，视频教室等扩展功能。